経営学史学会編　〔第二十四輯〕

経営学史研究の興亡

文眞堂

巻頭の言

経営学史学会第 8 期理事長　吉　原　正　彦

　経営学史学会第 24 回全国大会は，2016 年 5 月 20 日から 22 日までを会期として，九州産業大学で開催された。1960 年に創設された九州産業大学は，商学部，経営学部を始めとする 8 学部と 5 研究科（大会開催時）を擁し，建学の理想「産学一如」を実現している西日本有数の総合大学である。池内秀己大会実行委員長を中心に，実行委員会の諸氏と多くの学生諸君の心遣いと尽力を賜り，大会は成功裏に閉幕した。

　経営学史学会の運営の任にある第 8 期運営委員会は，「経営学史の意義」を問題意識として，2015 年の統一論題では，これまでの経営学史の研究成果から，経営と経営学の在り方に対していかなる「批判力と構想力」を持ちうるかを明らかにした（『経営学の批判力と構想力〔第 23 輯〕』文眞堂，2016 年）。

　そして本大会では，在り方を問う対象を経営学史に求め，統一論題を「経営学史研究の興亡」とした。この論題は，日本における経営学研究を歴史的流れの中でみた経営学史研究の有り様を示しているのである。

　日本における経営学研究は，「骨をドイツに，肉をアメリカに」と表現されているように，ドイツ経営学とアメリカ経営学の学説を中心に解釈し，批判的に検討することを通して行われ，経営学は，その歴史を学ぶところから始まった。

　経営学は，経営の「学」である。このことを強調する理由は，経営学が理論と実践の不可分の関係にある学問的性格を有しているからである。経営学は，経営の「学」の基盤にある思想性に基づいて経営の存在論的地平を求め，単に経営だけに留まらず経営を包み込む世界にまで踏みこみ，現実の経営世界の意味を問い，経営の在り方を明らかにする。

　経営学史は，歴史を映し取る鏡として，それぞれの時代の経営学によって

実践に込められた未来が過去となった歴史の過程に基盤を置き,「学」としての存在を問い,経営学を,そして経営を批判的に省み,その批判を通して経営と経営学の未来を生成する契機となるものである。そこに経営学史の意義が見出されるが,しかし現在の経営学の現状を鑑みると,経営学史研究の存在が問われていると言わなければならない。

経営の現実世界の動きと多様化がますます激しくなるにつれて,経営学は眼の前の現象記述研究への傾斜が顕著となり,経営学を単なる対象規定による「領域学」と解する見解が現れてきている。それを裏付けるかのように,今日の経営学の研究は,他の社会科学と同じように,確率・統計に基づく実証研究が主流になっている。このことは,歴史そのものをも軽んじる傾向となり,そのような意味で,経営学への学史研究は衰退に向かっているという見方もできるかもしれない。

われわれは,こうした考えを背景にして,経営学史研究の意義とその課題を明らかにするために,統一論題を「経営学史研究の興亡」とし,「経営学史研究の意義と現状」と「経営学説の思想と理論」の2つのサブ・テーマを設定したのである。

この統一論題のもと,基調報告は,大会実行委員長の池内秀己氏によってなされ,続いてサブ・テーマIでは,藤井一弘氏と海道ノブチカ氏が報告を行い,菊澤研宗氏と勝部伸夫氏が討論を行い,サブ・テーマIIでは,松嶋登氏,三井泉氏,柴田明氏の3名が報告を行い,宇田川元一氏,河辺純氏,松田健氏が討論を行った。

本年報では,基調報告論文と大会当日の議論を踏まえ,改めて執筆された5本の論文が収められ,加えて2段階の査読を経た7本の自由論題論文,そして文献・資料編から構成されている。

創刊以来,今日まで市場性の少ない学会年報を引き受けていただいている文眞堂は,前野隆氏が三代目社長に就任され,学問の発展に寄与する経営理念を一貫して堅持されている。同社の本学会に対する変わらぬご厚情とご支援に対して,本年報の巻頭を借りて,心から謝意を表する次第である。

第8期が担当する年報は,これが最後となるが,経営学史研究の興隆を促進すべく,これまで以上に,経営学史研究の挑戦を期待するものである。

目　次

巻頭の言 …………………………………………吉　原　正　彦… i

第Ⅰ部　趣旨説明 ……………………………………………… 1

　経営学史研究の興亡 …………………………第 8 期運営委員会… 3

第Ⅱ部　経営学史研究の興亡 ………………………………… 5

1　経営学史研究の興亡……………………池　内　秀　己… 7

　　Ⅰ．統一論題の問題意識 ……………………………………… 7
　　Ⅱ．経営学史研究と歴史的・社会的コンテクスト ………… 9
　　Ⅲ．実証的経営戦略論研究の経営学史的検討 ………………13
　　Ⅳ．「経営学史研究の興亡」の歴史的・社会的コンテクスト………16

2　「歴史学的視点から見た経営学史」試考

　　　…………………………………………藤　井　一　弘…19

　　Ⅰ．はじめに …………………………………………………19
　　Ⅱ．「歴史」を，どのように考えるか？ …………………20
　　Ⅲ．歴史学としての経営学史とその転換 …………………22
　　Ⅳ．現在において「経営学史」は，どのようなものでありうる
　　　　か？ ………………………………………………………26

3　経営学史研究の意義と方法 ……………海道ノブチカ…32

　　Ⅰ．はじめに …………………………………………………32

Ⅱ．経営学史研究の意義 …………………………………………32
　Ⅲ．経営学史研究の方法 …………………………………………34
　Ⅳ．市原季一教授の経営学史 ……………………………………38
　Ⅴ．吉田和夫教授の経営学史 ……………………………………42
　Ⅵ．経営学史研究の現状 …………………………………………44

4　経営学における物質性概念の行方：
社会構成主義の陥穽を超えて …………松　嶋　　登…47

　Ⅰ．はじめに ………………………………………………………47
　Ⅱ．技術の実在をめぐる論点ずらし：社会構成主義の陥穽 ………48
　Ⅲ．技術と組織の相互参照：構築主義の原点回帰 ………………52
　Ⅳ．結論と今後の課題 ……………………………………………56

5　M. P. Follett 思想における
Pragmatism と Pluralism ………………三　井　　泉…61
　　　——その意味と可能性——

　Ⅰ．はじめに——経営学史研究の可能性を求めて—— …………61
　Ⅱ．フォレット思想の背景 ………………………………………63
　Ⅲ．フォレット思想における Pragmatism ………………………64
　Ⅳ．フォレット思想における Pluralism …………………………67
　Ⅴ．おわりに——フォレット思想の可能性—— …………………72

6　ホーマン学派の「秩序倫理」における
企業倫理の展開 ……………………………柴　田　　明…77
　　　——理論的発展とその実践的意義について——

　Ⅰ．はじめに ………………………………………………………77
　Ⅱ．経営学観・学史研究の方法とホーマンの「秩序倫理」………78
　Ⅲ．ホーマン以降の「秩序倫理」の展開：理論的特質 …………82
　Ⅳ．「秩序倫理」による企業倫理論の展開：実践的意義…………85
　Ⅴ．おわりに ………………………………………………………86

第Ⅲ部　論　攷 …………………………………………91

7　グローバルリーダー研究の学史的
　　　位置づけの検討 ……………………島　田　善　道…93

　Ⅰ．はじめに …………………………………………………93
　Ⅱ．リーダーシップ研究の系譜と通底する前提 ……………95
　Ⅲ．グローバルリーダー研究の系譜とリーダーシップ研究
　　　との共通課題 ……………………………………………97
　Ⅳ．日本企業におけるグローバルリーダー研究の意義 ……100
　Ⅴ．日本企業におけるグローバルリーダー研究の
　　　学史的位置づけ …………………………………………101
　Ⅵ．おわりに ………………………………………………102

8　ダイナミック・ケイパビリティ論の企業家論的
　　　展開の課題とその解消に向けて ………石　川　伊　吹…105
　　　──David, Harper の企業家論を手がかりに──

　Ⅰ．はじめに（問題の所在と本稿の構成）…………………105
　Ⅱ．ダイナミック・ケイパビリティ論の展開の系譜 ………106
　Ⅲ．シュムペーターならびにカーズナーの企業家論に立脚
　　　する DC 論の限界 ………………………………………108
　Ⅳ．Harper の企業家論 ……………………………………110
　Ⅴ．Harper の企業家論の DC 論への援用 …………………112
　Ⅵ．おわりに ………………………………………………114

9　マズロー自己実現論と経営学 …………山　下　　　剛…116
　　　──金井壽宏「完全なる経営」論について──

　Ⅰ．はじめに ………………………………………………116
　Ⅱ．経営学におけるマズロー理解と『完全なる経営』……116
　Ⅲ．「ユーサイキアン・マネジメント」と経営学 …………119

Ⅳ．「ユーサイキアン・マネジメント」と「完全なる経営」…… 123
　　Ⅴ．おわりに ………………………………………………………… 125

10　人的資源管理論における人間的側面考察の必要性について …………………………高橋哲也… 129

　　Ⅰ．はじめに ………………………………………………………… 129
　　Ⅱ．HRM の「ソフト－ハード」モデル …………………………… 130
　　Ⅲ．人的資源概念に含まれる問題の克服 ………………………… 133
　　Ⅳ．労働力から人間人格へ――管理対象論争を経て―― ………… 135
　　Ⅴ．おわりに ………………………………………………………… 138

11　M. P. フォレットの「創造的経験」……西村香織… 142
　　――Creative Experience における理解を中心として――

　　Ⅰ．はじめに ………………………………………………………… 142
　　Ⅱ．統合の過程と創造的経験 ……………………………………… 143
　　Ⅲ．創造的経験の基底と本質 ……………………………………… 146
　　Ⅳ．創造的経験の意義 ……………………………………………… 149
　　Ⅴ．おわりに ………………………………………………………… 151

12　M. P. フォレットの世界観………………杉田　博… 154
　　――その物語性の哲学的基礎――

　　Ⅰ．はじめに ………………………………………………………… 154
　　Ⅱ．アクチュアリティの様相 ……………………………………… 155
　　Ⅲ．創造的経験における「知覚」と「概念」 …………………… 157
　　Ⅳ．創造的経験における「真理」と「価値」 …………………… 159
　　Ⅴ．むすびにかえて――創造的経験としての物語―― ………… 161

13　ステークホルダー理論におけるステーク概念の検討 ……………………………中村貴治… 166

　　Ⅰ．はじめに ………………………………………………………… 166

Ⅱ．ステークホルダーをとらえる観点と問題 …………… 166
　　Ⅲ．ステーク概念の検討 ………………………………… 170
　　Ⅳ．おわりに …………………………………………… 174

第Ⅳ部　文　　献 ………………………………………… 179
　　1　経営学史研究の興亡 ………………………………… 181
　　2　「歴史学的視点から見た経営学史」試考 …………… 182
　　3　経営学史研究の意義と方法 ………………………… 183
　　4　経営学における物質性概念の行方：
　　　　社会構成主義の陥穽を超えて ……………………… 184
　　5　M. P. Follett 思想における Pragmatism と Pluralism
　　　　　――その意味と可能性―― ……………………… 185
　　6　ホーマン学派の「秩序倫理」における企業倫理の展開
　　　　　――理論的発展とその実践的意義について―― …… 186

第Ⅴ部　資　　料 ………………………………………… 189
　　経営学史学会第 24 回全国大会
　　実行委員長挨拶 ………………………池　内　秀　己… 191
　　第 24 回全国大会を振り返って……………梶　脇　裕　二… 194

第Ⅰ部
趣旨説明

経営学史研究の興亡

第8期運営委員会

　第24回全国大会の統一論題は「経営学史研究の興亡」として，そのもとに，2つのサブ・テーマ，「経営学史研究の意義と現状」，「経営学説の思想と理論」を設けた。その趣意は以下の通りである。

　現在の経営学の研究動向においては，経営ないし組織（現象）に関わる定量的な「仮説－検証」型の研究が，単に量的のみならず，「主流」の位置を占めていると言ってよいだろう。この傾向は，経営学を「企業（組織）現象」を研究する総体＝「領域科学」と規定するまでに至っている。このことは，経営学を，その研究対象によってのみ規定し，その固有の方法を等閑視することにもつながるのではないだろうか。ただし，経営学には，その成立時から，そのような傾向に向かわせる陥穽が埋め込まれていたことは否定できない。企業（組織）――多くは営利的な――の経営上の諸問題の解決に資することこそ斯学の使命であり，そのためには手段（研究方法）を選ばない，という意識である。

　この傾向に対して，経営学史研究は，経営学を，明確な意識をもって歴史的・社会的文脈の中に位置づけながら，それらの研究の基盤となっている思想と，研究から提示される理論を吟味する研究であると言えよう。この意味での「経営学史研究」は，日本における経営学研究において，過去，重要な位置を占めてきたことは確かな事実である。

　「骨はドイツ，肉はアメリカ，そこから日本独自の経営学を構想する」という句が思い出されるが，日本における経営学研究は，経営学史研究として始まったと言っても過言ではない。これは，単なるナショナリスティックな志向とばかり解されるべきではないだろう。それは，研究者といえども，自らが埋め込まれている文脈を離れては生きられない，ということに根ざしている。すなわち，諸々の経営学研究を自らの観点から語ることを通じて，そ

の観点を絶えず省察しつつ，自らの経営学観，ひいては「経営学とは，そしてその思想と理論とは何ものであるか」を問う——もちろん，それに対する応答は，自らの観点に拠るものであるがゆえに，限定的なものである他はない——ことを意味していると言えるだろう。経営学史学会は，この意味での経営学史研究の衣鉢を継ぐという意志を，その名称において宣言しているのである。

　このような本学会の姿勢と冒頭に記した経営学研究の現況との懸隔を踏まえるならば，今日の経営学史研究は，経営の現実の世界，現代の経営学に対して何が貢献でき，何が貢献できていないのか，そして未来に向けた課題は何なのか，が問われることになる。

　経営学史学会は，この問いに対して正面から挑戦するために，今こそ経営学史研究そのものを取り上げなければならない。第24回全国大会の統一論題を「経営学史研究の興亡」とする所以はここにあり，以下の2つのサブ・テーマを設定し，経営学史研究の意義と課題を明らかにするものである。

　サブ・テーマⅠ　〈経営学史研究の意義と現状〉
　経営学史研究という営為は，その成立以来，どのように展開されてきたか。当該研究の意味を改めて問いつつ，その到達点を明らかにする。そして，その現況を検討し，現代社会において，経営学史研究が有する意義とともに課題を明らかにする。

　サブ・テーマⅡ　〈経営学説の思想と理論〉
　経営学史研究は，諸々の経営学研究を自らの観点から語ることを通じて，その観点を絶えず省察しつつ，自らの経営学観，ひいては「経営学とは，そしてその思想と理論とは何ものであるか」を問うてきた。この態度が，個別の経営学説研究を通じて，どのように具現化されているか，その有効性とともに課題を考える。

第 II 部
経営学史研究の興亡

1　経営学史研究の興亡

池　内　秀　己

Ⅰ．統一論題の問題意識

　経営学史学会第24回全国大会の統一論題は「経営学史研究の興亡」であり，「経営学史研究の意義と現状」と「経営学説の思想と理論」がサブ・テーマとされている。経営学説史研究の「興亡」とは何か。それが何を意味し，これを統一論題とするのは何故か。「統一論題趣意文」には明示的に記されているわけではない。だが，現代の経営学の研究動向において経営学史学会の姿勢と経営学研究の現況との「懸隔」があり，経営学史研究そのものが今日，存在意義を問われる事態に至っているという認識と問題意識をそこに読み取ることはできる。

　そもそも経営学史学会大会の統一論題のタイトルそのものに「経営学史研究」がテーマとして組み入れられるのは，1998年の第6回大会（青森公立大学「経営学史研究の意義とその課題」）以来2回目である。18年の歳月を経て，「経営学史」学会が何故「経営学史研究」を再度，統一論題としなければならないのか。それは現代の経営ないし経営学の研究において，「歴史や古典に対する関心が薄らいでいる傾向」があると認め，これを踏まえて，経営学史学会として「正面から経営学史研究そのものを取り上げ，その存在意義と解決すべき課題を問おうとする」（経営学史学会通信第22号）必要があるとの認識の表れといえよう。

　ゲーテの「あらゆる学問の歴史は学問そのものである」の語を引用しながら，一切の学は「歴史的な具体的現実」と「その学の歴史」の両方に立たねばならないと論じるのは，三戸（経営学史事典 2002/2012）である。「およそ一切の学は，現実より問題をつかみ，現実を理解し，現実に対応

しようとする知的営為である。そして現実に存在するものはすべて歴史的所産なるがゆえに，学は歴史的な具体的現実に一方の足を置くと同時に，今ひとつの足をその学問の歴史に置かねばならない。したがって，学がいかに優れたものとなるかならぬかは，現実に立った問題意識を現実と学史研究によって研ぎすまし深めるかにかかっている。その学の営みの中から，既知の理論は新たな意味が与えられ，新たな学説が発見されて新たな学史が創り出され，さらに現実から未来に向けて新しい理論が創り出されてゆくのである。ゲーテの『ある学問の歴史は学問そのものである』は，上述のようなものであろうか」。

ここに述べられているのは，学史のもつ一般的な意義である。だが三戸は，経営学において学史の意義は特別な重要性をもつという。その誕生から100年以上経ちながら，経営学の対象と方法についても，したがってまた，この学がいかなるものであるかの理解・意義についても，共通認識が形成されていないからである。こうした状況は，多くの経営学者をして，経営学とは何かをめぐる学史研究に多大なエネルギーを注がせることとなった。

戦前は「骨はドイツ，肉はアメリカ」といわれ，戦後「アメリカ一辺倒」の様相を呈したように，19世紀末から20世紀初頭にかけて企業を対象として成立・発展してきたドイツの経営経済学と，アメリカの管理学＝マネジメントという全く異なる学が，日本では同じ「経営学」の名のもとに合体し，別れ，さらにまた合体しようとする苦しみは，他の学問分野にはみられない経営学の特異な状況であり，それは経営現象の複雑性によるものでもある。経済的価値を基礎範疇として展開する経営経済学が経済学の一分科であるのに対して，管理学は経済的価値を基礎範疇とする学ではなく，全ての組織体に不可欠の管理を対象とする学である。企業管理学は，そのような管理一般の学の一分科である。そして，かつて経営経済学として管理学を包摂した経営学は，今や経営経済学を包摂した管理学への道を模索しつつある。その管理学も，テイラーの科学的管理の展開として，特定目的達成の機能性追求の技術のための科学となり，その科学は数値によって表示され，技術化され，その作用の結果も数値として測定・検証される科学となり，対象接近の方法はひたすら機能性追究に立って模索され，研究対象は何処までも分化・細分

化され，専門化されてゆく。テイラーによって創られた科学は作業の科学であったが，やがて人間関係の科学が生まれ，経営における社会・心理・人間行動の科学へと細分化し，組織そして意思決定が科学の対象となり，さらに組織をめぐる環境が科学の対象となって登場し，それが細分化され，今や経営倫理・道徳さえも科学化されるに至っている。その科学的な専門化・細分化の進行のゆえに，三戸は学史研究の重要性を強調するのである。

「経営学研究者は上述の分化・細分化された科学の専門家として自己形成してゆくが，それらの科学は協働体系＝組織体の一要素の科学であって，それら諸要素の統合物である組織の管理を対象とする学が不可欠であり，その学によってのみ科学＝技術の経営学は自己の位置と意味を確かめることができる。管理そのものの何たるか，その法則・その体系こそ管理学にとって最も重要である。そのような管理学は学史研究を抜きにしては絶対に形成・発展させることはできない。そして管理学は今や組織・意思決定・仕事・環境・情報をキーワードとする学としてその姿態をととのえるに到って，人文・社会諸科学の中でそれらを統合する役割を担う最重要な学としての意味をもつ」（三戸 2002/2012）。

ここには，経営ないし経営学の研究における「学史的研究」と「経営哲学研究」への省察の重要性が語られている。経営学史学会大会において経営哲学そのものを直接扱うかどうかは別として，経営学の思想性は重要なキーワードとして論じられてきた。そして何より経営学が関わり，現代社会において巨大なインパクトを有するに至っている経営体そのものが，歴史的所産として具体的な歴史的事実のもとで論じられねばならない存在である。実際に近年の経営学史学会の統一論題は，歴史的・社会的コンテクストにおいて，現実の経営と経営学の意義と課題を論じ続けてきたといってよい。次にこれを概観することにしよう。

Ⅱ．経営学史研究と歴史的・社会的コンテクスト

経営学史学会大会の統一論題は，独立した単発的テーマが大会ごとに設定されている訳ではない。それに先立つ大会の問題提起と議論・成果を継承し

つつ，その意味で内容的に一連のシリーズをなしているのが本学会の統一論題である。そして，近年は一貫して，私たちが生きている現実世界の経営の問題との関わりにおいて，経営学および経営学史研究の意義と課題，限界を社会的・歴史的なコンテクストのもとで問い続けてきたといってよい。

第18回大会（福岡大学：危機の時代の経営および経営学）では，世界大戦を初めとする20世紀の幾多の危機に関わってきた「現実の経営」と，これにさまざまな姿勢で相対してきた「経営学」との関係を検証することが試みられた。

第19回大会（青森公立大学：経営学の思想と方法）では，「現実の経営」の背後にある思想性と，現実の経営に対してさまざまに関与する「経営学」の思想性を問い，現在の課題を乗り越える経営学の「方法」を問いかけた。

第20回大会（明治大学：経営学の貢献と反省──21世紀を見据えて──）では，第18・19回の成果を継承しながら，「20世紀世界」の時代性のなかで生成発展してきた経営学の徹底的自己省察の必要性と，その反省に基づく「21世紀経営学」の構想（構築）可能性を議論した。

第21回大会（近畿大学：経営学に何ができるか──経営学の再生──）では，楽観的な未来志向ではなく，経営学の「反省」（＝経営学の現状が灰燼にも比せられるという認識）がさらに徹底されて，はじめて「再生」の息吹も感じられるとの趣旨での問題提起がなされた。

第22回大会（関東学院大学：現代経営学の潮流と限界──これからの経営学──）では，経営学の「反省と再生」（第20・21回）が歴史的自己省察を重視したのに対して，20世紀後半（80年代以降）の経営学の構想力の側面に着目し，21世紀目前の経営理論の潮流と限界を示し，そこからの理論的変革可能性の展望を試みた。

第23回大会（大阪商業大学：経営学の批判力と構想力）では，経営学史研究が暗黙のうちに内在する「批判力と構想力」の本源的意味を考察した。

以上の大会では，第18・19回の成果（「危機の時代の経営と経営学」および「経営学の思想と方法」）を継承しながら第20回のテーマ「経営学の貢献と反省」が設定され，これら3大会の議論を踏まえて第21回では「経営学の再生」が論じられた。さらに，「経営学の意義」という共通した問題意識

のもとで歴史的自己省察が重視された第20・21回の議論を受けて，第22回では「現代経営学の潮流と限界」が問われ，これを含む3大会の議論を通じて，経営学史研究とは「批判力と構想力」を内在させ発展してきた領域であることが再確認された。第23回においては，このような「批判力と構想力」の本源的意味が問われることとなった。この第23回が経営学史研究の意義を念頭に置いたものとするなら，これを受けた第24回は明確に経営学史研究の課題に向けて，「経営学史研究の意義と現状」と「経営学の思想と理論」を2本の柱に「経営学史研究の興亡」を論じようとしたのである。

こうした一連の全国大会統一論題において注目すべきは，タイトルに「経営学史研究」の語が用いられたのは18年振りだが，実質的には，経営学とともに経営学史研究の意義と課題が常に問われていたことである。そして経営学史学会としては当然でもあるが，その際に，具体的な歴史的・社会的コンテクストのもとでの議論が念頭に置かれてきたことも看過できない。

第18回大会（危機の時代の経営および経営学）では，二度の世界大戦，戦間期の大恐慌，戦後の復興，そして大会当時，世界経済を揺るがしていた金融危機が20世紀の危機と困難ととらえられている。これらの危機に関わってきた「現実の経営」と「経営学」の関係は時代背景の中でどのように検証されるか。「経営」は危機の原因のひとつにも，危機の局面を打開する力にもなる。そして，「経営学」は，その「経営」の姿勢の基盤となることもあれば，「経営」の行動の理論づけともなる。この大会では，世界金融危機も時事的なトピックとしてではなく，経営学成立以来の歴史の中で現実の経営と経営学との関連を問うものとして論じられた。

第19回大会（経営学の思想と方法）では，21世紀の経営の世界の課題として，情報化の進展，文化価値の多元性，自然環境問題があげられた。危機の時代における世界の経営を軸にした経営学との関係を問うた第18回に対して，第19回大会では，その軸を経営学の世界に置き，経営学の世界と経営との関係を問うたのである。ある時には時代を生み出す経営の理論化を試み，またある時には現実の経営と対峙してその時代からの脱却を目指してきたのが経営学であり，そこに経営の「学」としての思想性が存在するからである。

第20回(経営学の貢献と反省——21世紀を見据えて——)では,「20世紀世界」を,「キャピタリズム」,「インダストリアリズム」,「グローバリズム」の世界と捉え,「ビッグ・オーガニゼーションズ」と「マネジメント」をそこでの主役のひとつとして位置づけた上で,これらを考察してきた「経営学」の功罪が学術的に省察された。その背景には20世紀の物質文明を実現した「マネジメントの成功」と,それと軌を一にした「経営学の成果」が,現状においては文明災に転化しており,「マネジメントの失敗」,「経営学の失敗」として反省されねばならないという現状認識がある。

第21回大会(経営学に何ができるか——経営学の再生——)では,前年の「20世紀経営学」の更なる反省を試みて,「貨幣ベース」の利潤拡大こそが経営の発展と捉え,これに疑問を呈することなく関与してきた経営学とは別に,「人間協働の学」として生成発展してきた経営学の応答可能性が議論された。ここでは,コーポレート・ガバナンスや環境問題,グローバル市場など「企業が直面する問題」ではなく,「経営学そのものを問う」テーマとなっていることが注目される。

第22回大会(現代経営学の潮流と限界——これからの経営学——)では,現代経営学の諸潮流を取り上げ,その意義と限界を論じることにより,「これからの経営学」の理論的端緒の探求が試みられた。ここで取り上げられたのは,①新制度学派の経営学,②経営戦略論,③非論理的知の組織論,④HRMの4潮流である。これらの理論群が生み出された時代的背景としては,画一的な大量生産による工業社会から,多様な需要よりなる情報・流通・サービス・金融社会への転換があり,そこに環境適応,とくに市場への戦略的適応を可能とする理論が求められ,生産組織志向よりも市場志向の技術論的展開が目指された。だが,リーマン・ショックと東日本大震災および東電福島原発事故によって,経営学をはじめとする社会科学の問題意識が本質的に大きな変貌を遂げたことで,今日の経営学の主流を形成する4潮流はその限界を露呈し,理論的潮流の大転換が求められている。

第23回大会(経営学の批判力と構想力)では,経営学史研究の「批判力と構想力」の本源的意味を考察するために「経営のあり方」「経営学のあり方」を問い直すサブ・テーマが設定されたが,これを具現化するに当たって

は，今日の世界が巨大なうねりの中にあるという視点が与えられた。その巨大なうねりとは，欧米諸国における極右政党の躍進，ロシアのナショナリズムの高揚，中国の台頭と，パクス・アメリカーナに基づく第二次世界大戦後の世界秩序の揺らぎである。その渦中にあって「失われた20年」の閉塞状況を潜り抜けようとしている日本もまた，新しい経済社会のあり方と新しい発展パラダイムを探し求め，正しい選択をしていかなければならないという困難な課題に直面している。こうした状況を過去と重ね合わせるなら，重視されるべきは「歴史から学ばぬ者は歴史を繰り返す」という教訓である。過去の危機の時代において経営学者や経営者が時代の要請に応えようとして様々な知的営為を重ねてきたが，これらを歴史的・社会的コンテクストにおいて，経営学史の観点から問い直すことが求められるのである。

Ⅲ．実証的経営戦略論研究の経営学史的検討

以上概観してきたように，経営学史学会は経営学の課題と限界を歴史的・社会的なコンテクストの中に位置づけながら検討してきた。こうした中で，学史的な考察を欠いては，実証研究であれ，理論研究であれ，その有効性を減ずるという実例を示したのが，実証的な経営戦略論研究に対する沼上の報告（2007）とこれに対する庭本の討論（2007）である。アメリカ経営学を中心とした「経営学の現在」というときに大きな位置を占めるのが経営戦略論であるが，日本で1990年代以降形成された経営戦略論の実証研究（リソース・ベースト・ビュー＝RBV）とアメリカで主流であった分析的戦略論（ポジショニング・ビュー＝PV）との相互作用を詳細に論じつつ，日本における経営戦略論の課題と問題点を明らかにしたのが第14回大会の沼上報告であり，これを綿密に検討することにより，経営学史的な観点から経営戦略論研究の新しい視座に評価を与えたのが庭本である（経営学史学会 2007）。

庭本によれば，沼上報告の問題意識は，日本企業に対するわが国研究者の実証研究を1990年代のRBVの流れの中で検討して，日本の実証研究が見逃したものを抉り出し，戦略研究における現在の課題と問題を明らかにするところにある。沼上報告は自らも関与した日本の実証的経営戦略論の見逃し

たものを認め反省した上で展開されているが，そこでは(1) RBV の論争的学派形成の問題点と，(2) 経営戦略論の研究視座に関わる重要な指摘がなされている。前者は RBV による対立の演出・創出であり，対立ならざるものを対立的に捉え，PV の理解を妨げたという点であり，また RBV の議論が PV との対比にエネルギーを割いた結果，社会科学としての研究の面白みが消えていったとするものである。但し，この沼上の指摘に対して，庭本は，その原因は RBV の論争的性格に由来するというより，より根本的な経営資源観（学習能力を含む組織能力を経営資源と自覚していない）に内在するとしている。

　この点以上に庭本が重視したのは，沼上の後者の指摘，すなわち社会的・歴史的コンテクストに立脚した実証的戦略論の要請であった。RBV およびその論争的な性格を生んだアメリカの社会的・歴史的コンテクストは，日本の学会と日本企業にとって必ずしも重要とは限らない。それどころか，誤りに導くこともあるということを，RBV の流れに身を置き，わが国の戦略研究をリードしてきた沼上は身をもって学んだ。日本の社会的・歴史的コンテクストを認識しない実証研究は，わが国企業の現実を見失うことになるというのが沼上報告の結論であり，問題提起であったと庭本は評価するのである。

　「アメリカで PV が競争戦略として中心的位置にあったのは，さまざまな市場が発達しているというアメリカの歴史的・社会的コンテクストのゆえであり，オペレーション以上に戦略が重視されたのもそのためである。そこでは RBV は批判的見地から PV を鍛えるアンチテーゼとして意味をもち得たであろう。翻って，わが国の場合，最近まで人材を含む資源の市場調達は難しく，資源を内部蓄積することが必要であった。加えて欧米企業をモデルにしたキャッチアップ経営のもとでは，戦略展開能力以上に，資源を生かすオペレーション能力（あるいはオペレーションを生かす資源）が力を発揮した。『戦略なき経営』と揶揄されながらも，躍進する 1980 年代の日本企業を研究すれば，当然に RBV 的性質が浮かび上がってこよう。それはわが国の歴史的・社会的コンテクストに由来する。しかし，80 年代半ば以降に深刻化した経済摩擦は，この歴史的・社会的コンテクストが変化しつつあること

を暗示していた。実証的戦略研究者は，単に歴史的・社会的コンテクストに注意を払わなかったのではない。この変化に注意を払わず，RBV 的競争優位を普遍的なものと見て，現実を見失ったのである」（庭本 2007）。

　1980 年代末から 90 年代初頭にかけて世界が大きく転換し，今日に至る社会的大変動の起点になったことは，90 年代以降の競争的戦略論展開と無縁ではない。社会主義国家体制の崩壊と経済の一元化・労働市場の一元化の進行は，あらゆる企業を弱肉強食の市場原理に組み込む大競争時代・グローバル競争時代を到来させ，中国企業の台頭がこれに拍車をかけた。わが国の家電産業がこれらの動きに直撃を受けて業績を悪化させ，まさしく「失われた 10 年」となったのはこの時期である。冷戦の終結は他方で地球環境問題を世界政治の舞台に押し上げ，90 年代以降人々に深く浸透した地球の危機への対処如何が企業の盛衰を決めるまでに至った。自動車会社の世界戦略の展開は，これを視野に収めてのものである。さらに 90 年代に急進展した情報化（ネット化）が企業経営のあり方，事業の変容に大きな影響を与えた。従来とは質も速さも異なる環境状況に直面して，1990 年代以降の経営戦略論は競争戦略の構築を中核に理論展開がなされ，その代表が PV と RBV であった。わが国の実証的経営戦略研究は RBV と連動しつつ展開され，「日本企業の強さの研究」が多数継続された。その原因としては，経営研究のベスト・プラクティス志向や自動車などの優良企業の V 字回復も大きかったが，こうした状況の中で，ある意味では場違いな「日本企業の強さの研究」が排出され，家電系メーカーなどの深刻な業績悪化は見逃されることになった。実践性を強く意識した実証研究でさえ「企業の深刻な現実」との乖離を免れなかったという沼上の認識と反省がそこにある，と庭本は指摘する。

　「実証研究であれ，学説研究であれ，『対象に浸りつつ，対象に溺れない』ことが肝要である。これを忘れて批判的な目を失えば，実証研究は『現にある企業の姿』を描いて終わる。『失われた 10 年』といわれた 90 年代後半，優良企業の業績回復傾向から RBV 的な『日本的経営』の有効性を強調する日本企業の強さの研究が排出したのは，その典型であろう。報告時に沼上が日本企業の業績回復例に出したトヨタやホンダ，あるいはリコーやキャノンは，単に RBV 的性質でそれを実現したのではない。RBV 的性質を生かす

戦略によって，それを可能にした。その企業行動は，『地球環境意識の高まり』や『モデル創造の必要性』といった1990年代以降の歴史的・社会的コンテクストに沿っている」（庭本 2007）。

　以上のような検討を通じて庭本は，「企業行動の現実」を重視する実証研究は，学説研究以上に歴史的・社会的コンテクストから問題を汲み出すことが必要であり，それを無視した実証研究はあり得ないと結論づけたのであり，「今さら」の感を込めながらも，「歴史的・社会的コンテクストを踏まえた実証的戦略研究」という沼上の主張を経営戦略研究の新しい視座の提示として評価し，その視座のもとでの実証的戦略研究の進展を期待したのである。

Ⅳ．「経営学史研究の興亡」の歴史的・社会的コンテクスト

　こうした庭本の期待にも関わらず，経営戦略論は「歴史的・社会的コンテクストを踏まえた実証的研究」の新しい視座のもとで展開されているだろうか。そうなっているとしたら，あるいはなっていないとしたら，その理由はいかなる社会的・歴史的コンテクストにおいてどう説明されるだろうか。「統一論題趣意文」を改めて読み返してみよう。

　「現在の経営学の研究動向においては，経営ないし組織（現象）に関わる定量的『仮説－検証』型の研究が，単に量的のみならず，『主流』の位置を占めていると言ってよいだろう。この傾向は，経営学を『企業（組織）現象』を研究する総体＝『領域科学』と規定するまでに至っている。このことは，経営学をその研究対象によってのみ規定し，その固有の方法を等閑視することにもつながるのではないだろうか。ただし，経営学にはその成立時から，そのような傾向に向かわせる陥穽が埋め込まれていたことは否定できない。企業（組織）――多くは営利的な――の経営上の諸問題の解決に資することこそ斯学の使命であり，そのためには手段（研究方法）を選ばない，という意識である。

　この傾向に対して，経営学史研究は，経営学を，明確な意識をもって歴史的・社会的文脈の中に位置づけながら，それらの研究の基盤となっている思

想と，研究から提示される理論を吟味する研究であると言えよう。この意味での「経営学史研究」は，日本における経営学研究において，過去，重要な位置を占めてきたことは確かな事実である。(略)

　経営学の対象が企業あるいは人間協働一般であることには異論がないであろう。企業ないし人間協働を対象とする経営学は，その成立からそれぞれの時代の企業ないし協働が直面する具体的課題の解決に応えるという形で展開され，実践性に強い学問として今日に至っている。それゆえ，時代の動きに応じて課題も異なり，時々の課題に応える理論が現れては消え，また現れて既存の理論はどこかに追いやられているのが現状である。こうした現状に対し，『経営学は実践性に立っているから，それでいいのだ』という研究者もおり，経営の世界からの時々の要請に応えることが経営学の使命である，と言い切ることもできよう」(経営学史学会 2016)。

　こうした現状だからこそ，社会的・歴史的コンテクストに立ち，いかなる問題をいかなる思想・哲学に立って論じるかが重要となるのである。それにも関わらず，社会的・歴史的コンテクストに立たない実証系研究が主流になっているのは何故か。それを経営学史的に (すなわち歴史的・社会的コンテクストのもとで) 明らかにするのが「経営学史研究の興亡」の趣旨である。

　経営学史研究として始まったといわれる日本の経営学において，現在，定量的な仮説－検証型の実証研究を隆盛させ，他方で学史研究の関心を低下させた歴史的・社会的要因は何か。いかなる時代背景のもとでの，どのような社会的要請と思想性に動かされて，こうした経営学史研究の興亡が生起したのか。ドイツ経営経済学とアメリカ管理学という異質の学が同じ経営学の名のもとに合体し，別れ，さらに合体しようとしたわが国の経営学研究の潮流は，歴史的・社会的文脈の中でどう捉えられるか。研究対象も方法も異なる経済学の一分科である経営経済学に管理学を包摂しようとした日本の経営学が，逆に経営経済学を内包した管理学として展開する道を模索したのは何故か。協働行為・組織的行為の場において成立した管理の学は，最初は工場の現場作業の管理から始まり，続いて工場を含む企業活動の全般に関する学として，そしてさらには企業も含み，行政体・学校・病院・労働組合など組織

一般のマネジメントの学として展開された。そしてそれとともに，そこでの科学的研究の対象も，当初の作業・仕事から，次に非公式組織そして公式組織となり，続いて意思決定が科学化し，環境が組織と関係する限りにおいて対象とされ，意思決定の前提としての情報の科学化が登場してきた。そのような管理学はわが国において，具体的にいかなる歴史的・社会的な諸事情の連鎖のもとで受容されたのか。さらにいえば，歴史的・社会的コンテクスト抜きで経営・組織に関わる仮説―検証型の実証研究が主流となっているのは，わが国およびわが国経営学界のいかなる歴史的・社会的コンテクストによるものか。経営学が対象とする現実の経営，とりわけ巨大企業が現代の決定的な制度としてもたらした目的的結果と随伴的結果は何であり，経営学はこれにどのように関与しているのか。このような問題も，歴史的・社会的コンテクスト抜きには論じることはできない。

　こうした問題を「経営学史研究の興亡」として正面から取り上げることにより，今日の経営学史研究が経営の現実の世界と現代の経営学に対して何が貢献でき何が貢献できていないか，そして未来に開かれた課題は何かという「経営学史研究の意義と課題」を改めて問い直すのが，本大会の主題である。

参考文献
経営学史学会編 (2012)，『経営学史事典（第2版）』文眞堂。
経営学史学会編 (2007)，『経営学の現在――ガバナンス論、組織論・戦略論――（経営学史年報第14輯）』文眞堂。
経営学史学会編 (2011)，『危機の時代の経営と経営学（経営学史年報第18輯）』文眞堂。
経営学史学会編 (2012)，『経営学の思想と方法（経営学史年報第19輯）』文眞堂。
経営学史学会編 (2013)，『経営学の貢献と反省（経営学史年報第20輯）』文眞堂。
経営学史学会編 (2014)，『経営学の再生（経営学史年報第21輯）』文眞堂。
経営学史学会編 (2015)，『現代経営学の潮流と限界（経営学史年報第22輯）』文眞堂。
経営学史学会編 (2016)，『経営学の批判力と構想力（経営学史年報第23輯）』文眞堂。
経営学史学会監修 (2011-2013)，『経営学史叢書』全14巻，文眞堂。

2 「歴史学的視点から見た経営学史」試考

藤 井 一 弘

I. はじめに

　本稿は，経営学史学会第 24 回全国大会における統一論題報告に基づいている。その統一論題は「経営学史研究の興亡」であった。大会趣意文には，経営学研究の現状に関して，経営ないし組織（現象）に関わる定量的な「仮説－検証」型の研究が，単に量的のみならず，「主流」の位置を占めており，経営学を「企業（組織）現象」を研究する総体＝「領域科学」と規定するまでに至っている，という認識が示されている。

　この傾向に対して「経営学史研究」は，経営学を明確な意識をもって歴史的・社会的文脈の中に位置づけながら，それらの研究の基盤となっている「思想」と，研究から提示される「理論」を吟味するものと規定されている。加えて，当該研究の営為において，研究者は諸々の経営学研究を自らの観点から語ることを通じて，その観点を絶えず省察しつつ，自らの経営学観，ひいては「経営学とは，そしてその思想と理論とは何ものであるか」を問う，という学問上の姿勢が示されている。

　さて，以上の議論には，経営学の研究をどのように位置付けるかはともかくとしても，「歴史」そのものについては一応の共通理解があることが想定されているようである。すなわち，隆盛を示している「仮説－検証」型の経営研究が存在する一方で，経営学の歴史的研究＝経営学史研究が存在し，後者の意義とその現状をどう考えるか，という構図である。しかし，「歴史的研究」における「歴史」なるものは，それほど，自明のものなのだろうか。経営学の「歴史」を問題にする必要性を明らかにするためには，当の「歴史」そのものの意味を考えるところから始めてもよいのではないだろう

か——もちろん，経営学の「歴史」を問題にする必要がないならば，そのような議論は余計なものでしかないが——。

ただし，筆者は「歴史」ないし歴史学を専攻するものではない。したがって，ここで述べることは，「『或る』歴史学的視点」でしかないことを，あらかじめ断っておきたい。

II.「歴史」を，どのように考えるか？

誰もが日常的に接している「歴史」という言葉ではあるが，そもそも「歴史」とは何か。国語辞典には，何となく「このようなもの」という語義が確かに掲載されている。しかし，ここでは，このような常識的な理解をこえて，注2における 1-1) の用例に引かれている西周の言に倣って，history の語義，語釈を尋ねてみたい。history の語源，*historia* は，過去の出来事の物語といった意味を持ち，日本語における「歴史」の語感と大差ない。しかしながら，この語義のもとで，少々のちに，「重要な，あるいは公的な出来事——とりわけ，特定の国，人々，個人等と結びつけられるもの——の継続的な整然とした記録を構成する，経時的に書き著された物語」という意味が加わってくる。この「特定の国」というのが，その後，重要な意味を持つようになるのだが，まずは，「特定の国と結びつく重要な出来事の経時的な文字記録」という意味での「歴史」は，むしろ後からやってきたものである，ということに注目しておきたい。

近代ヨーロッパに生まれた，この「後からやってきた」歴史に，良きにつけ悪しきにつけ，私たちも巻き込まれている。その「歴史」の存在理由かつ根本的推進力となってきたものは，起源の探求，国民(ナシオン)が生まれる元となった始源の契約であった（フュレ，浜田・木下訳 2015，271 頁）。この「後からやってきた歴史（以下では「近代的歴史」と呼ぶ）」は，nation-state（近代国民国家）の何たるかを確認するためのものとして生まれ，その歴史を鑑にして nation-state もその存在を確立していった。「近代的歴史」と nation-state は，合わせ鏡のように，お互いを参照しながら進んだとも言えるだろう。これを「解釈学的循環」ないし「再帰的（reflective）」と呼んでも，あ

ながち的外れではないように思われる。と同時に，この「近代的歴史」は，「国民的帰属のほか，十八世紀以来の人類のもう一つの重要な集合的実経験，すなわち進歩感情を表現（同上訳書，110頁）」するものでもあった（注7も参照のこと）。すなわち「近代的歴史」の特質は，「国民(ナシオン)の起源の探求」と「一方向的な進歩感情[8]」である。

しかしながら，今日，この「近代的歴史」は変化を被っている——もっとも，それに抗して，当該歴史が強弁される事態も生じているのであるが——。

　もはや出来事本位の歴史が問題ではない。それは時代の段階的進行を，国民国家の形成と「文明」すなわちヨーロッパ・モデルの普及とによってリズムがとられる人類進歩の法則にしてしまうのだ。これとは反対に現在の歴史学の特徴は，もはや時代にあらかじめ暗黙の意味を与えないこと，そして歴史学を過去のさまざまな「時代」の功績を量るための威厳ある学問に仕立てた，あの平板な見方と関係を断ったことにある。同様に，歴史学はその関心の種類を増加させた。歴史学は威厳に満ちた選択であることをやめ，すべてが，たとえば一見して何でもない身振り，宿屋の献立，あるいは畑のかたちが歴史学になじむようになった。それゆえ，歴史学はたえず社会諸科学に遭遇した。もっとも，新しい研究領域の発見が，歴史学をより専門的な学問分野と結びついた研究実践へと導いたのか，あるいは反対に，歴史学が経済学や人口学のような社会諸科学から，自己とは別のところであらかじめ設定された研究対象を借用したのかは微妙である。要するに，この二つの現象は同時に起こったのであり，互いに影響をおよぼしあったのだ（同上訳書，18頁）。

このような事態を，「歴史」は「大きな物語」であることをやめたと言っても，あながち間違ってはいないだろう[9]。それは，単線的な進歩への懐疑をともなうものでもある[10]。それにかわって，現代の歴史学において注目されている分野として，注9に記した事象以外では，歴史人口学と数量経済史を指摘しておきたい[11]。ただし，ここでは，諸々の制約上，そのことにふれるだけにとどめたい。

さて、「国民(ナシオン)の起源の探求」と「一方向的な進歩感情」を内包した「近代的歴史」、そしてその「炸裂(エクラットマン)」ないし「細分化(エミエットマン)」という、ここ200年ほどの傾向から、「経営学史」というものを見た場合、どのような姿が浮かび上がってくるか、節を改めて論じることとする。

III. 歴史学としての経営学史とその転換

「近代的歴史」の200年に比して、「経営学史」が経てきた時間が短いことは言うまでもないが、その歩みに相似形を見ることは妥当なものだと思われる。すなわち、「特定の国、人々、個人等と結びつけられるものの継続的な整然とした記録を構成する、経時的に書き著された物語」という「歴史」概念に窺われるように、「経営学史」は、経営学なるものの研究に従事する「人々」の物語として成り立つ、と言えるだろう。

これは、時間軸上に登場したnation-state（近代国民国家）の何たるかを確認するためのものとして「近代的歴史」が生まれ、その歴史を鑑にしてnation-stateもその存在を確立していったという構図と同じく、ある「人々」が従事する学問的活動を「経営学」として確認し、その確認に基づいて「経営学」が他の学問分野に対峙するための「同一性」を確立していく過程としてとらえられる。したがって、経営学の「揺籃期」に「経営学史」研究が盛んに行われたのは全く自然なことと考えられる[12]。さらにドイツで経営学の同一性を巡っての議論が盛んに行われたのも周知のことである[13]。

日本でのこのような時期は、おおむね、1990年代前半頃までは続いたと言えるだろう[14]。それは、経営学という学問活動に従事する人々に関連する「重要な、あるいは公的な出来事」について整然とした記録を構成する、経時的に書き著された物語を記す行為（＝歴史学）が、再帰的に「経営学」を構成していく時期だったのである。当然、そこでは、「重要な、あるいは公的な出来事」として当該活動に従事してきた、いわゆるbig nameの業績（著作）が俎上に載せられて、その方法――その思想的背景が加わる場合も多かったが――が問われるという研究が中心となっていた。

しかしながら、現在、事情は様変わりしている（注14参照）。そのような

変化の底流に，自然科学に範を求める「科学主義」，そこから派生してくる「実証主義」に基づく「経営学」を求める姿勢があるのは言うまでもない。品のない言い方ではあるが，「『科学的』実証研究」が経営学の「主流」の座に着くという転換がもたらされたのである。

　この転換は何に起因するのか。第2次大戦後の高度経済成長と軌を一にする「効率主義」の蔓延，1989年のベルリンの壁崩壊，1991年のソビエト連邦解体に象徴される「自由主義」の勝利による世界総資本主義化，市場主義が世界に広まるという意味でのグローバリゼーション，といった要因にその理由を求めるのは，今や，余りにもステロタイプの感すらするが，これに関連して，少しだけ指摘しておきたい。

　というのは，上記のような要因の「総本山」と目される米国でさえ，経営学における理論志向を捨てたわけではない，ということである。

　周知のように，Academy of Management（米国経営学会）の機関誌，*Journal of the Academy of Management* は1958年に創刊された。当該機関誌は，1963年に *Academy of Management Journal* とその名を変える。ただし，この学会誌の性格は，現在の同名の雑誌とは異なる。*Academy of Management Journal*（以下，*Journal* と記す。）が現在の姿になるのは，1976年のことであり，同年3月発行の第19巻第1号の Editorial Comment で，編集者（L.L. Cummings）は以下のように記している。

　本号から，*the Journal* は，オリジナルな経験的データを報告，かつ解釈する論文のみを掲載する。…投稿論文は，オリジナリティと内容の時宜性と並んで，理論的意義，記述の明晰性，構成の厳密性，分析と議論の適切さにしたがって評価される。*The Journal* は，長期的な準実験上・実験上の（フィールドならびに実験室での）構想を利用して，そして／あるいは適切な統計分析を利用して因果的属性を与える研究を歓迎する。(p. 5)

　Journal は，これ以後，実証研究のみの雑誌となったが，話しはこれで終わらない。変貌後の *Journal* の発行に先立つ同年1月，米国経営学会は，*Academy of Management Review*（以下，*Review* と記す）を創刊する。創

刊号の Editorial Comment には，以下のように記されている。

　目下，本誌は以下のカテゴリーの投稿を奨めている。すなわち，(a) 理論的総合――経営学において，これまではまとめられてこなかった複数の分野，下位分野ないしはアプローチを統合すること。ないしは経営学分野と非経営学分野を統合すること。加えて(b) 新奇な探索的概念モデル，である。それ以外の歓迎されるカテゴリーは，注意深く構築された省察的な立場の論文ないし論考，命題（そして／あるいは仮説）目録（inventory），意義ある経営上の特性を有する時宜にかなった社会的諸表明，そして歴史的論考である。(p. 4)

　以来，*Journal* と *Review* は並んで刊行され続け，後者は「理論的，概念的，レビュー上の，そして歴史的な争点」（*Ibid.*, p.4）を扱い続けている。
　現代世界における効率主義や市場主義の旗手たる米国における経営学が「実証研究」一辺倒でないということは，注目に値する――しかしながら，いわゆる「理論研究」が，効率主義や市場主義から自由なものであるとは限らない，ということには注意しなければならないが…。[15] もちろん，理論研究がすべて歴史的視点を有しているわけでもない――。ただし，一方を「実証研究」のみの雑誌とし，他方を「理論研究」のみで構成するというのは，いさぎよい態度にも見える。1976 年の時点で「実証研究」の流れが揺るぎないものとなったことは認めつつも，それと切り離した形で「理論研究」も決して軽視しない，という姿勢を示したと言えるだろう。これは，少なくとも，なし崩し的に「実証研究」へ急激に傾斜していった日本の様相とは異なっている。
　何の根拠もないことではあるが，第二次大戦後，高度経済成長期を経たのちの日本は，何ごとにつけ米国の十年遅れ，と揶揄されたことがある。これは，日本の経営学における「実証研究」の隆盛にも，表面上，当てはまる。注 14 に示した『組織科学』掲載論文の傾向から明らかなように（その分類は暫定的なものであるが），「自由論題」論文の掲載本数は，1980 年代には 22 本，それが 90 年代には 63 本とほぼ 3 倍に増え，2000 年に入っても 5 年

間で，33本と90年代からの勢いを保っている。このうち，いわゆる「実証研究」の比率は，それぞれ，41％，83％，91％と急増している。日本における「実証研究」への急傾斜は，これも米国の約10年遅れである。

さて，この頃の研究活動を取り巻く状況は，どのようなものだっただろうか。2005年9月5日に日本の中央教育審議会は「新時代の大学院教育――魅力ある大学院教育の構築に向けて――」と題した答申を提出した。その20頁に次のような記述がある。長くなるが，引用しておく。

> グローバル化や科学技術の進展など社会の激しい変化に対応し得る人材の養成を行うためには，課程制大学院制度の趣旨に沿って大学院教育の組織的展開の強化を図ることが大切である。／……特に，博士課程においては，5年間を通した体系的な教育課程を編成し，コースワーク，論文作成指導，学位論文審査等の各段階が有機的なつながりを持って博士の学位授与へと導いていくといった教育のプロセス管理が重要である。その際，将来の研究リーダーや国際社会など多様な場で活躍できる研究者の育成の観点からは，コースワークを通じて，例えば，研究企画書の作成等を含めた研究プロジェクトの企画・マネジメント能力や英語のプレゼンテーション能力の涵養などに努めていくことが重要である。（強調点は，引用者による。）

俗な意味での「グローバル化・情報化社会における学問の生産性の向上」を叱咤する，このような傾向が「実証研究」への傾斜を促進したということに「何の根拠もない」とは言えないだろう。結局，この現象は「グローバリゼーション」への受動的対応であり，その「本家」である米国の，やはり「後追い」にしかすぎなかったのではないだろうか。それどころか，グローバリゼーションを先導する米国よりもむしろ，追随する（せざるをえないと思い込む）日本では，その傾斜はより急になり――米国ですら「理論研究」に一定の意義が認められているのに対して，日本にそのような見識が表面上は消えつつあるという点で――，「本家」の傾向の「戯画」にまでなってしまった。

Ⅳ．現在において「経営学史」は，どのようなものでありうるか？

さて，前節における記述は，「学史研究」よりも「理論研究」の現状について述べていることにおいて，かなりバランスを欠いたものである，ということについては筆者も認めざるをえない。この瑕疵をいささか取り繕うために，本稿の冒頭でふれた「経営研究」（これを以下では，①と記す）と「経営学史研究」（以下，③と記す）に戻って，若干の論点について述べて，暫定的な結びとしたい。さて，筆者は，ある機会に——大方の納得を得られたとは言い難いが——，この二類型に加えて「経営学研究」（以下，②と記す）という類型を提唱したことがある。

そこでの①と③の規定については，冒頭の規定と大差ないが，再論すると①を「何らかの与件を設定したうえで，それらの現象を，さも真空中で起こっているかのように取り出し，それらの現象にある種の法則性を見いだそうとする研究」と規定して，これに対して②を「諸々の経営研究を比較考量する理論的な研究であり，諸々の経営研究を『共時的に』研究する態度」と規定した。これら二つの研究の型に対して③は，①や②を明確な意識をもって歴史的・社会的文脈の中に位置づけながら，それらの研究の基盤となっている「思想」と，研究から提示される「理論」を吟味する研究と規定される。

このような三類型を前提とすると，前節で取り上げた *Journal* 掲載の論考は①に，②や③は *Review* に掲載されているものに，おおむね分類されるだろう。なぜ，このような迂遠な議論をするのかというと，①と③は明らかに区別されるのに対して，②には少々の曖昧さが残るからである。それは，おそらく，研究活動における歴史意識によるのであって，③に近い態度で生み出される②もあれば，歴史意識においては①と全く同じ態度で著される場合もあるに違いない。いずれであるかは，著作ないし発言の「字面」からだけでは判別しがたいこともある。この脈絡で，Rowlinson et al.（2014）は，「組織理論」と「組織史」の研究態度を「理論」と「歴史」の認識論上の二元論という視点から論じているが，そこでは①と②を含めて「理論」と呼ば

れているようである。

　その議論では,「理論」と「歴史」は,「説明（explanation）」,「証拠（evidence）」そして「時間性（temporality：一時性）」において認識論上,区別される。理論は「分析」によって説明し,歴史は「物語（narrative）」による。ただし,分析と物語は排他的とばかりは言えない。ある現象を説明するために両者が補完的に用いられたり,一方が他方のためのきっかけにされたりすることもある（Ibid., p. 253）。「証拠」においては,理論は,リアル・タイムで集められた現時点でのデータを貴重なものと考えるが,歴史においては,調査対象となっている出来事と同時期に作成された一次資料が重視される（Ibid., p. 255）。「時間性」においては,歴史における出来事は,特定の社会的な時間・場所に埋め込まれた置き換え不可能なコンテクストの中で限定づけられるのに対して,理論はむしろ,どこでも,かついつでも置き換え可能な普遍的な時間を用いる（Ibid., pp. 258-259）。

　紙数の制約のゆえ簡単な紹介になったが,3点目についてだけ補足しておきたい。「理論（厳密に言うと異なるだろうが,『科学』と置き換え可能である）の時間」も「歴史の時間」も,過去から現在へと一方向に流れている。しかし,「理論（科学）」が,再現性のある普遍妥当的な命題を求める,という意味で,そこに流れている時間は一回性のものではないことに加えて,何事にとっても等質性のあるものとして扱われる。「歴史の時間」にとって事情は異なる——したがって,厳密な意味では,「歴史」は繰り返さない。繰り返されるように見えるのは,見るものの視点による——。西暦もあるし,イスラム暦もある。1945年8月15日は西暦という枠組みだけに限れば,その中の一日にすぎないが,米国,韓国,日本等々で,また,どのような立場でその日付を考えるかで,その持つ意味は全く異なる。その異なる意味それぞれを「歴史」は記述する。

　これも種々の制約のため粗雑な議論になることをあらかじめ断っておくが,「理論（科学）」と「歴史」にかかわる三つの論点を経営現象に適用すると,以下のようなイメージが得られるのではないだろうか。

　すなわち,いわゆる「社会科学」が対象とする諸現象の中で,個々の経営現象は,もっとも一回性が強いと言えるだろう。いわゆる「実証研究」は,

この視点を欠いているし，そのようなタイプの研究が，どのような文脈の中で行われているかについても，さほど意識されていない場合もある。もちろん，個々の経営現象に通底するものを括り，抽象化・一般化するという手続きを経て，「理論（科学）」としての経営学が成り立っている，という面はある。しかし，それでもなお残るものを，どう見るか，という問題がある。

　ここは見解が分かれるところだろうが，前述の①が記述しようとする経営現象には，「理論（科学）」よりもむしろ「歴史」の性格がなじむ場合が多々ある。そして，それぞれの記述を比較考量する経営学（これは前述の②に当たる）も，考察の際に，それぞれがどのような「歴史的視点」で記述されているかに注意を向けることは必須であろう。より意識的に「経営学」を歴史的・社会的文脈の中に位置づけようとする経営学史については言うまでもない。

　このような方向での研究活動をネガティヴに見れば，それは単なる「断片化」にすぎない，ということになるだろう——Ⅱ節の末尾に見た「近代的歴史」の終焉もそのように受けとめられている面はある——。しかし，「人間の単線的な進歩」という「大きな物語」に大きな疑問符が付されている現在において将来を考えるためには，そのような「断片化」をポジティヴに受けとめることも必要ではないだろうか。それは，意思決定にあたって物事を相対化することを求め，安直に最終解決策を求めることを拒否する。このような脈絡では，「歴史」研究は対話を促すものでもある。対話によって必ずしも良い方向が見出されるとは限らないが，対話は，よりましな方向を見出すための必要条件ではある。ここに，いわゆる「社会科学」の中で，もっとも一回性の強い現象を扱っている「経営学」を歴史的に研究する意義があるのではないだろうか。

注
1）『経営学史学会通信』第22号，9-10頁。http://keieigakusi.info/files/tsushin/2015_10.pdf 参照。
2）『日本国語大辞典（第二版）』小学館，2002年によると，語義として2つ，語釈としては，最初の語義に4つ，2番目の語義には2つ，の計6つの語釈が載っている。語釈を，それぞれ，簡単に述べると，1-1) 過去の人間生活に起こった事象の変遷・発展の経過。また，その，ある観点から秩序づけられた記述。1-2) ある事物の進展・変化してきた過程。1-3) 歴史学の略。

1-4) 学校における歴史教育を内容とする科目。2-1) 史書。ヘロドトス著。2-2) 史書。ツキディデス著。となっている (13巻, 1069頁)。1-1)の用例は, 1715年初出で江戸時代中期。1-2), 1-3), 1-4)については, それぞれ, 1906年, 1826年, 1900年となっており, おおむね明治以降のものである。
3)『百学連環』からの「History 即ち歴史たるものは, 古今人世の沿革及び履歴を主として書き記せしものを言ふなり」(1870-71年頃)。
4) *Oxford English Dictionary 2nd ed.* (1985) には, 'narrative of past events, account, tale, story' とある。なお, これ以後の history の語義, 語釈については, 特に断りのない限り, 同書による。
5) 'A written narrative constituting a continuous methodical record, in order of time, of important or public events, esp. those connected with a particular country, people, individual, etc.' この意味での, 用例の初出は1485年。それに対して, 注4に準じる意味での用例の初出は1390年である。
6) (ルカーチ (L. Lukacs), 村井章子訳 2013) の6頁には, 次のように述べられている。「私が歴史意識の発生と呼ぶ現象が主に西ヨーロッパとイングランドで起こり, 多くの人々の考え方と語彙とに変化をもたらしたのは, ルネサンスがほぼ終わった頃である。その一つの表れが歴史に対する興味の高まりであり, それは自己の発見にもつながった。
……そして17世紀頃に出現した歴史意識は, 歴史の科学的方法の出現に匹敵するほど, いやそれ以上に重要な出来事だった」。ここで言われている「17世紀頃に出現した歴史意識」とは, おおむね, evolution や development という語が, 現在, 持たされているような意味で登場してきたことに表れている (同上訳書, 7頁)。
7) この参照箇所は, (フュレ (F. Furet), 浜田道夫・木下誠訳 2015) の第8章「ギボンにみる文明と野蛮」からのものである。それによると, 18世紀には, それ以前の「循環的な歴史把握」に対して, 時間の創造的な価値を肯定する「進化論的な歴史と進歩の理論」が構成されていった。その理論は, あるべき姿に向かう啓蒙主義社会の趨勢, 正しい道にいるという意識, 時間は累積的であり歴史は一つの方向を持つという確信を表現するためのものであった (同上訳書, 259頁)。ただし, ギボンは, 「未開―野蛮―文明」という, この図式を必ずしも共有していたわけではない, とされている (同上訳書, 270頁)。
8) このことは, 注6に記したこととも符合する。
9)「炸裂」や「細分化」という言葉で語られてもいる (フュレ, 前掲訳書, 10頁)。このような事態は, 1929年の『アナール』創刊によって画されているが, それ以来, 歴史学は国民現象の解釈者であろうとすることから退き, 国民の真相ではなく, 社会の真相に迫ろうとし, 国民へのまなざしは保持しているとしても, 社会的現実から国民的現実を見ようとしている, とされている。この傾向は, 1950ないし60年代には確立された (同上訳書, 10-11頁)。
10)『同上訳書』の第4章「歴史学と民族学」には次のような記述がある。「今日の世界は, いまだかつて見たこともないリズムで自然に対する人間の能力を広げているのだが, 同時にそれは, 解決不能の問題や歴史上の袋小路, さらには社会的暴力の発現を増加させている。技術的・経済的進歩は, 政治的非理性や世界的無秩序に道を開き, そうすることで包括的歴史――そのすべてのレヴェルは同じリズムで単一の時間性にしたがって進展するという――の考え方に挑戦する」(同上訳書, 135頁)。
11) これまで, 筆者の目に触れたもののうち, ごくわずかの当該分野の業績について例示しておく。ただし, これらが, 当該分野で最もオーソドクスかつ権威あるものであることを保証するものではない。Pomeranz, K. (2000), トッド (Todd, E.) (1992, 1993), 速水融 (1973)。
12) とりわけ, 経営学を海外から導入――それも急速に――した日本では, このような事情は顕著で

あったように見える。経済学を代表とする隣接諸科学に対して，経営学というディシプリンを確立することは急を要する課題であった（例：山本安二郎（1975）など）。ただし，同時期に「歴史的記述」というよりもむしろ，「列伝的記述」（例：藻利重隆（1973）など）が並列していたことも認められる。なぜ，このような（並列的な）事態が生じたのかについては，それとして充分，考察に値するテーマであると思われるが，ここでは，ふれないことにしたい。また，日本における経営学導入期の事情については，詳しくは小笠原英司編（2013）および片岡信之編（2013）を参照のこと。

13）シェーンプルーク（1970），カインホルスト（1979）などに詳しい。
14）このことを，組織学会の学会誌『組織科学』に掲載された諸論考の傾向から見てみよう。当該学会誌（季刊）は，各号ごとに特集を組んでおり，その特集のもとに依頼された論文と，査読過程を経た自由論題論文からなっている（ただし，自由論題論文がなかった時期もある）。

特集論文と自由論題論文について，その研究方法に着目してカテゴリーを分けて，1980年以後，5年ごとの傾向をまとめたのが，以下の表である（／のあとに，太字で示したのが自由論題論文のカテゴリーごとの掲載本数である。特集論文についてのみ，パーセンテージを付した）。

カテゴリーに付けた見出しのうち，「理論」とは，いわゆる学説を扱ったもので，諸理論のサーベイに基づいて概念枠組みを構築しようとするものを含んでいる。「定性的実証」は，便宜的に付けた見出しであるが，事例に基づく実証に加えて，単純な統計数字に基づく実証研究を含んでいる。これに対して「統計学的手法」とは，因子分析や回帰分析といった統計学的手法に基づいて仮説を検証しようとする論考である。

	計	理論	定性的実証	統計学的手法
1980-84	121／6	70(57.9%)／4	35(28.9%)／1	16(13.2%)／1
1985-89	116／16	68(58.6%)／9	33(28.4%)／2	15(9.4%)／5
1990-94	123／28	67(54.5%)／6	44(35.8%)／12	12(9.8%)／10
1995-99	112／35	60(53.6%)／5	31(27.7%)／9	21(18.8%)／21
2000-04	104／33	32(30.8%)／3	54(51.9%)／17	18(17.3%)／13

15）ただし，'Publish or perish.'と言われる世界にあって，理論研究が「非効率的」であることも否定はできないだろう。
16）http://www.mext.go.jp/b_menu/shingi/chukyo/chukyo0/toushin/05090501.htm（2016年3月30日閲覧）。

参考文献

Boxenbaum, E., and Roleau, L. (2011), "New Knowledge Products as Bricolage: Metaphors and Scripts in Organization Theory," *Academy of Management Review*, Vol. 36, No. 2.
Furet, F. (1982), *L'atelier de l'histoire*. （浜田道夫・木下誠訳『歴史の仕事場(アトリエ)』藤原書店，2015年。）
Keinhorst, H. (1956), *Die normative Betrachtungsweise in der Betriebswirtschaftslehre*, Duncker & Humblot. （鈴木英寿訳『経営経済学と価値判断』成文堂，1979年。）
Lukacs, L. (2011), *The Future of History*. （村井章子訳『歴史学の将来』みすず書房，2013年。）
Pomeranz, K. (2000), *The Great Divergence: China, Europe, and the Making of the Modern World Economy*, Princeton University Press. （川北稔監訳『大分岐——中国，ヨーロッパ，そして近代世界経済の形成——』名古屋大学出版会，2015年。）
Rowlinson, M., Hassard, J., and Decker, S. (2014), "Research Strategies for Organizational

History: A Dialogue between Historical Theory and Organizational Theory," *Academy of Management Review*, Vol. 39, No. 3.

Schönpflug, F. (1954), *Betribswirtschaftslehre: Methoden und Hauptstromungen*, 2. erw. Aufl., C. E. Poeschel.（大橋昭一・奥田幸助訳『経営経済学』有斐閣，1970 年。）

Todd, E. (1990), *L'invention de l'Europe*.（『新ヨーロッパ大全 1，2』藤原書店，1992，1993 年。）

小笠原英司編（2013），『日本の経営学説 Ⅰ（経営学史叢書 第 13 巻）』文眞堂。

片岡信之編（2013），『日本の経営学説 Ⅱ（経営学史叢書 第 14 巻）』文眞堂。

速水融（1973），『近世農村の歴史人口学的研究――信州諏訪地方の宗門改帳分析――』東洋経済新報社。

藻利重隆（1973），『経営学の基礎（新訂版）』森山書店。

山本安次郎（1975），『経営学研究方法論』丸善。

3 経営学史研究の意義と方法

海道ノブチカ

I．はじめに

　第24回大会の統一論題主旨にもあるとおり現在，日本の経営学研究においては組織現象に関する定量的な「仮説−検証」型の研究が主流を占めており，経営学の固有の方法や学問としての体系性が等閑視されている。日本経営学創成期の先学者やその薫陶を受けた第二世代，第三世代の先人たちが学問としての経営学の樹立，発展にいかに努力してきたかを顧みるとき，現在の実証型の研究に対し経営学史研究がどのような意義を持ち，実証研究重視の動向にどう対応していくかを解明する必要がある。ここでは，経営学史研究が有する意義を明らかにし，またそれに関連して経営学史研究の方法と現状について言及する。その際，経営学史研究あるいは経営学研究一般ではなく，日本におけるドイツ経営学研究に限定して考察を行うことにする。

II．経営学史研究の意義

1．新たな理論の建設のため

　経営学史研究のまず第一の意義は，「新たな理論の建設のため」という点にある。創生期の経営学の建設を志す人々の共通の問題意識は，経営学の新たな建設のために経営学の歴史を顧みなければならないという点にあった（吉田 1992，192頁）。池内信行教授（1894-1972年）も，このような問題意識から経営学史研究をとおして経営学を新たに建設しようとしたひとりであった（海道 2013，47頁以下）。
　一般的に経営学は現在の経済秩序を前提に，経営経済・企業経済一般に妥

当する法則を体系的にとりまとめるのに対し，経営学史は残された学説をその生成に即して跡づける研究であると理解されている。しかし池内教授は，この点に疑問を呈し，両者の内面的関連を重視している。「学史を学そのものからきりはなしてそれに自立性を付与することはよいとしても，いましもそこで，学史が学そのものの建設のためのものであるということが自覚されないならば，学史の存在理由はなかばうしなわれる」と主張し（池内 1955，5-6頁），新たな理論構築のために最も重要な方法として学史的考察の重要性を提起している。

「ある科学の歴史はその科学それ自体である」というゲーテの言葉を引用し，一つの科学の本質はその科学そのものの歴史のうちに存在するのであって，それゆえ科学の歴史そのものを無視し，あるいは軽視して科学の本質をきわめることは，ひとつの自己撞着であるというのほかはないと指摘する（池内 1955，6-7，29頁）。このゲーテの言葉は，もとはゲーテの『色彩論』に由来するものであり，ザイフェルト（R. Seyffert）が好んで引用したことにより，ドイツのみならず，日本の経営学者にも馴染みのものになっていった経緯がある（長岡 2003，172頁以下）。

2．議論の整理のため

経営学史研究の意義として第二に「議論の整理」という視点を指摘したい。理論の継承，発展のためにはこれまでの議論を整理し，すでに議論が尽くされている点を明示する必要がある。往々にして，過去にすでにある程度議論された問題がまたはじめから繰り返される場合があるので，理論の発展のためには学史において論点を整理することが前提となる。このような作業は，新たな理論建設のためのという第一の視点とも密接に関連している。この点について田中照純教授も「経営学を志すものが学史研究を経由せず，新しい経営学の建設という最終的な課題に直接立ち向かったならば，ある場合には道を誤って全く違った方向を彷徨い，またそうでなければ，すでに解明された道程を繰り返し通るだけの無駄な骨折りをすることになる。したがって学史研究は，そういった危険を避けるため，必然的に求められる迂回路といわねばならず，たとえ回り道のように見えても，そのような過程こそが

新しい経営学の建設を確実に保証するものである」と指摘している（田中 1998, 150頁）。

3．現実の問題の解明のため

また第三に学史研究を通して過去の理論の現代的意義を探究することにより現実の問題の解明の糸口を探ることができる。企業経営の現実の問題は，必ずしも現時点で突如現れた問題ではなく，過去の企業経営の展開の延長線上に存在する問題である。例えば1919年のワイマル憲法に定められた労資同権的な理念は，内容的には後退するが1920年の経営協議会法に実現される。そしてこのようなワイマル期の企業経営を反映した理論としてニックリッシュ（H. Nicklisch）の共同体論的な経営学が出現するが，市原季一教授は，このニックリッシュの理論に基づいて第二次世界大戦後，1950年代のドイツの企業経営の特徴を明らかにしている。ワイマル憲法にうたわれた労資同権的な理念は，1951年のモンタン共同決定法において労資同権的なトップマネジメント組織として実現され，それを市原教授は，ワイマル期のニックリッシュ理論に基づいて解明している。そしてそこにニックリッシュ理論の現代的意義を求めている。

また各学説の理論体系とその理論が生まれ出た社会経済的基盤との関連を究明することにより，現代の問題の本質的側面を歴史的視点より把握することができる。ドイツ経営学はつねに全体経済との関連においてその時々の個別問題の解明に努力してきた。過去の学説の社会経済的背景を歴史的に明らかにすることより，時代の方向性を客観的に捉えることができ，学史研究を通して現代の動向へ警鐘をならすこともできる。

Ⅲ．経営学史研究の方法

1．文献史としての経営学史研究

では経営学史研究の方法には，どのようなアプローチが存在するのであろうか。ここでは文献史としての経営学史研究と認識の発展史としての経営学史研究および歴史的アプローチと理論的アプローチの統合としての経営学史

研究の三つを検討することにする。

　まず文献史的方法においては，体系性あるいは統一性といった何らかの基準に基づいて過去の学説が学史の研究対象として選択され，それらの学説が学派別，あるいは年代順に整理される。そして各著書や論文の出版された時期，諸版の異同などが考証され，内容が概説される。詳細で厳密な文献史的研究は，学史研究にとってまず行わなければならない準備作業であり，そこでは資料および文献の丹念な収集・整理・配列およびその理論の統一的な全体像の解明や批判が中心となる（海道 1988，241 頁）。このような文献史的研究は，学説探求の一つの方法として意味を持つが，単に学説の内容を知るだけでは不十分であり，一面的である。学説の生成の必然性にまでさかのぼって究明するのでなければ，学説の意味を理解することにはならない（池内 1955，10 頁）。

2．認識の発展史としての経営学史研究

　経営学史研究の第二の方法は，経営学を純粋に人間の認識（思惟）の産物と考え，経営学の歴史を人間の認識の発展過程から説明しようとする方法である。その場合，経営学史は，純粋に認識の発展史として描かれることになる（田中 1998，169 頁）。ドイツ経営学におけるこのような方法での代表的な研究としては，シェーンプルーク（F. Schönpflug）の『個別経済学における方法問題』をあげることができる。ただし厳密に言えばシェーンプルークの研究は，学史としてではなく方法問題の書として著されたものである（海道 1988，242 頁）。

　この方法においては，研究者が真理であると考える理論が先ず前提とされ，その立場から過去の学説が照射され，各学説はこの理論よりどの程度の距離にあるのかという基準に基づいて分類，整理される。したがって学史はこの理論に向けての諸学説の推移として描かれる。この方法においてはシェーンプルークのように学史的認識を行う主体の評価，選択の基準が終始前面に押し出され，その視角より研究対象の選択が行われるため，このような学史は一種の特殊問題史，あるいは観念史としての性格を持つことになる（市原 1959，12 頁）。ただしこの認識の発展史としての学史研究におい

ては，個々の学説の生成してきた必然性と生成の歴史的・社会的背景は解明されず，また学説の歴史的展開，あるいは学説間の内的な相互関連が何に規定されているのかについても明らかにされない場合がある（海道 1988, 244頁）。

3．歴史的アプローチと理論的アプローチの統合としての経営学史研究

経営学史研究の第3の方法は，理論と歴史とは互いに有機的に関連しているという基本的な考え方に基づいて，それぞれの学説をそれが生成した社会経済的背景，歴史的状況に照応させて理解する方法である（海道 1988, 245頁以下）。各学説は，社会経済的基盤と結びつけることによってはじめてそれぞれの学説の意味と本質的側面を把握することができる（古林 1967, 213頁以下）。

しかし学説を現実的基盤の運動の単なる反映とみるだけでは，学史の方法としては不十分である。学史はさらに理論的アプローチを必要とする。理論がひとたび成立すると理論それ自体が自己運動をはじめ，独自の発展を遂げていくからである。理論は，基盤から生み出され，それに制約されながらも相対的な独自性を持っており，理論それ自体も自己運動するという側面を持っている（古林 1967, 216頁以下）。そこで学史においては理論それ自体の発展と各学説と先行する学説や後に続く学説との内的な相互関係も跡づける必要がある。第2の方法としてあげた認識の発展史としての学史は主としてこのような理論の展開や相互関係を跡づける方法であり，理論的アプローチの一つの方法と言えるであろう（海道 1988, 248頁）。

したがって経営学史は，学説を社会経済的な背景との関連で把握する歴史的アプローチと理論の展開や理論間の関連を分析する理論的アプローチの二つを必要とする（海道 1988, 249頁）。学説の生成過程を解明する作業それ自体のためにも，理論が企業の本質をどこまで明らかにしているのかという視点から内容の確認や評価が同時に行われなければならない。他方，理論を評価し確認する場合や理論の展開と相互関係を跡づける場合にも，それが生成してきた社会の経済的基盤を考慮しなければ，その研究は現実と遊離する危険がある（海道 1988, 249-250頁）。したがって二つのアプローチは，学

史を解明するための一つの方法の中にある二つの相互に絡み合った要素であるといえるであろう。古林喜楽教授（1902-1977年）は，「学説研究においては，それぞれの学説の生まれ出た根拠をば，社会経済的基盤・時代背景からこれを明らかにすると共に，生まれ出たそれぞれの学説そのものからの独走的展開とを，総合的に把握探究することが必要である」と述べている（古林 1967，222頁）。経営学史においては，このような相互関係にある歴史的アプローチと理論的アプローチが統合されることによってはじめて各学説が特定の歴史的段階においてどのような意味を持っており，またその理論が科学として企業をどこまで解明しているかを正確に把握することができるであろう（海道 1988，251頁）。

では歴史的アプローチと理論的アプローチをどのように統合すればよいのであろうか。まず歴史的アプローチのおいては，第一に学説の生成，発展の必然性を社会経済的基盤との関連で把握する際，特に経営学の発展に直接的な影響を与え，それを規定している企業経営における経済的事実を重視する必要がある。例えば現実の企業経営の生産，財務，管理，組織といった各領域でどのような問題が生じたか，経済的な事実を解明する必要がある。それらの問題に対して経営学の体系がどのように取り組んでいるかが明らかにされなければならない（海道 1988，255頁）。第二は，これらの企業経営における具体的な個々の問題が，資本主義経済の発展と関連づけて位置づけられなければならない。そうでないならば，提起されたいろいろな問題は，バラバラに切り離されて歴史的発展という大きな流れが見失われてしまうからである。さらに第三にこれらの問題を経営学の問題として取り上げる場合に，それぞれの論者がそれをどのような視点から論じているかを解明する必要がある。というのは，一つの時代に一つの問題が同一の理論を生み出すとは限らないからである。一つの問題をどう解明していくかは，立場によって異なり，それぞれの立場の違いは，学史上の理論的な対立となって現れることになる。特に経営学においてはそれぞれの研究者がどのような科学論・哲学に基づいて理論を構築しているのかについてみる必要がある（海道 1988，256頁）。

次に理論的アプローチにおいては，理論が現実の企業経営の実践的問題の

解決にどの程度，有効であるのかという点を離れ，理論が企業の本質的な側面をどこまで明らかにしているのかという理論の科学性に注目する必要がある。理論的アプローチにおいてはこの点は，企業，経営あるいは収益性，経済性，生産性といった基礎範疇に関して分析されうるであろう。例えば各学説において研究対象は企業なのか，経営なのかを明らかにしなければならない。またその際経営は，経済的な概念なのか，技術的な概念なのか，あるいは社会学的な概念なのかといった点も検討されることになる（海道 1988, 257 頁）。また次の段階では，より現実に近い生産，財務，管理，組織，計画，企業目的，意思決定，経営理念といった企業経営の諸側面について各学説がどのような理論を構築しており，どの程度深く掘り下げて分析を行っているかが明らかにされなければならない。そしてこれら各論についての展開が，基礎範疇についての概念規定とどのような相互関係にあるのかを示す必要がある（海道 1988, 258 頁）。歴史的アプローチにこのような学説を裁断する理論的基準が加わることによって歴史的アプローチと理論的アプローチは，有機的に統合されることになる。この場合現実の企業経営の具体的な経済的事実が，歴史的アプローチと理論的アプローチの結節点となる（海道 1988, 258 頁）。

Ⅳ. 市原季一教授の経営学史

1. 理想とするニックリッシュ理論の発展史を描く

認識の発展史として具体的に市原季一教授（1921-1979 年）の経営学史の方法を採り上げるが，市原教授の場合には，上述のシェーンプルークのように観念的に哲学，世界観の違いによって学説を分類，体系化するのではなく，つねに理論と歴史的経済秩序の関係を意識して理想とするニックリッシュ経営学と各学説の比較検討を行っている。市原教授は，まず 1954 年の著書『ドイツ経営学』において戦後の西ドイツの企業経営を解明するためにニックリッシュ学説の学史的研究を展開している（市原 1954, 123 頁）。その際，現実の企業経営を説明するための理論モデルをニックリッシュ経営学に見出している。ドイツの戦後のめざましい復興の背後には，長き間に培わ

れた経営に関するドイツ的思考が根強く存在しており，市原教授は，その典型をニックリッシュ経営学の中に求めている（市原 1954，序2頁）。そこには「現実の問題の解明のため」にニックリッシュ理論の現代的意義を明らかにするという姿勢が読み取れる。

2．市原教授の経営学史の特徴

　経営学史を認識の発展史として描く際に，市原教授はどのような方法でニックリッシュ経営学に向けての理論展開を跡づけているのであろうか。市原教授の経営学史の方法の第一の特徴は，主要学説とそれに対立する学説をつねに対比させ主要学説を際立たせる点にある。ウェーバー（E. Weber）とザイフェルトの時代区分を紹介し，「われわれは以上のごとき時代区分を行うことにさほどの重要性を認めない。われわれにとってかかる分類の意義は1911年を見出すことをもって終わるのである。…それ以後の時代を支配するものは時間的関係ではなくして対立の関係である。われわれは縦に分離するよりも横に分類しなければならない」（市原 1954，8頁）と指摘する。では横の分類をどのように行っているのであろうか。ここで市原教授の学派分類の方法についてみることにしよう。

　ニックリッシュとリーガー（W. Rieger）は，正反対の立場にあり，ニックリッシュは「経営」を経営学の対象であるとし，「経済性」をその最高の同一性原理とみている。これに対してリーガーにおいては，対象は「企業」であり，原理は「収益性」である。市原教授は両極としてニックリッシュとリーガーを置き，前者を典型的なドイツ経営学として把握し，後者を典型的なるドイツ私経済学として把握している（市原 1954，20頁）。そしてニックリッシュ学説を際立たせるためにリーガー学説の批判を展開している。

　また第二の特徴は，理想とする理論の発展史を描く点にある。対立する学説を比較検討する場合に市原経営学の中心には，つねにニックリッシュの理論が存在する。「ニックリッシュの経営学は真にドイツ的なる経営学の代表者である。彼の経営学の系譜を尋ねることはドイツ経営学の系譜を訪ねることを意味する。新しき学問は突如として出現することもないではない。しかし多くの場合，それは先駆者の苦心の上に後継者の業績が一つ一つ積

み重ねられてゆくという過程をたどって完成に近づいている。従って学説の系譜を作り上げるということは我々にとって必要なのである」と指摘する（市原 1954, 43頁）。そして市原教授は，ニックリッシュ経営学の先駆者としてシェアー（J. F. Schär）とディートリッヒ（R. Dietrich）をあげ，ニックリッシュが新たな経営学を作るための枠をシェアーから受け継ぎ経営学の内容に関しては，ディートリッヒを受け継いでいると考えている（市原 1954, 50-51頁）。

3．経営それ自体の維持

では一般的にニックリッシュの経営学は，なぜ規範論として取り上げられるのであろうか。市原教授は，共同体論が規範論であることは認めるとしてもニックリッシュ経営学そのものが規範経営学であるとは承認しがたいという立場を主張する。したがって市原教授は，ニックリッシュ経営学を解釈する際に共同体論そのものを中心点にはおかず，その内容というべき経済性論を重要視している（市原 1954, 205頁）。市原教授は，経営学的考察においては経営の目的概念が経営学の中心概念に高められなければならないと主張する。この目的概念とは，本質的なものを非本質的なものから区別するための選択原理あるいは同一性原理のことである（市原 1954, 105頁）。その際ニックリッシュの経済性概念（Wirtschaftlichkeit）は，一般的な概念規定とは異なりニックリッシュ独自の概念である。ニックリッシュにおいては，経営を共同体として把握しているので外部からの調達に対する支出はすべて原価として把握されるが，労働給付に対する対価は原価ではなく経営成果の一部として把握される。そして経済性は，生産過程に対しては最高可能な価値生産，すなわち最高可能な成果生産を命じ，また分配過程に対しては公平なる成果の分配を命ずることになる（市原 1954, 122-123頁）。

その際市原教授は，ニックリッシュの分配過程における規範性を問題にする。ニックリッシュにおいては分配過程において企業構成員間における正しき分配を論じており，それによって正義の概念が登場し，倫理的価値判断の問題に衝突するに至り経営学が規範科学となっていると指摘する。市原教授は，ニックリッシュの考えるように経済性を倫理的に公平なる対価を示す基

準とは考えることはできないと指摘し，自身は企業自体の観点に立つべきであると主張している。この企業自体の観点に立って経済性の基準を経営それ自体の維持と結びつけて考察している（市原 1954, 142-143 頁）。市原教授は，経営を樹木にたとえ樹木の育成に寄与したる諸要素の貢献度を算定し得ないが，しかしながら貢献に対する対価を考える場合には樹木自体の維持発展を中心として対価を考えることができるであろうと主張している。すなわちニックリッシュの分配原理を経営の維持という立場から解釈している（市原 1954, 213 頁）。このような市原教授の成果概念は，レーマン（M. R. Lehmann）の付加価値概念に近いものである。市原教授によるとニックリッシュは，「付加価値の範囲を，その受取人の範囲をもって規定せんとしている。しかしレーマンが付加価値を論じているのは，その生産の領域においてである。経営が新たに作り出したる所得の合計が付加価値と称せられるのであって，それが何人に属するかは，この場合別問題である。われわれはニックリッシュとは異なり，レーマンのいう付加価値を経営成果と解するものである」と述べている（市原 1954, 162 頁）。

4．市原経営学の現代的意義

認識の発展史として学史を描いた場合，理想とする理論へ他の理論がどのように展開したかを描くため，その理想とする理論がさらにどのように発展していくかについてはそれほど議論されないという側面がある。市原教授の場合もニックリッシュ理論ががその後どのように発展していくかについては著書『ドイツ経営学』では具体的には言及していない。ニックリッシュ理論の展開については1975年の『経営学論考』においてニックリッシュありせばどう発言するであろうかという形で共同決定をはじめとする戦後の個別問題について言及するにとどまっている。認識の発展史としての学史研究にはこのような制約や問題点があるが，その後の理論展開については市原理論を経営学における人間中心モデルの仮説の提示であると捉えてはどうかという見解を増田正勝教授は示している。市原教授自身も観念論哲学を土台とするニックリッシュの先見論は，人間中心モデルの仮説の提出と考えてみてはどうかと提案しており，この仮説の証明を後の人に託しているとみたいのであ

ると述べている（市原 1975, 46 頁；増田 1996, 156-157 頁）。

　代表作『ドイツ経営学』の出版よりすでに 60 年以上経過しているが，市原経営学の現代的意義として現代のドイツの企業経営の解明に貢献できる点を指摘することができる。1976 年には共同決定法が成立し，すでに 40 年近くの歴史があり，また EU レベルでの株式会社であるヨーロッパ会社 SE においても従業員の経営参加が実現している。このようなヨーロッパ型の企業経営の背後には労資協調的な企業モデルの思想が存在する。日本では労使の対立の激化した 1950 年代にドイツの企業経営の思想にいち早く注目し，ニックリッシュ理論の現代的意義を解明した点に市原理論の現代的意義がある。1950 年代は日本では，階級闘争が激化していった時代である。産業界，労働界にも敵対的な姿勢から協調・対話への動きが見え始めたとはいえ，当時の労使関係は労資協調とか労資同権という思想からははるかに離れた地点にあった。それが 1953 年の日産の労働争議や 1959 年の三井三池闘争へとつながっていった時代である。このような時代背景の中で市原経営学がある種の驚きと新鮮さをもって迎えられたことは間違いないところであろう（増田 1996, 153 頁）。

V. 吉田和夫教授の経営学史

1. グーテンベルク理論の特徴

　ここで経営学史研究の第三の方法を吉田教授の理論展開に沿って跡づけることにする。そこには経営学史研究の「新たな理論の建設のため」と「現実の問題の解明のため」という 2 つの意義が示されている。吉田教授は，生成期やワイマル期や戦後の西ドイツの経営学説の批判的研究を展開している。特に 1982 年の『ドイツ経営経済学』においては，ドイツ経営学から何を学び取るべきかという問題意識に基づいて，国民経済との関係において企業の在り方を深く洞察すると同時に，ドイツ経営経済学の根底に流れる問題意識を企業の管理という視点から解明している。この国民経済の一環として企業の管理を把握するという独自の視点は，戦後の西ドイツ経営学説においてパラダイムを形成したグーテンベルク理論の検討に明確に現れている。先ず歴

史的アプローチに関してはグーテンベルク理論と戦後の経済発展の基礎となった社会的市場経済との関連を指摘している。すなわち社会的市場経済の三つの原理，競争秩序を維持・形成すること，社会的介入の規制を行うこと，生産手段の私的所有をあくまで維持・拡大することという三つの原理に対応して，グーテンベルクが，現実の資本制企業を営利経済原理，自律原理，単独決定原理からなる統一体として把握している点が明らかにされる。

グーテンベルク理論の特徴は，この企業を労働給付，経営手段，材料といった「生産要素の結合過程」として捉え，生産要素の投入とその結合成果の数量的関係，すなわち生産性の関係を問題とした点にある。またグーテンベルクは，労働給付を現場での直接的な執行労働である対象関連的労働給付と管理・指揮活動である処理的労働給付とを明確に区別した。そして基本的な生産要素を結合する企業者職能を一つの生産要素とみなし，この企業者の処理的労働給付（管理的労働）を第四の生産要素として重視した。吉田教授は，まさに，西ドイツの経済体制にもっとも忠実な学説であったということができると指摘している（吉田 1982, 155 頁）

また理論的アプローチに関してはグーテンベルクが企業者職能を重視して経営経済学を企業管理の学として確立したた点を先行する理論との関係で解明している。すなわち吉田教授は，管理学としての経営経済学の先駆者としてワイマル期のライトナー（F. Leitner）をあげ，その後経営経済学を企業管理学として体系的に一貫して打ち立てた理論として戦前から戦後にかけて活躍したローマン（M. Lohmann）の学説を詳細に検討している（吉田 1982, 129 頁以下）。そしてライトナーからローマンへという道をへて，今日のグーテンベルクを始めとする企業管理を軸とした純粋科学としての体系的な経営経済学が樹立されるのであると指摘している（吉田 1982, 129 頁）。

2．グーテンベルク理論の再検討

ところで 1966・67 年の大不況以降，労資関係を中心に共同決定や財産形成とからんで労働者の権利の拡大が大きな問題となり，それが企業の政策決定や所有の問題に重大な作用を及ぼすこととなった（吉田 1982, 12 頁以下）。このことは，ドイツ経済体制におけるパラダイムとしてのグーテンベ

ルク理論が一定の限界に撞着し，再検討される羽目に陥ったことを意味する。特にグーテンベルクは，労資の共同決定を企業に導入することに対しては否定的であったから労働者の権利の拡大は，グーテンベルク経営経済学を支える単独決定権の問題に大きな動揺を投げかけた。

　グーテンベルク以降の経営経済学の展開については吉田教授は，共同決定との関連で把握している。まず共同決定のさまざまな法律について，それらが一定の体制危機の段階における激しい労働運動と結びついているとともに，同時に資本側の譲歩・妥協という一面を持っており，それだけに資本の論理が巧妙にそれらの法規のなかに強く織り込まれている点を指摘し，この認識なくしては共同決定の事実を正しくとらえることはできないと述べる（吉田 1982, 170頁以下）。このように共同決定の問題は，単に企業や経営のレベルにとどまらず，全体経済のレベルとの有機的関連において把握されており，そこには上述のように国民経済の一環としての企業の管理を企業者職能による管理と共同決定による管理より解明するという独自の視点が打ち出されている。その際，管理という企業経営の経済的事実が歴史的アプローチと理論的アプローチの結節点になっている。その後吉田教授は，共同決定に基づく「規制の理論」からさらに進んで新たに「生活の理論」を経営学の体系に組み込み，ワイマル期のゴットルに光を当て独自の理論を展開している。そこには人間共同生活の構成という原点から人間性の疎外や環境破壊の問題に取り組もうという新たな理論建設の視点が示されている（吉田 2004）。

VI．経営学史研究の現状

1．ドイツ経営学研究の現状

　周知のように戦前，日本経営学の創世記においては第一世代研究者の多くがドイツに留学し，ドイツ経営学を基礎にそれぞれ独自の理論体系を形成していった。また第二次大戦後もドイツでの方法論争を通してグーテンベルク理論が支配的な学説となるやグーテンベルク学派についての研究を中心にドイツ経営学研究が活発に展開された。しかし1970年代以降は日本，ドイツ

ともアメリカ経営学の影響を強く受け，日本ではアメリカの組織論，管理論中心に経営学，経営学史の研究が隆盛を極めるようになり，ドイツ経営学研究は，以前のようには活発に展開されているとは必ずしも言えない状況にある。ドイツでも各研究分野が細分化し，理論的内容は詳細，豊富になってきているが，逆にグーテンベルク理論を超えるような体系的な理論はそれ以降出現しておらず，その結果ドイツ経営学の理論を対象とする日本でのドイツ経営学研究は，一部の研究者の業績を除けば一頃のように層がそれほど厚いわけではない。

しかしその反面，ドイツ経済が牽引してきたEUについての研究の一環としてドイツの企業経営，経営学の研究は日本において活発になってきている。資本主義の経済，企業経営をみる場合アメリカだけではなく，ヨーロッパ型の資本主義もみる必要があり，EU研究を深めることの意義は大きい。また日本の企業経営の問題を考察する際に，新自由主義に基づく理論や経営だけではなく，ヨーロッパの社会的市場経済原理に基づく企業経営や理論研究により複眼的な視点より現実を捉える必要性がますます増大しているように思う。

2．経営学が実証研究中心となってきている点

最後に学史研究の現状に関連して経営学が理論研究・学史研究よりも実証研究中心になってきている点についてふれておこう。この点は，今回の統一論題の趣旨に詳細に述べられいるが，ドイツにおいても1970年代以降，日本と同様にアメリカの経営管理理論への志向が増大し，「真理問題の代わりに有用性問題が経営経済学の理論形成の中心に置かれるようになった」と指摘されている（榊原1994，84頁）。

この経営学における実証研究中心の現状と学史研究との関係をどのように捉えればよいのであろうか。多くの実証研究では一定の対象について限定された期間に関して分析を行っていることが多い。このような単発的な実証研究にさらに時系列的な分析が付け加わるならばそこに法則性を見出し，理論の形成につながるのではないであろうか。また実証研究において過去の学説のレビューを行う際に単なる学説の紹介や文献史的研究に終始するのではな

く，本格的な学史研究のレベルで行うことによって概念規定の明確化，対象規定の明確化を進めることができると思われる。さらに経営学の各分野での学史研究が充実すると実証研究における基本的な概念がどのように今まで議論されてきたかが明確になる。例えば労務論のレベル，人事管理のレベル，HRM のレベル，SHRM のレベルで基本的な概念がどのように変遷してきたかがわかる。ドイツでは，すでにこのような各論についての学史研究が，ガウグラーとケーラーによって纏められている（Gaugler / Köhler 2002）。

このように実証研究の中に学史研究の視点を組み込むことによって実証研究が経営学の体系のどこに位置づけられるのかを明示することができるようになる。そうすればその研究がそもそも経営学なのかどうかというしばしば学会での報告でみうけられる議論も避けることができるであろう。さらに実証研究に基づいて作り出された理論が現実の企業経営に影響を及ぼし，また実際の企業経営が実証分析に基づく理論に影響を及ぼしている。その相互（浸透）関係を解明するためにも，学史研究が必要であると思われる。

参考文献
Gaugler, Eduard, Köhler, Richard Hrsg (2002), *Entwicklungen der Betriebswirtschaftslehre*, 100 Jahre Fachdisziplin- zugleich eine Verlagsgeschichte, Stuttgart.
池内信行（1949），『経営経済学史』理想社，増補版（1955）。
市原季一（1954），『ドイツ経営学』森山書店，第 9 版（1966）。
市原季一（1959），『西独経営経済学』森山書店。
市原季一（1975），『経営学論考』森山書店。
海道ノブチカ（1988），『西ドイツ経営学の展開』千倉書房。
海道ノブチカ（2013），「池内信行──経営経済学の発生論的究明──」小笠原英司編著『日本の経営学説 I（経営学史叢書 XIII）』文眞堂。
古林喜楽（1967），『経営学方法論序説』三和書房。
榊原研互（1994），「経営経済学史の課題と方法」鈴木英壽先生古希記念事業会編『現代ドイツ経営学研究』森山書店。
田中照純（1998），『経営学の方法と歴史』ミネルヴァ書房。
長岡克行（2003），「管理研究の〈主流〉と〈本流〉？──アメリカ経営学 100 年と三戸公著『管理とは何か』──」『東京経大学会誌』234 号。
増田正勝（1996），「市原季一博士の経営学説──ニックリッシュとともに──」経営学史学会編『日本の経営学を築いた人びと（経営学史学会年報第 3 輯）』文眞堂。
吉田和夫（1982），『ドイツ経営経済学』森山書店。
吉田和夫（1992），『日本の経営学』同文舘出版。
吉田和夫（2004），『ゴットル　生活としての経済』同文舘出版。

4 経営学における物質性概念の行方：
社会構成主義の陥穽を超えて

松 嶋　　登

I．はじめに

　本学会の叢書シリーズの刊行の辞に，吉原正彦会長が記した言葉がある。過ぎ去りし20世紀は，貧困からの開放と物質文明の時代であり，この文明に寄与したのは企業であり，つまりは物質経済を中心とした企業文明の時代である，と。だが，現代の経営学が具体的な分析対象として，経営の物質的側面を（再）発見したのは，それほど遠い話ではない。同じく叢書シリーズでも再訪された，ジョアン・ウッドワードが率いた一連の研究にたどり着くことになろう（岸田 2012）。

　ところがウッドワードたちの後，経営の物質的側面をめぐる議論が表舞台から姿を消してしまう。それは，彼女たちの研究に向けられた技術決定論という批判的レッテルの反動であり，コンティンジェンシー理論の斜陽化とともに，経営の物質的側面に対する関心が失われた。もちろん，技術という概念それ自体は残ったが，ペローの情報処理モデルやトンプソンによるテクニカル・コア概念のように組織理論として抽象化されてきた（Robey, Anderson and Benoit 2013, p. 386）。その後の経営学における技術研究は，技術決定論を克服する，組織的な相互作用プロセスを探求してきた。そのなかでも流行りの位置づけが，技術決定論を導く根源となる技術の実在（realism）を退けた，社会構成主義（social constructivism）が挙げられよう（e.g., Tsoukas 2000；Mir and Watson 2000）。

　本研究では，情報経営研究のなかで技術と組織との関係を類型化したMarkus and Robey（1988）を契機として，社会学者のギデンズの構造化理

論，科学技術社会学のカロンとラトゥールを旗手としたアクター・ネットワーク理論，そして量子物理学者であるバラッドによるエンタングルメント概念など，新しいメタ理論を摂取しながら精力的に論じられてきた学説に注目する。これらの学説の全てが社会構成主義を名乗っているわけではないが，おおよそ前出の考え方を共有している。

ただし，本研究は，情報経営研究における社会構成主義を追認するものではない。むしろ，その逆でさえある。様々なメタ理論を援用し，概念や言葉を変えながらも，技術の実在をめぐる論点ずらしを繰り返し，今も有用な技術概念を定位し損ねていることを批判的に検討する。以下では，まず，情報経営研究における論争を振り返ることによって，人間主体の解釈能力を強調する際に，技術の実在を退けてきた社会構成主義の思考様式が有する限界を検討する。その上で，改めて構築主義（constructionism）ほんらいの認識方法を問い直し，経営学における技術概念の捉え方や，経営学が物質性概念を必要とする方法論的意義を検討していく。

Ⅱ．技術の実在をめぐる論点ずらし：社会構成主義の陥穽

決定論に対するわれわれの拒否反応は，どこか根強いものがある。技術決定論，あるいはコンティンジェンシー理論に共通する環境決定論という批判的レッテルは，環境さえ決まってしまえば企業やそこで働く人々の行動を一意規定するという悲観的イメージに反応したものにほかならない。人間主体を中心に置こうとするのは，価値自由を求めてきた近代固有のイデオロギーなのだろうか。他方，さすがに技術や環境を蔑ろにして良いとは言えない。こうしたジレンマに直面した時に，われわれが頼りたくなるのが「相互作用（interaction）」という便利なラベルである。技術決定論でも，組織決定論でもなく，技術と組織は相互に作用するものであり，この動的な運動を担うのが人間主体にほかならない。ところが，単純かつ明快なこの三段論法が，われわれの思考を縛ってきた。

ここでは，経営情報研究における代表的な学説を振り返っておく。情報経営研究において，今日の相互作用論を普及させる端緒は，Markus and

Robey（1988）の創発的視角（emergent perspective）に求められる。彼らは，先行研究を技術決定論と組織決定論に分類し，そのどちらとも異なる第三の立場として創発的視角を位置づけた。彼らの分類は，技術と組織の因果関係として観察される理論の構造に注目したものであり，創発的視角のプロセスに関する理論の内実は含まれず（Markus and Robey 1988, p. 584），残余カテゴリーとして姿を現したに過ぎなかった。それでも理論上の手がかりを探れば，創発的視角を提示する際に依拠していた Pfeffer（1982）では，マーチとオルセンのゴミ箱モデルや，ワイクの認知的視角が引用され，組織の意思決定を断片的かつ非連続であり，行動の結果に基づいた事後的な意味づけが注目されていた（Pfeffer 1982, pp. 9-10）。つまり，Markus and Robey（1988）では，すでに技術決定論と組織決定論の統合にむけて，人間主体の解釈を強調する視点が潜在していた。

　こうした視点は，当時流行の社会理論であったギデンズの構造化理論を援用する研究に引き継がれた。今となって振り返れば，経営学において構造化理論を援用する方法は様々であったが（Leonardi 2011），典型的には技術利用を通じて生じる意図せざる結果（unintended consequences）に注目し，与件とされた技術に組織が即興的に適応していくプロセスを論じてきた（DeSanctis and Poole 1994）。その代表格となったのが，ロベイとの共著を発表したオリコフスキーであった。彼女らの構造化モデルでは，技術利用を通じた意図せざる結果に加えて，技術の潜在的な利用可能性を解釈する知識能力（knowledge ability）を有した人間主体（実践的意識）が強調された（Orlikowski and Robey 1991；Orlikowski 1992）。これに対して，同じく構造化理論に注目していた Barley（1986）は，技術を意図せざる結果を生む与件とは置かず，社会制度的な構造と実践を媒介する存在として技術を位置づけることを試みた。このように，正確には技術の位置づけやニュアンスはそれぞれの研究で異なっていたが，構造化理論を援用する研究が相互作用論を目指すことは自明の課題であった。

　ところが，2000年を前後して，こうした相互作用論が論点ずらし（tilt）に過ぎなかったのではないかという批判が生まれてくる（Pentland and Feldman 2008, p. 242；Leonardi and Barley 2008, p. 160）。例えば，オリ

コフスキーたちの構造化モデルに,徹底的な批判を加えたのが,Grint and Woolgar（1997）であった（pp. 21-23）。彼らの批判を要約すると,次のようになる。オリコフスキーたちの議論では,一方で主体の解釈能力を強調したが,他方で「分析的な利便性においてのみ（analytical convenience only）」（Orlikowski 1992, p. 480）という免罪符のもとで,意図せざる結果として現れる技術特性に客観的な本質を置いていた。しかし,分析的であろうが技術の客観的本質を置いている限り,人間主体の解釈は客観的な技術特性に上書きされ,どれだけ技術を正しく／歪んで理解しているかを問うしかなくなる。

その後,オリコフスキーは,技術の物質性（materiality）に改めて焦点を当て直す。Orlikowski and Barley（2001）では,制度的な制約を緩和しつつ,人々の柔軟な解釈能力を触発する媒体として技術の物質性を位置づけた。技術は,解釈が上書きされる客観的本質を持つのではなく,主観的な解釈を触発する存在になる。この論文では,構造化理論を援用して技術を社会制度と実践の媒介項としたBarley（1986）の影響が色濃く残っている。他方で,Orlikowski（2000）では,アクター・ネットワーク理論を援用し,人々の実践を規定する技術特性の根拠を,その物質性に求めた。この二つの立場は全く異なったものであるが,彼女がアクター・ネットワーク理論を援用した理由は,人々の解釈に左右されない技術の物質性を探求することが,とくに変革を求める組織に対して有益な示唆を与えうると「信じた（believe）」からであった（Orlikowski 2000, endnote 4）。

ところが,この脚注で何気なく触れられたオリコフスキーの信念表明が,新たな波紋を呼ぶ。存在論的な異種混合性（heterogeneity）というアクター・ネットワーク理論の理論的ユニークさを考えた場合,技術の把握は物質的な根拠を与えただけで十分ではなく,社会制度的な性格が刻み込まれた異種混合の集合体として把握しなければならない（Joerges and Czarniawska 1998；Pinch 2008）。こうした批判を受け,2004年の *Information Technology and People* 誌上で,改めて情報経営研究におけるアクター・ネットワーク理論の意義を問う特集号が組まれた。急ぎ加えておくと,彼女だけが論点をずらしてきたわけではない。先鋭的かつ分かりやす

い彼女の論文が広く研究者たちに読まれたことの裏返しであり,彼女が情報経営研究を率いてきた中心人物であることの証左でもある。

そのオリコフスキーたちが,近年に提唱している概念として,社会物質性(sociomateriality)概念がある(Orlikowski 2007 ; Orlikowski and Scott 2008)。彼女たちの議論は,今回もわかりやすい。量子物理学者であるバラッドを引用しながら,技術と組織は分かちがたく結びついたもつれ(entanglement)の状態にあるというメタファーのもとで,関係的存在論(relational ontology)を宣言する。先行研究の歴史も再構成される。従来の三段論法ではなく,技術および組織からの一方的な影響を論じた二つの決定論,技術と組織の双方向の影響を論じる相互作用論,そして,技術と組織のもつれの状態を捉える社会物質性である。もっとも論理的には,二つの決定論と相互作用論は存在論的な二分法を共有する議論として単純化できよう。だが,古い議論に慣れ親しんできた研究者にとっては,この新しい三段論法は印象的なものに映る。

しかし,こうした印象操作を行ったところで,技術の実在をめぐる論点ずらしは終わらなかった。オリコフスキーは,社会物質性を通じて,社会構成主義の乗り越えも目指していた。彼女によれば,技術やその利用に対する人間主体の解釈を強調してきた社会構成主義では,いつの間にか技術そのものを分析することを見失ってしまった。人々の解釈やそれを支える社会制度的な要因だけではなく,物質的な要素にも同時に注目することによって,現実の複雑な実践に対して,従来の単純化された議論では導かれなかった有用な含意を引き出せるという(Orlikowski and Scott 2008, p. 466)。他方で,そのために彼女は,「分析的にのみ(analytical only)」(Orlikowski 2007, p. 1438)人々の解釈に囚われない物質性を伴う技術を用意する。しかし,分かちがたい技術と組織の腰着状態を,いかに研究者が分析的に論じられるのか,また,仮にできたとして,そうした分析がいかなる有用性をもちうるのかは自明ではない。

その後,オリコフスキーたちの社会物質性を発展させることを目的とした編著 *Materiality and Organizing* (Leonardi, Nardi and Kallinikos 2012) が編まれる。じつは,この編著では,バーリーの議論を継いだレオナルディ

を筆頭に、オリコフスキーたちに懐疑的な意見が寄せられていた。それは、次節で議論する構築主義の視点に密接に関わるのであるが、議論を先取りしながら彼らの批判に触れておきたい。彼らによれば、技術の実在をめぐる論点ずらしを避ける鍵は、認識論的な立場からの技術概念の定位にあった。Faulkner and Runde（2012）によれば、技術の物質的根拠を問わずとも、物質的な強制力に導かれるという集合的な期待のもと、社会的な機能が付与された存在こそ、「技術」という概念のアイデンティティに他ならない。また、Leonardi（2011）によれば、社会や物質は、二分法的に用意された独立的な実体（independent entities）ではなく、技術を利用する実践を通じて区分された要素（distinct element）である。オリコフスキーが言うもつれの状態とは、通常は技術としてではなくて、社会的（サブ）システムとして把握される。技術は、人間による影響を受けることがない、社会的システムの残余として捉えられ、その時空を越えた持続的な形式として物質性が概念化され、全体として社会技術システムを構成している。このような説明のもとで、オリコフスキーのもつれのアナロジーに代えて、彼が提唱するのがうろこ状の重なり（imbrication）であった（Leonardi 2011, pp. 81-84）。実践を改善する有用なデザインは、技術システムの物質的必然として、社会技術システムの自明な認識に働きかけることで可能になる（Leonardi and Rodriguez-Lluesma 2012）。

Ⅲ．技術と組織の相互参照：構築主義の原点回帰

　さて、レオナルディたちがうろこ状の重なりという新たな、そして、いささか難解なメタファーを持ちだし、オリコフスキーとの対立関係を演出してきた背景に遡ってみたい。彼らの論争がどこか空中戦のように感じられるのは、彼らが依拠している哲学的前提が、存在論と認識論で食い違っているからである。オリコフスキーが関係的存在論にコミットしているのに対して、彼女の批判者たちはカントの超越論哲学に遡る認識論に依拠する。ただし、哲学的論争に持ち込むことが、彼らの目的ではない。
　現実にわれわれの思考を縛っているのも、純粋に哲学的な学説というより

は，誤解を含めて事実化された思想であろう[1]。そういう観点から Leonardi and Barley（2008）が再注目したのは，構築（構成）主義の知的伝統であった。彼らは，前節で見てきた論点ずらしの原因を，技術の実在を排するために主観的な解釈を強調する構成主義（construc-tivism）に求めつつ，超越論哲学を引き継いだドイツ観念論に基づいた構築主義（construc-tionism）に立ち戻る必要性があるとする（松嶋 2016）。

今や古典となった Berger and Luckmann（1966）による『現実の社会的構成（The Social Construction of Reality）』もまた，人間主体の相互作用を通じて社会が物象化されていく，主観から客観が作られるプロセスとして注目されることが多い。だが，言語論的転回を特徴とする彼らの著作でより重要なのは（中原 2016），自明で強制的な事実として物象化され，端的にそこに存在する「社会」から，われわれの認識がはじまる点にあった（Berger and Luckmann 1966, pp. 21-23, 翻訳書，32-34 頁; p. 60, 翻訳書，93 頁）。この超越的な「社会」を出発点に，われわれは，生きられた現実（lived reality）として生活世界を様々に作り出しており，この生活世界を解明することこそ，社会科学に与えられた使命に他ならない[2]。

こうした視点は，『現実の社会的構成』に先立って発表されていたバーガーの初期の研究に色濃く残されており，そこにレオナルディたちの概念枠組みを読み取ることもできる。Berger, Berger and Kellner（1973）による『故郷喪失者たち（Homeless Mind）』と題された著書では，現代社会のわれわれを取り巻く社会制度として，具体的に官僚制と工業生産を取り上げる。彼らの議論の背景には，プロテスタントの宗教倫理のもとで，資本主義経済と官僚制国家の成立を論じたマックス・ウェーバーの近代化論があり，近代化によって成立したこれらの制度がもとの担い手（carrier）から離れ，他の担い手へと伝播していく様を検討しようとする狙いがあった（Berger, Berger and Kellner 1973, pp. 15-16, 翻訳書，7-9 頁）。簡単に例示すると，官僚制の匿名性は，当然ながら非人格的な業務遂行を支えつつ，その反動で職場でのクリスマス・パーティーのような人間性を求める行動をも導く。家族で休暇を過ごす際にも，工業生産を行う工場のように綿密なスケジュールを立ててしまう。こうしたジレンマに満ちた私的領域に窮屈さを感じるわれ

われは，休暇中でも安息を求めてオフィスや工場に足を向けてしまう。このように，制度化された官僚制（組織）と工業生産（技術）の間での積極的な論点ずらしとも捉えられる認識論的な相互参照が，今日，われわれが経験する複雑な生活世界を作り出してきた。

このように認識論的に社会制度に注目する可能性は，近年の制度派組織論にも見られる。制度を説明概念としてきた制度派組織論では，当然の帰結として，制度による過剰な支配を退けるという理論的課題が生まれる。この制度決定論を解消するために提唱されたのが，制度的企業家（institutional entrepreneurship）にほかならず，自身も制度化されているはずの企業家主体に制度変化の優位性与える論理パラドクスをはじめ，制度概念そのものをめぐる論争へと発展してきたことは，昨年の全国大会の統一論題において，桑田耕太郎先生が報告されたとおりである（桑田・松嶋・髙橋 2015）。ところが，そうした論争が沈静化した昨今，ソーントンを中心に改めて制度ロジックへ再注目する動きがある。制度ロジック概念それ自体は，Friedland and Alford (1991) に遡られ，制度ロジックの矛盾が制度変化を導くという説明図式が予定調和的な変化を論じるに過ぎず，制度決定論を逃れ得ないと批判されてきた経緯がある（Beckert 1999, p. 780）。制度ロジックが改めて脚光を浴びる理由はどこにあるのであろうか。

それは，制度（ロジック）を，存在論的な実在としてではなく，認識前提となる理念型（ideal type）として，捉え直そうとする動きに他ならない（松嶋ほか 2015；早坂 2015）。制度的企業家は，既存の制度に囚われないエリート主体を惹起させる「企業家」概念を持ち出しながら，そうしたエリート主体を否定して制度のダイナミズムを説明するところに理論的要諦があったが，理念型としての役割を考えれば，このレトリックが必ずしも有効ではなかったことは否めない。長らくの沈黙を破った Friedland (2009) によれば，制度ロジックのダイナミズムを読み解く鍵は，物質性にあった。制度派組織論において物質性が論じられることに違和感があるかもしれないが，Friedland and Alford (1991) でも既に，われわれの生活世界は制度の象徴性（symbolicity）だけでなく，物質性の側面を併せ持つことが指摘されていた（p. 247）。理論的基盤として宗教社会学に遡って，ウェーバー

の近代化論を再構成しようとするフリードランドであったが（早坂・松嶋 2015），その根拠のひとつが，「神々の闘争」として知られる価値領域（value spheres）概念にあった（Friedland 2014, p. 220）。すなわち，手続き合理性が貫徹するほど，それまで潜在してきた諸価値の矛盾が物質化されて顕れる。これは没価値的な近代社会が，様々な価値の衝突を伴うダイナミズム（すなわち価値自由）を有する所以である。同様に，制度ロジックの象徴性に眼を奪われた制度論者が決定論に陥るのであれば，敢えて「物質性」というメタな象徴性を置けばよい（Friedland 2009, pp. 56-57）。フリードランドによれば，より根源的な問題は，哲学的な唯物論と観念論の対立にあり（Friedland 2012, p. 589），アリストテレスの形相質料論に遡り，ある対象の形相（象徴性）を問うとき，質料（物質性）に言及せざるをえないトートロジーを許容せよという命題に注目すべきとする。

いったい，これのどこが経営学なのかと見紛うような議論の他方で，じつはよく考えれば，それほど新奇な視点でもない。経営学における技術研究の古典的研究を見ても同様な認識方法が確認できる。例えば，叢書『ウッドワード』でも風間信隆先生が再訪されたように，複雑な組織プロセスを観察していたウッドワードたちは，単純に生産技術が組織構造を一方的に規定するという命題を主張したものではないことは，彼女たちの著作を読めば十分に理解できよう。

なかでも，とりわけ注目したいのは，彼女たちの技術概念の操作化手続きである（松嶋 2015, 58-68 頁）。彼女は，生産技術の定義に当たって，先行研究からも，技術者たちの分類法からも，企業が採用する多様かつ進化する技術を捉えられなかった（Woodward 1965, p. 38, 翻訳書, 46 頁）。そこで彼女がとった方法は，考えうる組織との対応関係を予測に入れた技術類型を用意することであった。技術概念の操作化は「それ自体社会的である用語でしか表現できないような技術分類法を選択しないように留意すること」（Woodward 1970, p. 20, 翻訳書, 24 頁）にすぎない。科学的な手続きとしては，トートロジーであろう。しかし，ここで追求するべきは，彼女たちがそこまでして生産技術の操作化に拘った動機である。それは，産業革命以降，物質文明を担ってきた企業を対象にした古典的な管理論が，技術的環境

を無視した一般的な管理原則を求めてきたことへの不満にあった。企業にとって生産技術は与件ではなく，もっと積極的に管理の対象となるべきである。このような動機のもと，ウッドワードたちは技術決定論と批判されることを恐れることなく，実践的に生産技術を定義する道を選んだ[3]。同叢書で稲村毅先生がドナルドソンの学説を通じて指摘したように，われわれが拒否してきた決定論とは，環境適応への責任を負った管理者に対して，処方的含意を与える文法でもあるのである。

Ⅳ．結論と今後の課題

本研究では，経営学における物質性概念を求めて，技術と組織の相互作用を探求してきた情報経営研究の代表的な学説を批判的に検討してきた。最新のメタ理論を次々と摂取しながら，技術の実在をめぐる論点ずらしを繰り返すことで有用な概念定位し損ねてきた既存研究の陥穽を克服するために，本研究では，存在論的に技術の実在を退けて人間主体による主観的な解釈を強調する社会構成主義に代えて，自明視された超越論的認識のもとで生み出される多様な実践を把握しようとする構築主義の可能性を論じてきた。後者の構築主義の視点は，情報経営研究に留まらず，その学説的背景となる近代化論や，同じ近代化論の問題意識を継承してきた制度派組織論，さらには経営学の古典的な技術研究にも通じていた。

最後に，物質性概念をめぐり，広く経営学として洞察が得られることが期待できる，今後の課題を抽出しておきたい。第一に，メタ理論に拘泥するわけではないが，社会構成主義が素朴に退けてきた実在論をめぐって，学問としての経営学が依拠する存在基盤を見直す必要があろう。本研究では，情報経営研究の論争に見られた存在論と認識論の食い違いを指摘したが，この食い違いを止揚する新たな哲学が必要であろう[4]。例えば，関係的存在論を宣言していたオリコフスキーが参照したバラッド自身は，存在論と認識論の区分に拘泥しない存在-認識-論（onto-epistem-ology）の必要性を提唱していた（Barad 2003, p. 829）。もともと観察できない対象（例えば電子）を扱ってきた物理学者にとって，分析対象の実在は自明ではなく，物理学者

は実験で操作できる（電子を射出できる）限りそれを実在すると見なしてきた（Hacking 1983）。このような介入を前提とした新しい実在論には，実践の学問として発展してきた経営学の存在基盤を紐解く鍵があるかもしれない（福本・松嶋・古賀 2014）。

　第二に，実在に関する理解の刷新は，経営学の哲学的前提の整備に留まらず，物質的世界に直接関わるようになった経営現象へと，経営学の視野を広げることになろう。冒頭では，20世紀が企業に担われた，貧困からの開放と物質文明であったとする吉原会長の言葉を見てきたが，今日の企業はますます先鋭化する科学の力によって，社会に対する影響力をより一層強めている。より基礎的な科学さえ，大学などの研究機関を凌ぐほどに企業に担われるようになり，物質レベルで制御された製品を通じてわれわれの生活世界を逆に支配している。これからの経営学は，とどのつまりは純粋科学の応用を基本としてきたこれまでのMOTの発想を超え，企業も科学そのものの内容にまで実質的に関わるようになった科学技術イノベーションを，批判的に理解することが必要になっているのではないだろうか。

　第三に，われわれ研究者自身の認識を批判するための方法として，物質性に注目する意味も忘れてはいけない。経営学として現実世界に寄り添うことはもちろんだが，既存の価値を強制的に相対化させる認識装置として，物質性概念を必要としている。認識前提となる理念型を扱う制度論がダイナミックな実践の理解のために象徴的な物質性を必要とし，物質的な生産技術を探求したウッドワードが結果として組織のコントロール・システムに対する理解を深めていった。こうした認識方法が求められる場面は，経営の全般に及んでいくだろう。例えば，企業経営を基礎づけている「計算（calculation）」という実践ひとつ取ってみても，経済学や会計学が想定するほど単純ではなく，物質性を伴った経営実践として解きほぐす可能性が残されたリサーチ・フロントになろう（國部・澤邉・松嶋 2017）。

注
1) 例えば，Burrell and Morgan（1979）が示した存在論・認識論・方法論・人間性の順にリストされた，主観と客観のダイコトミーは，学際的な経営学が参照する様々な社会科学の学説を整理する有用な枠組みを提供してきた一方で，存在論と認識論が別様に存在するかのような誤解や，自らが依拠する存在論によって認識論や方法論などがすべて決まってくるかのように単純

2) それでも，研究者が「科学」を標榜する限り，その現実を構成する「社会」がどこからきて（解釈），さらには，どのようなプロセスで構成されたのか（相互作用）を探求しなくともよいのか，という疑問がわくかもしれない。言葉を返すならば，当然ながら「社会」は相互作用を通じて人々に解釈されたものであり，必要となれば分析も可能である。だが，その「社会」もまた，別の社会を前提に構成されている。現実を構成する「社会」の出自を追う無限背進は，社会科学の問題関心ではない。だからこそ，Berger and Luckmann（1966）は，社会科学の関心はあくまで生きられた現実であり，「この現実の基礎についてさらにそれ以上考える必要はない。というのも，それを考えるのは哲学の仕事だからである」（p. 19，邦訳書，29頁）と力説したのである。
3) ちなみに，ウッドワードが批判的に位置づけた古典的議論に，人間関係論や社会技術システム論があった。彼女には，古典的管理論と同様，技術サブシステムを与件としているように映ったからである。しかし，管理のための操作化という実践的な指向性は，社会技術システム論にも共通している。社会技術システム研究もまた，炭鉱採掘技術のように一度導入すれば容易に変更できない技術システムへの適応を促す自律的な作業集団を求めていたように，今日の組織開発論へと繋がる含意を有していた（Leonardi 2012, pp. 38-42；貴島 2014）。
4) Burrell（2013）もまた，かつて彼らが論じた両立不可能な二分法的思考を乗り超えるために，既存の確立した知識を相互参照して包摂（envelope）する組織化の方法（スタイル）を問う際の拠り所として，身体性や時空の制約，自然との関わりに通底する物質性に注目している。

参考文献

Barad, K. (2003), "Posthumanist Performativity: Toward an Understanding of How Matter Comes to Matter," *Signs*, Vol. 28, No. 3, pp. 801-831.

Barley, S. R. (1986), "Technology as an Occasion for Structuring: Evidence from Observations of CT Scanners and the Social Order of Radiology Departments," *Administrative Science Quarterly*, Vol. 31, No. 1, pp. 78-108.

Beckert, J. (1999), "Agency, Entrepreneurs and Institutional Change: The Role of Strategic Choice and Institutionalized Practices in Organizations," *Organization Studies*, Vol. 20, No. 5, pp. 777-799.

Berger, P. L. and Luckmann, T. (1966), *The Social Construction of Reality: A Treatise in the Sociology of Knowledge*, Anchor Books.（山口節郎訳『現実の社会的構成：知識社会学論考』新曜社，2003年。）

Berger, P. L., Berger, B. and Kellner, H. (1973), *The Homeless Mind: Modernization and Consciousness*, Random House.（高山真知子・馬場伸也・馬場恭子訳『故郷喪失者たち：近代化と日常意識』新曜社，1997年。）

Burrell, G. (2013), *Styles of Organizing: The Will to Form*, Oxford University Press.

Burrell, G. and Morgan, G. (1979), *Sociological Paradigms and Organizational Analysis*, Heinemann.（鎌田伸一・金井一頼・野中郁次郎訳『組織理論のパラダイム：機能主義の分析枠組』千倉書房，1986年。）

DeSanctis, G. and Poole, M. S. (1994), "Capturing the Complexity in Advanced Technology Use: Adaptive Structuration Theory," *Organization Science*, Vol. 5, No. 2, pp. 121-147.

Faulkner, P. and Runde, J. (2012), "On Sociomateriality," in Leonardi, P. M., Nardi, B. A. and Kallinikos, J. (eds.), *Materiality and Change: Challenges to Building Better Theory about Technology and Organizing*, Oxford University Press, pp. 49-66.

Friedland, R. (2009), "Institution, Practice, and Ontology: Toward a Religious Sociology," *Research in the Sociology of Organizations*, Vol. 27, pp. 45-83.

Friedland, R. (2012), "Book Review: P. H. Thornton, W. Ocasio and M. Lounsbury (2012), The Institutional Logics Perspective: A New Approach to Culture, Structure, and Process," *Management*, Vol. 15, No. 5, pp. 583-595.

Friedland, R. (2014), "Divine Institution: Max Weber's Value Spheres and Institutional Theory," in Lounsbury, M., Tracey, P. and Phillips, N. (eds.), *Religion and Organization Theory (Research in the Sociology of Organizations 41)*, Emerald Group Publishing, pp. 217-258.

Friedland, R. and Alford, R. R. (1991), "Bringing Society Back in: Symbols, Practice, and Institutional Contradiction," in Powell, W. W. and DiMaggio, P. J. (eds.), *The New Institutionalism in Organizational Analysis*, University of Chicago Press, pp. 232-263.

Grint, K. and Woolgar, S. (1997), *The Machine at Work: Technology, Work and Organization*, Polity Press.

Joerges, B. and Czarniawska, B. (1998), "The Question of Technology, or How Organizations Inscribe the World," *Organization Studies*, Vol. 19, No. 3, pp. 363-385.

Leonardi, P. M. (2011), "When Flexible Routines Meet Flexible Technologies: Affordance, Constraint, and the Imbrication of Human and Material Agencies," *MIS Quarterly*, Vol. 35, No. 1, pp. 147-167.

Leonardi, P. M. (2012), "Materiality, Sociomateriality, and Socio-Technical Systems: What Do These Terms Mean? How are They Different? Do We Need Them," in Leonardi, P. M., Nardi, B. A. and Kallinikos, J. (eds.), *Materiality and Organizing: Social Interaction in a Technological World*, Oxford University Press, pp. 25-48.

Leonardi, P. M. and Barley, S. R. (2008), "Materiality and Change: Challenges to Building Better Theory about Technology and Organizing," *Information and Organization*, Vol. 18, No. 3, pp. 159-176.

Leonardi, P. M., Nardi, B. A. and Kallinikos, J. (eds.) (2012), *Materiality and Organizing: Social Interaction in a Technological World*, Oxford University Press.

Leonardi, P. M. and Rodriguez-Lluesma, C. (2012), "Sociomateriality as a Lens for Design," *Scandinavian Journal of Information Systems*, Vol. 24, No. 2, pp. 79-88.

Markus, M. L. and Robey, D. (1988), "Information Technology and Organizational Change: Causal Structure in Theory and Research," *Management Science*, Vol. 34, No. 5, pp. 583-598.

Mir, R. and Watson, A. (2000), "Strategic Management and the Philosophy of Science: The Case for a Constructivist Methodology," *Strategic Management Journal*, Vol. 21, No. 9, pp. 941-953.

Orlikowski, W. J. (1992), "The Duality of Technology: Rethinking the Concept of Technology in Organizations," *Organization Science*, Vol. 3, No. 3, pp. 398-427.

Orlikowski, W. J. (2000), "Using Technology and Constituting Structures: A Practice Lens for Studying Technology in Organizations," *Organization Science*, Vol. 11, No. 4, pp. 404-428.

Orlikowski, W. J. (2007), "Sociomaterial Practices: Exploring Technology at Work" *Organization Studies*, Vol. 28, No. 9, pp. 1435-1448.

Orlikowski, W. J. and Barley, S. R. (2001), "Technology and Institutions: What can Research on Information Technology and Research on Organizations Learn from Each Other?," *MIS Quarterly*, Vol. 25, No. 2, pp. 145-165.

Orlikowski, W. J. and Robey, D. (1991), "Information Technology and the Structuring of Organizations," *Information Systems Research*, Vol. 2, No. 2, pp. 143-169.

Orlikowski, W. J. and Scott, S. V. (2008), "Sociomateriality: Challenging the Separation of Technology, Work and Organization," *The Academy of Management Annals*, Vol. 2, No. 1, pp. 433-474.

Pentland, B. T. and Feldman, M. S. (2008), "Designing Routines: On the Folly of Designing Artifacts, While Hoping for Patterns of Action," *Information and Organization*, Vol. 18, No. 4, pp. 235-250.

Pfeffer, J. (1982), *Organizations and Organization Theory*, Pitman Publishing.

Pinch, T. (2008), "Technology and Institutions: Living in a Material World," *Theory and Society*, Vol. 37, No. 5, pp. 461-483.

Robey, D. Anderson, C. and Benoit, R. (2013), "Information Technology, Materiality, and Organizational Change: A Professional Odyssey," *Journal of the Association for Information Systems*, Vol. 14, Issue. 7, pp. 379-398.

Tsoukas, H. (2000), "False Dilemmas in Organization Theory: Realism or Social Constructivism?," *Organization*, Vol. 7, No.3, pp. 531-535.

Woodward, J. (1965), *Industrial Organization: Theory and Practice, 2nd ed.*, Oxford University Press.（矢島鈞次・中村寿雄訳『新しい企業組織』日本能率協会，1980年。）

Woodward, J. (ed.) (1970), *Industrial Organization Behavior and Control*, Oxford University Press.（都筑栄・風間禎三郎・宮城浩祐訳『技術と組織活動：サウス・エセックス研究その後の展開』日本能率協会，1971年。）

福本俊樹・松嶋登・古賀広志（2014），「実証主義の科学的有用性：介入を目指す新たな科学思想としてのアクション・サイエンス」『日本情報経営学会誌』Vol. 34, No. 4, 59-70頁。

桑田耕太郎・松嶋登・高橋勅徳編（2015），『制度的企業家』ナカニシヤ出版。

岸田民樹編（2012），『ウッドワード（経営学史叢書Ⅷ）』文眞堂。

貴島耕平（2014），「組織行動論におけるミクロ―マクロ問題の再検討：社会技術システム論の学際的アプローチを手がかりに」経営学史学会編『経営学の再生――経営学に何ができるか――（経営学史学会年報第21輯）』文眞堂，139-148頁。

國部克彦・澤邉紀夫・松嶋登編（2017），『計算と経営実践：経営学と会計学の邂逅』有斐閣。

中原翔（2016），「組織不祥事研究のポリティカル・リサーチャビリティ：社会問題の追認から生成に向けて」経営学史学会編『経営学の批判力と構想力（経営学史学会年報第23輯）』文眞堂，133-143頁。

早坂啓（2015），「制度の象徴性と物質性に関する学説史的検討：超越論的認識論における二律背反を通じて」経営学史学会編『現代経営学の潮流と限界――これからの経営学――（経営学史学会年報第22輯）』文眞堂，92-102頁。

早坂啓・松嶋登（2015），「制度ロジックにおける超越と内在：資本主義社会における計算と交換の物質的実践」『国民経済雑誌』第212巻，第2号，35-50頁。

松嶋登（2015），『現場の情報化：IT利用実践の組織論的研究』有斐閣。

松嶋登（2016），「構築主義をめぐる二つの視点」『組織科学』第49巻，第4号，85頁。

松嶋登・早坂啓・上西聡子・浦野充洋（2015），「反省する制度派組織論の行方：制度的企業家から制度ロジックへ」桑田耕太郎・松嶋登・高橋勅徳『制度的企業家』ナカニシヤ出版，30-52頁。

5 M. P. Follett 思想における Pragmatism と Pluralism
——その意味と可能性——

三 井　　泉

I. はじめに——経営学史研究の可能性を求めて——

　21世紀が始まって16年の歳月が流れた。その幕開けを象徴する出来事のひとつは，言うまでもなく2001年9月11日の同時多発テロであろう。しかし，時にこれを忘却の彼方に押しやるほどの衝撃的な事件が，そして予想もできなかった巨大な災害が，この間に世界中で「多発」した。わが国も例外ではない。特に2011年3月11日の東日本大震災は，その後の原発事故という展開によって，もはや「災害」という言葉では片付けることのできない地球規模の「大問題」となった。テロは相次ぐテロを誘発して，世界中に火種が広がっており，無数の難民が命を繋ぐために国境を越えている。一方で，福島原発からの放射性物質は，地中に潜り空に広がり海に注がれ続け，故郷を奪われた人々もまた「難民」として，新たな土地で生活を繋ごうとしている。他方で世界の政治的状況に目を向けるならば，難民の流入や経済格差の増大などに起因する社会不安や不満が引き金となり，旧体制の崩壊や既存の価値観の転換を迫る大きな変動が世界各地で生じ始めた。
　いささか象徴的ではあるが，「世紀の大問題」を羅列してみた。経営学がそれらを解くカギを握っている，などという楽観的な意見を持つことはできない。それどころか，上記のような問題こそが，20世紀の産業先進国による「行き過ぎた経済活動」の結果であり，それを牽引したのが「経営学」（特にアメリカのマネジメント理論）である，という意見すらある。そのような批判を前に，われわれには一体どのような反論ができるのであろうか。

マネジメント理論は当初からそのような危険性を孕んでいたのであろうか。そうであるなら，経営学を，そして経営学史を我々が学ぶ意義はどこにあるのであろうか。「経営学史研究の興亡」という壮大なテーマの下で，本稿ではこのような大きな問題をあえて考えてみたい。

　上記の問題へと歩み出す手がかりとして，今まで自ら研究を続けてきたフォレット思想を取り上げたい[1]。彼女が活躍した19世紀末から20世紀前半のアメリカは，急激な産業化と民主主義の理想のはざまで，移民問題や労使対立が激化した時代であった。そのような状況下で彼女が生涯追い求めたものは「多元的社会における自由」であり，「他者と共に生きることの意味」であったと考えられる。彼女はそれを机上の理論体系ではなく，自ら社会問題に取り組み，それを解決するための「概念枠組み（conceptual scheme）」という形で提示し続けた。彼女の目指した「理論」は，最終的な「到達点」としての理想ではなく「生活の中で常に実現され変化し続ける」ものであった。彼女は，そのような動態的プロセスとして社会や人間の姿を描きつつ，自らも社会的実践を行ったプラグマティストでもあった。

　実は，このような彼女の思想的基盤をなす二つの要素，つまりPragmatismとPluralismは，アメリカのマネジメント理論に共通した基本原理でもあるように筆者には思われる。この原理が，現在ではもはや機能してはいないということなのだろうか。むしろ今こそ，この二つを改めて考えなければならないのではないか。なぜならば，今世紀のグローバル社会の根底には多元的価値の対立という問題がある。そして価値多元性を前提としてアメリカで生まれたプラグマティズムは，絶対的真理や本質を前提とするのではなく，状況における経験や行為の意味を問い，そこから新たな価値の創出へと向かう哲学という特徴を持っているからである。近年，プラグマティズムが再度関心を集めているのも，このような実情を反映してのことであると思われる。以上のような理由から，改めてこの二つの点に注目し，フォレットの思想を検討したい。

　筆者自身の経営学史研究の方法に関しては拙稿で示したが（三井 1995），その特徴は，テクストを歴史的状況（コンテクスト）に決定されたものとしてのみならず，今日の問題状況を理解し，解決への展望を指し示すという

「革新的役割」にも注目するものである。

II. フォレット思想の背景

フォレットは，1868年，南北戦争後の国家復興の時期にプロテスタントの家庭に生まれ，19世紀から20世紀のボストン（ハーバード・ラドクリフ）とイギリス（ケンブリッジ）で学究生活を送り，革新主義のアメリカの光と影を肌で感じながら地域社会の問題と向き合い，産業社会の興隆とともに企業経営の問題に取り組んだ人物である。彼女はアメリカとヨーロッパの最先端の学問を吸収し，常にそれを社会の問題解決へと結び付け，それを通じてさらに独自の思想を深めていった。

彼女の学問的なバックグラウンドは，今日では，歴史学・政治学・哲学・心理学として分類されるが，彼女が生涯をかけて作り上げた思想は，それらの学問的枠組みに収まりきるものではない。彼女の日常経験から問題が提起され，特定の学問を乗り越え，それらを総合して枠組みが創造される。その「独創性」は，特定の学問に依拠した「学史研究」を時として阻む。それでも，今日，彼女の残したものは経営思想の古典と呼ばれ，今日までドラッカーをはじめ多くの経営思想家に影響を与え続けている。その理由のひとつは，おそらく，彼女が特定の「既存理論」からでなく，特定の「問題」から問いを発しており，その問題への掘り下げと，解決にいたるまでの議論（周囲の人々との対話と実践）により，さらに問題が鮮明になるとともに，枠組み自体が鍛えられているからであるように思われる。

フォレットを取り巻いていた思想的状況，つまりプラグマティズム誕生直前のアメリカでは，スコットランド学派の「コモンセンスの哲学」が次第に衰退し「ドイツ観念論」が台頭してきていた。後にプラグマティズムの登場に大きな影響を与えたとされる『思弁哲学雑誌』(*Journal of Speculative Philosophy*) 誌上においてデューイ (J. Dewey) やロイス (J. Royce) 等が論争を繰り広げていた。[2]

フォレットの思想は，アメリカ哲学のこのような変遷をも色濃く反映している。彼女が知的世界への門を開かれたのは，1881年から在籍したセイ

ヤー・アカデミーの歴史学教師トンプソン（A. Thompson）であったが，彼女はジェイムズと並んで影響力のあったロイスの弟子でもあった。トンプソン自身は1895年にフィヒテに関する研究書を出版しているが，この影響を受け，フォレットの初期の著作にもフィヒテ及びロイスの考え方が表れている。また，1888年よりフォレットはラドクリフ・カレッジとの前身であるハーバード大学アネックスでハート（A. B. Hart）に政治学を学ぶ。彼の学問的方法は政治制度や政治過程に関する実証的・歴史的研究であり，フォレットの処女作『下院の議長』は，ハートの研究方法を忠実に受け継いでいる。

　フォレットはトンプソンとハートの学問的方法論や思想を身につけ，さらにイギリスのケンブリッジ大学ニューナムカレッジでは，道徳哲学の先駆者シジウィック（H. Sidgwick）夫妻の下で教育を受ける。学究生活を終えて社会活動に入ったフォレットは，ボストン周辺の多彩な分野の人びととの交流を通じ，当時の，とくにプラグマティズムの思想的影響を強く受けていった。1918年に発表された『新しい国家』（*The New State*）と，それに続く1924年の『創造的経験』（*Creative Experience*）の中で，フォレットは上記のロイスからジェイムズへと注目を移し，自らジェイムズの言葉を引用して，その思想の重要性に言及している。また，さらにパウンド（R. Pound）のプラグマティズム的傾向の強い法律学に依拠して論理を展開している。後に行われた彼女の講演記録等にも，プラグマティズムの影響は随所に見ることができる。以下では，特にフォレットが言及しているジェイムズの「真理観」に依拠しながら，彼女のプラグマティズムの特徴を示してみたい。

Ⅲ．フォレット思想における Pragmatism

　プラグマティズムの思想的特徴を一言で表すことは困難であるが，その特徴の一つは「真理」に関する考え方である。フォレットのプラグマティズムの特徴も彼女の真理観に端的に表れている。ここではその特徴を明らかにするために，ジェイムズの見解を見ておくことにする。

ジェイムズは，1907年の著書『プラグマティズム』(*Pragmatism*)において，「真理とはある観念（idea）の性質であって，観念と『実在』との『一致』を意味する」と述べている。(James 1948, p. 200, 翻訳書, 146頁) ここでは観念論とプラグマティズムとの間に大きな違いはないように見えるが，大きく異なるところは，プラグマティズムは実在と観念が「唯一の絶対的な方法」で一致するとは考えないところにある。プラグマティストは次のような質問をたえず抱いている，とジェイムズは言う。それは，「ひとつの観念ないし信念が真であると認めると，その真であることからわれわれの現実生活においていかなる具体的な差異が生じてくるであろうか？ その真理はいかに実現されるであろうか？ 信念が間違っている場合に得られる経験とどのような経験の異なりがでてくるであろうか。つづめていえば，経験界の通貨にしてその真理の現金価値はどれだけなのか？」という質問である。(James 1948, p. 200, 翻訳書, 146頁)

さらにジェイムズは，「真理」が絶対的にそれ自体で存在しているのではなく，「観念に起こってくる」ものであり，経験とのかかわりの中で「真理が自ら真理化していく過程」であるという。(James 1948, p. 201, 翻訳書, 147頁) つまりプラグマティズムでは，実在と観念は「経験」を通じて一致へと向かうのであり，その「プロセス」が極めて重要である。「何が真理であるか」ということを決定する基準は，絶対的で揺ぎない価値（本質）ではなく，われわれの活動や生活の中に存在する。つまり，われわれが生きていく過程において「何が善となるか」，これが真理を決定する基準となると言ってもよいであろう。

フォレットの『新しい国家』には，まさにこのような真理観が現れている。以下，彼女自身の言葉から明らかにしてみよう。

「民主主義は，目標ではなくプロセスとして理解されねばならない。われわれはいかなる種類の『真理の体系』も必要ではなく，われわれ自身の政治，われわれ自身の制度，われわれ自身の拡張していく真理を形成する力という意味での意思への意思（the will to will）を必要としているのである。われわれは一つの制度から他の制度へと進歩するのではなく，より小さな意思する意思から，より大きな意思する意思へと進歩するのであ

る。われわれは今や，不変の目標など何一つとして存在しないということを知っている。われわれがそれによって，神のように，いかなる瞬間にも，われわれ自身の目的を創造するであろう方法とプロセスが存在するのみである。そしてそれは役に立つのに十分な程度に具体化され，それから再び流れ出すのである。生活とわれわれの流れ，この流れ，これこそが真理なのである。生活とは，そこここにある望ましい目的（objects）の問題ではない。…人間は生活そのもののために生きねばならないのであって，生活が生み出したもののために生きるのではない」（Follett 1918, pp. 99-100）。

以上のように，フォレットにとって「真理」とは観念の中に存在するのではなく，日々の具体的生活の一瞬一瞬に「あらわれ出る」ものとして考えられていた。したがって，彼女が国家や民主主義について考察する際に，まず経験を観察すること，特に日常の生活のレベルでこれを捉えることを主張し，また自らも実践していた。

この点について彼女は次のように言う。

「……われわれが自分達の周囲に見る人々の集団として漠然と捉える社会は全く存在しない。私は常に（抽象的な）『社会』に対してではなく，ある具体的な集団に対して関係を持つことにより存在しているのである。実際に，われわれが『社会』というものを考えるのはどのような時であろうか。われわれは，自分達の重役会や教授会，昨夜のパーティー，フットボール・ティーム，クラブ，政党，労働組合，教会における自分の役割を考えるのではないだろうか。実際『社会』はわれわれ全てにとって，無数の集団なのである」（Follett 1918, p. 20）。

さらに，彼女はまさにジェイムズの考え方を引用しながら，以下のように指摘する。

「このこと（上記…引用者）の認識は，個人に対して，ウィリアム・ジェイムズがなした貢献に類似した，社会学における新たな前進を生み出す。ジェイムズは，人間は経験の複合体であって，各自のなかに多くの自己が存在するという真理を一般的な認識へと導いた。従って，集団の複合体としての社会は，多くの社会的精神（social minds）を包含していると

いえよう。……われわれが注目しているものは，ある人の集団に対するある人の精神的な関係である。世界に対する個人の力強い（vital）関係は，自らの集団を通じてもたらされる。従って集団はわれわれの生活を形成する際の有力な要因なのである」(Follett 1918, p. 20)。

フォレットは，個人が具体的な経験を展開する場として「集団（groups）」に着目し，ここに社会的精神が宿ると主張した。自ら属する集団の中で，人びとが自らの役割を果たし，相互作用することを通じて価値基準を形成し，それを具体的な活動の中に反映させていく。さらに人びとの価値は集団活動によって互いに折り合わせられ浸透し合い，一つの共同的価値が作り上げられ，集団的自己が生成されていく。社会はこのような集団的な自己あるいは社会的精神の集まりであり，その精神の中に「真の国家」あるいは「真の社会」というような，いわば「真理」のようなものが形成されてくる，というのがフォレットの考え方であったと言えよう。これは，プラグマティズムの真理観に極めて近い。

ジェイムズは「プラグマティストは事実と具体的に執着し，真理を特殊な場合におけるそのはたらきに着目して観察し，そして一般化していく。真理は，彼にとって，経験内におけるあらゆる種類のはっきりした作用価値をあらわす一個の普通名詞となる」(James 1948, p.75, 翻訳書61頁) と述べているが，これはそのままフォレットの主張と重ね合わせることができるように思われる。自ら社会に身を投じ，日々の生活の具体的行動の中に真理を探求するプラグマティスト，それがフォレットであったと言えるのではないか。

Ⅳ. フォレット思想における Pluralism

「あなたの相異（difference）を示せ，私の相違を歓迎せよ，あらゆる相違をより大きな全体に一体化せよ——それが成長の法則である。相違の一体化は，生の永遠のプロセス，つまり，創造的総合，創造という最高の行為，償い，なのである」。(Follett 1918, p. 40)

この言葉の中には，フォレットの「全体と個」についての考え方が凝縮さ

れている。これこそ,彼女の「多元主義」の原点であり民主主義へと繋がる思想である。フォレットにとっての多元主義とは,簡潔に述べるなら,原子論的な個人を前提とするのではなく,互いに相互作用を通じて経験を織り合わせ,対立を統合的に克服して,新たな共同的価値を生み出していく絶えざるプロセスとして捉えられるものであった。

　フォレットは個人について「人は社会過程における一つの単位（a unit）というより,むしろ一つの点（a point）である。そこでは,形成する力が自らを解放し,再び前へと流れ出すのである。現代の言葉では,人は,社会的要素（a factor）と同時に社会的産物（a product）なのである」と述べている。(Follett 1918, pp. 60-61) つまり,社会と個人は相互作用によって「創り,創られる」関係であり,このプロセスの中で「個性」が生まれると考えているのである。

　ここで注目すべきことは,フォレットが個性を「個別性」(apartness) や,「相違」(difference) という側面のみで捉えてはいないことである。フォレットの個性とは「全体に対するその人の関係」であって,その尺度は,「個人が他の個人と,そして社会全体と結合する能力——関係の深さと幅——」である。もちろん個人には,個別性や他の人々と相違する側面が確かに存在する。しかし,この場合の個別性や相違は人々の相互作用のプロセスを通じて変化し結合されてこそ意味を持つ。重要なことは「関係性を生み出す」ことにある,というのがフォレットの主張であったと考えられる。

　さて,こうした個人が全体の中に埋没してしまわないために,フォレットが強調したのは「全体における自分の場所（place）」を見出すことであった。フォレットは,この場所のことを機械の歯車のような固定的なものでなくて,「無限の関係」「無限に変化する関係」であると捉えていた。この場所を言い換えれば,社会の中での個人の「役割」や組織における「機能」と考えてもよい。フォレットは,この役割や機能そのものが固定的な存在ではなく,常に相互作用を通じて変化しうるものと考えた。つまり,人間が社会や組織の中で何らかの機能を果たすということは,単に固定的な歯車になることではなく,無限に変化する関係性を作り出すことであり,それを通じて個人も全体も変化していく可能性があると考えたのである。

フォレットにとって，人間は常に変化する存在であり，個人が自らの機能や潜在能力を発揮し，社会全体へとその力を結び付けることによって，はじめて個人の個性が発揮され，同時に個人的成長と全体の発展が可能となると考えていた。また，「全体の中で個性を発揮すること」は，同時に「個の中に全体を反映させること」でもあると考えていた。

彼女は次のように言う。

「全体は私の中に流れ込み，吹き込み，私を満たしている。私の生の充実感や大きさは，私がなすことの量や会う人々の数によって測られるのではなく，私を通じて全体がどの程度まで表現されるかによって測られるのである。……社会に対する私の価値は，私がいかに価値ある一部分であるかということではない。私は他の誰とも異なっているからユニークなのではなく，特定の観点（a special point of view）から見られた全体を現わしているからユニークなのである」と。(Follett 1918, p. 66)

ところで，このような「関係性の中での個人」を前提とした場合，個人の「自由」とはどのようなことを意味するのであろうか。自由とは，一般には社会的秩序や階層，集団，組織から離れたところでの個人，つまり自己中心的な衝動として捉えられることが多い。しかし，フォレットの主張する自由はこれと対極にある。つまり，自由の本質は関連性を欠いた衝動や自発性ではなく，むしろ「関係の充実」ということである。他の人々との相互作用は個人の自由を束縛するのではなく，むしろ各自の能力を見出だしこれを発展させることを可能とさせる，この意味で自由を促進させる，という考え方である。

このことについて，フォレットは次のようにいう。

「私（という存在）は次の二つの理由によって自由である。(1)私が全体であるために全体によって支配されることはない。(2)私が他の人々をあるいは他の人々が私を統制せず，全ての人々が集合的観念（the collective idea）と集合的意思（the collective will）を生み出すために混合する時にのみ，われわれは真の社会過程を有しているので，私は他の人々によって支配されない」(Follett 1918, p. 70)。

つまり，全体を反映している個が互いに相互浸透し，集合的観念と集合的

意思を創造していく限りにおいて，個人は他の人々の自由を束縛することもなく，また，他の人々から支配されることもない。ここにおいて個人の自由が確立される。これを先述の「機能」とのかかわりで考えれば，個人が自らの機能や役割を通じて全体に関係づけられ，新たな集合的観念や集合的意思を創造しうる時，すなわち「新たな価値」を生み出す時に本当の意味で自由となる。その結果として個人は自ら創造的に発展しうる主体となり，同時に，社会全体も創造的な自己統一主体として発展することが可能となる，これがフォレットの考える自由であった。つまり，彼女は個人が積極的に自らの機能を果たして社会と関わることによって，個人も社会も自由となるという主張を展開したと言えよう。

　以上のような彼女の思想は，『新しい国家』においては「多と一」すなわち「多様性の統一」という形で，より具体的に展開される。ここでフォレットが重視したのは，同等の社会階層内部のみならず，階層も年齢も人種も異なる近隣の人々相互浸透を深めるということの重要性であった。この「相違性」こそが民主主義の根本にあるとフォレットは考えた。多様な考えを持ち，様々な機能を担う人々が，互いに同じ現実の問題と取り組み討議し合うことにより，新たな集合的観念や意思が生まれ，社会問題の解決へと導く新たなアイディアや価値が生ずる。この多元的価値の統合プロセスこそが民主主義である，とフォレットは考えたのであった。

　多様性が高ければ高いほど，対立や葛藤が生まれる可能性も高く，利害対立を調整する機能が働かなければ，個人や集団の分裂を引き起こし社会の発展も得られない。その際の利害の調整は，当時のレッセ・フェールの考え方では「予定調和的」に解決されていくものとされていた。しかしフォレットは，参加者の「自覚的な責任」と「自己統制（control）」が必要であり，同時に「リーダーシップ」が必要であることを主張した。従来の民主主義は，強いリーダーシップの出現を必ずしも歓迎するとは限らなかったが，個人と社会の発展には「調整機能」を果たすリーダーは必要であるとフォレットは考えた。

　『創造的経験』では，上記の社会プロセスの背後にある心理的相互作用の過程が詳細に検討される。ここで彼女が新たな視点として登場させるのは

「社会プロセスとは協力する経験のプロセスである」という見方である。つまり，『新しい国家』で精神の過程として捉えられた社会プロセスを，さらに「経験のプロセス」として捉えなおしたところに画期的な意味があると筆者は考える。この本に流れているのは，人々の相互作用，統合の過程を心理学的側面からより具体的に描き，かつ，そこに不可避的に生ずる対立の克服の可能性を見出だそうというフォレットの信念であった。ここで，フォレットは経験を「円環的反応（circular response）」「統合的行動（integrative behavior)」「ゲシュタルト概念（the gestalt concept）」という三つの側面から明らかにしようと試みている。その内容は以下のようなものである。

　フォレットは個人間の相互作用を，刺激―反応のような，作用Aに対する反作用Bというように直線的には理解していない。というのは，個人Aが個人Bに対して働きかけ，BがAに反作用しそれに対してAが作用する時，Aは「自分が最初に行った自分自身の行為」によって影響づけられたBの行為に反応しているためである。これが繰り返されるうちに互いの単独の行為は継続的に累積されて「全体状況」を形成（統合的行動）し，個々人はさらにその全体状況に対しても相互作用していく。つまり，弧を描くような「円環的」な関係として捉えられるというのがフォレットの主張である。さらに，この全体状況は一定の「到達点」なのではなく，全体と個が同時に存在する場であり，なおかつ時間・空間が交差し，「継続していく過程」である，と捉えていたところに大きな特徴がある。

　さらにフォレットの思想の大きな特徴は，この全体状況という場に「主体・客体の区別がない」と考えたことであった。つまり，AがBに反応する「刺激―反応」のパターンは，あくまでもある一瞬の出来事の記述にすぎず，現実の物事というのは常に「継続した流れ」である，というのがフォレットの主張であった。個人（という主体）は，一見，客体に反応しているように見えるが，実際には「全体状況のみ」が存在し，その中での個人の行為は状況を変えていく一つの「契機」となっているにすぎない，というのが彼女の見解であった。

　このように考えると，個人間の相互作用とは，同時に「全体状況の自己創造的過程」であるともいえる。個人の行為は，すでに全体によって変化させ

られているという点で客体的であるが，またその次の全体状況を変えていくという意味では主体的でもある。以上のように，フォレットは『創造的経験』の中で，「主体と客体が同時に存在する」という観点から相互作用の動態的プロセスを描きだし，全体状況（社会）が創造されていくプロセスを独創的に描き出した。このようなフォレットの観点は，方法論的個人主義に基づく主張とも方法論的全体主義に基づく見方とも一線を画し，いわば「方法論的関係性主義」に基づくと考えられ，この点は特に今日の問題状況を理解する際に有効な視点であると筆者は考える。

V．おわりに——フォレット思想の可能性——

　以上，フォレット思想におけるプラグマティズムと多元主義について検討してきたが，最後にフォレット思想の現代的可能性に触れて本論文を閉じることにしたい。社会科学とくに経営学では，理論の「有用性」「有効性」ということが論じられることがあるが，フォレットの場合の有用性は，単に個別的な概念の問題解決力（即効力）を示している訳ではない。そのような「プラグマティック」な意味ではなく，むしろ，「問題全体を見通す力」「未来を展望する力」「世界を構想する力」の形成に深く関わっていると筆者は考える。そのような点から特に注目したいのは，フォレット思想の根底にある「プロセス思考」と「認識主体と対象との関係」および「行為を通じた概念化」という「方法的態度」である。以下，これらの点を検討したい。

　彼女は，人間も，組織も，社会も，そしておそらく自然も，常にとどまることなく動いている存在であると考えていた。そして，「○○された」という完了形ではなく，「○○し続けている（ing）」という状態で，つまり「プロセス」として事象を捉えなければならないことを一貫して主張し続けた。その思想を明示的に取り上げた「コミュニティはプロセスである」"Community is a Process" という論文の中で，彼女は「コミュニティは創造的なプロセスである。それは統合（integration）のプロセスであるから創造的なのである…統合は，吸収（absorb）でも溶解（melt）でも融合（fuse）でも，和解（reconcile）でもない）」と述べている（Follett 1919, p.

576)。つまり彼女は，コミュニティの創造性は，個人の創造的な力によりもたらされるが，その創造性は，個々人の諸欲求が共に満たされるという意味の「統合のプロセス」から生ずると考えた。

さらに，彼女は，その個人そのものもプロセスであると捉えていた。それは，彼女の次のような言葉に表れている。

「もし，ある人が自分の組合を越え出られなければ，その時には，私達は彼の墓標に『この男は組合人間であった』("This was a trade-union man") と記さねばならない。そして，もしある人が自分の教会を越えられないなら，その人は教会人間である。プロセスの魂はいつも個人である。しかし個人は永遠に形式を免れている。(escape the form) ……人生は一つのピラミッドではない。個人はいつも逃れ出る。そう，なぜなら，彼を支えているのは関係だからである。彼は，不断に相互形成しあう『一と多』の絶え間のない相互作用の中で，永遠に新しい関係を追い求めているのである」(Follett 1919, p. 582)。

つまり，個人は一つの集団や組織という一つの形式，そこで生ずる一定の価値や利害に縛られるのではなく，たえずそこから逃れ出て新たな関係を自ら形成し，自ら創造していくプロセスである。この自己形成のプロセスにおいて，個人が創造的であるためには，個人の欲求が抑圧されずに他者の諸欲求と統合されていく必要がある。そこでフォレットは人々の間の相互作用（交織）に着目し，「相互作用」(interacting)，「統一化」(unifying)，「創出」(emergence) の三つの局面の同時存在として社会プロセスを描いた。これこそが多元的価値の対立から共通価値を創発し，そのことで個人も社会も成長していく，という彼女の思想の到達点であった。このような視点こそ，今日の社会状況の中で今一度見直される必要があるのではないか。

最後に，彼女のプラグマティズムを考えるうえで忘れてならないことは，事実認識の主体と対象を巡る問題，つまり，彼女の「方法論」である。彼女の観察対象には，常に自分自身の行動も含まれていると考えた。従って，認識の主体（自分）と社会（他者）とは切り離されることなく，常に相互作用により変化していく存在であると捉えた。つまり対象を純粋に「客観的」に把握するということは不可能であり，主体の欲求，状況などにより「主観

的」な認識を免れ得ないと考えたわけである。つまり，認識する主体もされる客体もともに「社会プロセス」に含まれているということである。

　従って，フォレットは一定の仮説や原理に基づいて検証していくという方法を否定する。なぜならば，社会的プロセスを形成している人々の活動には，仮説に照らして切り捨てられるものなどは存在しないと考えられるからである。つまり，個々の活動はそれが行われた時点でプロセスの中に投入され，次の活動を形成する契機となっている。フォレットは，いかに次の活動を進展させ，新たな全体状況を発展させていくかということを重視したと言える。

　このために重要となるのが，現象を把握する「概念」（concept）である。フォレットの主張する「概念」とは，簡単に言うならば，「複雑な生活という織物を単純かつ統一的に把握（grip）すること」である。しかし彼女は，これを静態的な枠組つまり「概念的構図」とは捉えていない。ここでまた「概念化」という動態的性格を強調する。つまり，概念は単に生活を単純かつ統一的に描いてみせる道具として意味を持つのではなく，われわれが概念化することを通じて，生活の複雑さをより豊かに認識し，状況の進展へ向けて次の行動を促しうるところに意味がある。生活とは常に流れゆくプロセスであり，一定の構図をもってその一面を捉えたとしても，次の瞬間に状況は変化している。しかも，われわれ自身もまたその状況を創り出す主体であることから，自分自身の概念的把握がさらに次の状況を変化させることにもなる。同時に，われわれは状況に影響される客体でもあることから，われわれの内に形成される概念もまた常に変化しているといえる。

　フォレットは，このような事実認識において，われわれが「知覚すること」と「概念化すること」は共に同じ活動の一部であることを主張した。すなわち，フォレットにとって，活動から切り離された事実認識など存在しないということである。このような認識方法によってこそ，彼女が自ら主張した「そうであった」（記述的）でも「そうであるべき」（規範的）でもなく，「そうであるはずの（perhaps may be）」社会を描くことが可能となる。そしてそれは，日常の社会問題を解決して未来へ向けた一歩を踏み出すためには，どうしても必要な方法であるということを，フォレットは確信していた

ように思われる。これこそが，単なるプラグマティック（「今ここで」の有用性）にとどまらず，未来への一歩を切り拓く「プラグマティズム」だったのではないかと筆者は思う。

また，このような，「生活を通じた真理化」「行為を通じた概念化」という方法は，「民主主義」「正義」「自由」などの意味が根底から問われている現代において，今一度具体的問題に立ち戻ってこれらを再考する際に，極めて有効な方法の一つになるであろう，と筆者は考えている。

彼女の思想は，19世紀から20世紀初頭のアメリカ社会の現実的課題から生まれ，その歴史的背景に根ざし，進歩史観と民主主義の理想に彩られた楽観論にすぎないとの批判もあろう。しかしながら，現在の世界情勢を振り返ったときに，奇しくも彼女の生きた時代との共通性も浮かび上がる。[5]自由主義，民主主義の防人として20世紀をリードしていたはずのアメリカで，移民を排斥し隣国との「壁」を築き，保護主義を訴えるリーダーが誕生し，欧州では中東やアフリカ地域からの移民への排斥運動が高まっている。ネット社会での監視や規制の問題も含め，形は違えどもフォレットが晩年に見た全体主義の台頭を想起させる。このような時代的状況の中にあって，先に述べてきたような，フォレットの「関係性とプロセス」に基づくダイナミックな社会の構想，行為を通じた「概念化作用」という方法的態度は，われわれが「互いに違いを認めつつ共に生きていく」ときの「新たな多元主義」の構築に向けて，一つの道筋を示してくれるのではないか。それを探り続けることが，経営学史研究のひとつの使命であると筆者は考える。小さくとも力強く，この道を歩んでいきたい。

注
1）本稿におけるフォレットについての考察は，主として下記の拙著を中心として，再考を加えたものである。三井泉（2009）ならびに経営学史学会監修・三井泉編著（2013）。
2）この点についての詳細な研究は，ルイ・メナンドによる以下の文献に依っている。Menand (2001)。
3）本報告において，司会者の中川誠士教授よりフォレットへのフィヒテの影響についてご指摘を受けた。確かにフィヒテの影響も無視しうるものではないが，筆者はフォレットの全体的思想と活動を踏まえたときに，やはりプラグマティズムの影響の大きさが際立つと思われる。この点については，さらなる研究課題としたい。
4）本報告において，辻村宏和教授より「理論の有用性」に対する質問があり，本稿の執筆に際してこのような考察を行った。つまり，有用性には「短期的」「現状的」「即自的」なものと同時

に,「長期的」「将来的」「構想的」なものがあり,フォレットは行き詰まった現状に対する将来的展望を与えてくれるという点で「有用」な思想なのではないかというのが私見である。辻村教授の見解との比較については今後の課題としたい。

5) 討論者の河辺純教授からは大変多くの有益な示唆をいただいたが,特に,フォレットの時代と現代との比較,ならびに現代の民主主義状況との比較については,考えるべき重要な課題となった。時代的共通性として筆者は,「個人主義の時代から全体主義の時代への過渡期」として捉えているが,前世紀との対比については十分とは言い難い。さらに,それを踏まえたうえでの民主主義の在り方についても今後の課題である。しかしながら,フォレットの「プロセス思考」「関係性思考」「行為を通じての概念化」という方法については,現代の民主主義を考える際の有益な示唆を含むものと考える。この点についてはさらに考察を深めたい。

参考文献

Follett, M. P. (1918), *The New State: Group Organization, the Solution of Popular, Government*, Peter Smith (1965).

Follett, M. P. (1919), "Community is a process," *Philosophical Review*, p. XXVIII.

Follett, M. P. (1924), *Creative Experience*, Perter Smith (1951).

Graham, P. (2003), *Mary Parker Follett——prophet of management: a celebration of writings from the 1920s*, Beard Books. (三戸公・坂井正廣監訳『メアリー・パーカー・フォレット:管理の予言者』文眞堂,1999年。)

James, W. (1948), edited by Perry, R. B., *Pragmatism*, Longmans Green. (桝田啓三郎訳『プラグマティズム』岩波書店,1957年。)

Menand, L. (2001), *The Metaphysical Club*, Farrar, Straus & Giroux. (野口良平・那須耕介・石井素子訳『メタフィジカルクラブ——米国100年の精神史——』みすず書房,2011年。)

経営学史学会監修,三井泉編著 (2013),『フォレット(経営学史叢書Ⅵ)』文眞堂。

三井泉 (1995),「アメリカ経営学史の方法論的考察——ネオ・プラグマティズムとマネジメント思想——」『経営学の巨人(経営学史学会年報第2輯)』文眞堂。

三井泉 (2001),「アメリカ経営学における『プラグマティズム』と『論理実証主義』」『組織・管理研究の百年(経営学史学会年報第8輯)』文眞堂。

三井泉 (2009),『社会的ネットワーキング論の源流——M. P. フォレットの思想——』文眞堂。

6 ホーマン学派の「秩序倫理」における企業倫理の展開
——理論的発展とその実践的意義について——

柴 田 明

I. はじめに

　本稿は，ドイツの経済倫理・企業倫理（Wirtschafts- und Unternehmensethik）において強力に展開されている，ホーマン（K. Homann）学派の「秩序倫理（Ordnungsethik）」による企業倫理論を学説史的に検討するとともに，その理論的・実践的な意義を分析するものである。

　企業倫理は経営学においてこれまで様々な形で議論されてきたが，企業倫理が経営学と倫理学の境界領域に位置するため，例えば倫理学に重きをなす企業倫理のアプローチは，規範的立場から，例えば「企業による過度の利益追求が問題だ」という，企業の実践とかけ離れた議論を展開する傾向がある。他方，企業倫理に関する経営学的な実証研究においては，その背後に企業の倫理的行動が成果につながるかどうかという関心があるが，それを突き詰めると，例えば反社会的組織がその存在を正当化するために社会活動を行うことも是となってしまう。つまり，企業倫理にとって重要となる社会規範が抜け落ちてしまうのである（Vgl. v. Aaken / Schreck 2015）。

　われわれの立場は，企業倫理は企業経営の実践に即したものであると同時に，社会的な規範をも考慮したものでなければならないというものである。つまり前者は，倫理的行為が企業自身のインセンティブに合致するものでなければならないという意味であり，後者は倫理学としての規範的方向づけをも意識したものでなければならないという意味である。

　そこでわれわれが注目するのが，ドイツの経済倫理・企業倫理における

ホーマンとその協働者たちによる「秩序倫理」である。ホーマンはドイツ語圏の大学ではじめて「経済倫理・企業倫理講座」を主宰した人物であり，経済学の方法に依拠した秩序倫理によって大きな地位を占めている。彼の議論は協働者たちにも受け継がれているが，しかし近年の展開はホーマンの議論を乗り越えようとしているものでもある。

本報告では，ホーマンの学説と彼の弟子であるズーハネク（A. Suchanek）とピーズ（I. Pies）の学説を検討し，ホーマン学派の理論的展開を検討すると共に，いくつかの事例からその実践的な意義についても検討することで，「秩序倫理」の企業倫理における理論的・実践的意義を分析する。またその過程で，学会の統一論題テーマとの関連で，筆者の経営学観，方法論的立場についても言及したい。

II．経営学観・学史研究の方法とホーマンの「秩序倫理」

経営学史学会第24回全国大会の統一論題は「経営学史研究の興亡」であり，サブテーマは「経営学史研究の意義と現状」および「経営学説の思想と理論」であった。経営学史学会においても，近年においては「経営学史研究」そのものに関する原理的な議論はあまり行われていないという。しかし，本稿での考察にあたり，筆者がいかなる経営学観を持つのか，そしてどのような方法によって経営学史を考察するのかを明らかにすることは，研究の評価にとっても非常に重要なことである。まずここで，本稿における経営学観，そして経営学史研究の方法について見ていきたい。

経営学がいかなる学問なのかということについて，これまで多くの考察がなされてきた。特に方法論的考察が盛んなドイツ経営経済学においては，四度にわたる方法論争の中で，つねに「経営学」という学問の性質について激論が戦わされてきた。ドイツ経営経済学における学史分類としてもっとも有名なのが，シェーンプルーク（F. Schönpflug）による，「理論学派」，「技術論学派」，「規範学派」の三つの学派分類だろう（Vgl. Schönpflug 1954）。

経営学の本質に関する議論は当然これにとどまるものでないが，われわれは，経営学においてより多くの現象を説明できる，確固たる理論の確立を

第一目標とする立場に立つ。一般に，企業経営というきわめて実践的な現象を研究対象とする経営学は，企業経営の実践に役立つ処方箋を提供するという，シェーンプルークの分類における「技術論学派」に属するという見解が多い。ドイツ経営経済学においても，学史上もっとも重要な論者と言えるシュマーレンバッハ（E. Schmalenbach）も技術論の立場に立ち，経営経済学は現実の企業経営に奉仕すべきという立場を貫いていた。このような立場は現在のドイツにおいても主流だと言える。

しかしわれわれは，学問の基準を「実践性」におくことは，「役に立つ」の曖昧さ，誰に役に立つのかということの不明瞭さ，あるいは学問の独立性や党派制のなさという点から，問題があると考えている。

むしろ，真偽という観点から，絶えず経験によるチェックを受けた首尾一貫した理論を構築し，この理論から現実を分析し，解釈することが有益なのである。われわれがここでホーマン学派の秩序倫理を取り上げるのも，本稿で明らかになるように，彼らの議論が経済学的アプローチを採用し，一貫した理論構築とそれに基づく現象の分析を志向しているからである。確かに彼らの議論は倫理学であり，根本的には，理論科学の目標である現象の説明ではなく，問題のある現状を改善するための倫理規範の提示を志向している点で，理論科学ではなく規範科学だと言えるが，しかし彼らはその際に，経済学の一貫した理論をベースに議論を展開しており，「経済学と倫理学の原則的同一性」（守 2005，50頁）とも言うべき立場を採用している。この観点から見れば，彼らの議論は理論学派の色彩も強いとも言え，強固な理論に基づく企業倫理論の展開を目指すわれわれの立場から見ればきわめて重要な学説である。

このような理論重視の研究姿勢は，現実に存在する企業や組織を研究対象とする経営学においては，異質なものと見なされるかもしれない。しかしながら，そのような企業の現実を眺めるために，われわれは必ず何らかの「概念枠組み」を必要とする。「白紙」の心で眺めることはできないのである。この意味で，あらゆる研究は理論研究からスタートするはずである。

よって経営学においても，そのような理論自体を研究対象とする学史研究もまた，不可欠のものと言えるだろう[1]。

経営学史研究の方法についても，これまでいくつか議論が展開されてきたが[2]，確固たる見解が確立されているとは言いがたい。とりわけ日本では，従来アメリカやドイツの学説の輸入が主な目的だったが，現代において学史研究を行うというその意義は，当該学説の歴史的意義や将来の可能性を明らかにするものでなければならない。

　以上を踏まえ，ここで学説史研究の方法として，ポパー（K. R. Popper）の「世界3」の理論における「問題移動」の見方を採用したい（Popper 1972；榊原 1994；柴田 2013）。ポパーによれば，科学理論は客観的世界たる「世界3」に属し，以下の「推測と反駁の図式」に従って進化論的に発展していくとされている。

$$P_1 \to TT \to EE \to P_2 \to \cdots$$

　上記において，P_1 は出発点となる問題であり，TT が暫定的解決である。EE は暫定的解決から生じる誤りを排除する段階であり，それを経て，新しい問題 P_2 が生じることになる。この考えに従えば，経営学史研究において対象とすべき経営学説も，ある問題を背景として登場し，問題解決を図るが，その解決には必ず誤りが含まれており，対抗学説は誤りを排除しようとする。そしてその過程で，新しい問題が生じ，以下同様に進んでいくと解釈できる。

　この考えに立てば，まず問われるべきことは，ホーマンはいかなる問題を出発点としたのかということである。それは，従来のとりわけ高度に複雑化した現代社会においては，経済や企業の領域で，個々人に倫理的行為を求める個人倫理アプローチは有効ではないという点である（Vgl. Homann / Blome-Dress 1992；Homann 2014, 2015；万仲 2009；岡本 2011）。絶えず発生する企業不祥事に際して，世論あるいはマスコミの報道などにおいて，経営者や不祥事を起こした人物に対してナイーブな個人批判を向ける傾向がある。しかしホーマンによれば，経済や企業の領域ではそのような批判は無意味である。なぜなら，現代社会における経済や企業の倫理問題は，市場における「囚人のジレンマ」に典型的なように，経営者などの個人の悪い意図や行いに還元できるものではなく，相手との相互関係の中で「意図せざる結

果」として生まれるからである。ホーマンはこれを「ジレンマ構造」と呼んでいるが，彼はこの解決を「ゲームの進行」と「ゲームのルール」の区別から説明している（Vgl. Homann / Brome-Dress 1992, S. 20ff.）。経済主体の合理的な自己利益追求行為は「ゲームの進行」レベルに属する。しかしこのレベルの各人の合理的な行動が，ジレンマ構造，つまり反道徳的な状態へと導く可能性がある。ジレンマ状況では，個々人に倫理的行為を求めても無意味である。他方，それを解決するために，社会主義体制のように全体を計画することも非現実的である。市場経済によるメリットを享受しつつ，反道徳的行動などによるデメリットを回避するためには，「ゲームのルール」のレベルでそれを阻止するルール，制度を導入しなければならないのである。ホーマンの理論では，まさにこの「ゲームのルール」レベルでの倫理が重視されているのである。

　よって経済倫理の課題はまさに反倫理的行動を抑制する「制度」の設定にあるが，企業倫理の課題は，ホーマンによれば制度によってカバーできない領域を，企業が自ら「セルフ・コミットメント（Selbstbindung）」としての企業倫理を実行することで，制度の不備を補完することである（Vgl. Ebenda, S. 112ff.）。それには，行動規範のような個別的・戦略的なセルフ・コミットメントもあれば，「ゲームのルール」の変更を企業が政治に迫る企業の政治的行動も含まれる。それは社会全体から見て望ましいと共に，企業にとってもそのようなセルフ・コミットメントをあえて行うことで自らの利益をも獲得するという意味で，企業自身の「インセンティブと一致する」（Homann 2015, S. 32）ものである。このように倫理の規範的内容ではなく，その「実行」可能性を重視するのがホーマンの議論の特質である。

　以上のような特質を持つホーマンの学説は「秩序倫理」と称され，ドイツの経済倫理・企業倫理において代表的な学説の一つと見なされている[3]。そのようなホーマンの「秩序倫理」は，制度や秩序レベルでモラルを実現するという点に大きな特徴を持つ学説だが，彼の「秩序倫理」を受け継ぐ弟子たちによる近年の展開は，ホーマンの枠組みを超えようとしている。以下で，ホーマン以後の「秩序倫理」の展開について，ズーハネクとピーズらの見解を見ていこう。

Ⅲ．ホーマン以降の「秩序倫理」の展開：理論的特質

1．ズーハネクの「信頼への投資」としての企業倫理

　ズーハネクは，彼の経済倫理・企業倫理を「信頼への投資（Investition in Vertrauen）」として理論化している（Vgl. Suchanek 2012, 2015a, 2015b, 2015c, 2015d）。彼の出発点はホーマンのジレンマ構造であり，このジレンマ構造の解決を「信頼への投資」に見ているのである。彼の倫理的提言である「黄金律（die Goldene Regel）」は，「お互いのメリットのための社会的協力の条件へ投資せよ！（Investiere in die Bedingungen der gesellschaftlichen Zusammenarbeit zum gegenseitigen Vorteil!）」（Suchanek 2015a, S. 17）というものだが，この「社会的協力の条件」が「信頼」だというのである。

　「信頼」の分析にあたり，ズーハネクは信頼を付与する側である「信頼する側（Vertrauensgeber）」と，信頼を付与される側である「信頼される側（Vertrauensnehmer）」との関係として考察している（Vgl. Suchanek 2015a, Kapitel 4）。このような信頼関係は，いわば現代における高度な分業社会の基本構造だが，このような関係はつねに成功裏に成立するわけではない。信頼される側が信頼する側の信頼期待を裏切る可能性を排除できないからである。このような状況の中でどうすれば信頼関係を成立させられるのか。信頼する側にとっては，例えば信頼される側が裏切るような行為を魅力的に思わせない構造，ルール，条件を作り出すなど，相手の行動が信頼に値すると確信できるような状況を作り出す必要があり，信頼される側にとっては，信頼する側の期待に一致する行為をするということを信頼できる形でシグナルすることが必要である。

　企業は多数のステイクホルダーと協調関係を結ぶ「コーポラティブアクター」（Ebenda, S. 251ff.）であり，その意味で企業倫理が問題になるのは「信頼される側」としての企業が問題となる場合である。その場合，企業は信頼する側に信頼してもらえるよう，「セルフ・コミットメント」，すなわち信頼する側の信頼期待に沿った行為をすると信頼する側に信頼してもらえる措置を整える必要がある。例えば企業の「理想像」の定式化や企業文化の構

築（Ebenda, S. 300），「ホイッスル・ブローウィング」制度の導入（Ebenda, S. 310ff.），業界標準のような集合的セルフ・コミットメント，ロビーイング，ダイアログなど（Ebenda, S. 312ff.）が挙げられている。それらはいずれも，信頼する側に自らが信頼する側の信頼期待に沿う行動をするというシグナルとなる。これらは費用のかかるものだが，信頼される側との信頼関係が成立し，協調が成立すれば，そのことで将来リターンが得られる。故に，企業は「信頼に投資する」のである。

この「信頼」関係には様々な要因が作用する。ここで興味深いのは，ズーハネクがホーマンの「ゲームの進行」と「ゲームのルール」の区別をさらに発展させ，「ゲームのルール」レベルの上位に，ゲームのルールがいかに運用されるのかということについての暗黙の了解，文脈などを表す「ゲームの理解（Spielverständnis）」というレベルを想定し，「ゲームの理解」が信頼の成立に大きな影響を及ぼすとしていることである（Vgl. Suchanek 2015a, S. 17ff.；von Broock 2012）。これらは，従来ジレンマ状況の解決を「制度」のみに求めていたホーマンと異なり，ズーハネクが「信頼」の成立にはルールや制度のみでなく，それらをさらに上位から規定する価値規範，意味，文脈，共通理解も重要だと見なしていることを示している。

2．ピーズらの「オルドノミック・アプローチ」

ピーズは，彼の協働者たちと共に「オルドノミック・アプローチ（der ordonomische Ansatz; Ordonomic Approach）」を提唱している（Vgl. Pies 2013, 2015；Pies / Hielscher 2014；Pies, Hielscher and Beckmann 2009；Pies, Beckmann and Hielscher 2010, 2011b, 2014；Pies / Beckmann / Hielscher 2011a, 2012；Beckmann, Hielscher and Pies 2014）。これはラテン語で「秩序」を表す「オルド（ordo）」と「学問」を表す接尾語である「…ics」の造語であり，日本語にあえて訳せば「秩序学」になるが，彼らもホーマンの「秩序倫理」を全面的に受け継ぎ，発展させようとしている（Pies 2013, p. 2）。オルドノミック・アプローチはホーマンのジレンマ構造による分析を「社会的ジレンマ状況の合理的選択的分析」（Pies 2013, p. 4）と呼び，この解決を倫理の課題とする。そして従来の倫理学のように社会

全体の利益を考えて個々人の利益を犠牲にするという「Win-Lose 関係」ではなく，制度改革によって個々人も社会全体もメリットを得るという「Win-Win 関係」を目指すとする (Pies 2013, p. 5-6)。さらにオルドノミック・アプローチは，「社会構造と意味論」の相互作用の観点から，社会を以下の図1のように「基本ゲーム」，「メタゲーム」，「メタ・メタゲーム」の三つのアリーナからなると見なす。「基本ゲーム」では通常のビジネス活動のようなプレイヤーの行為がなされ，「メタゲーム」は基本ゲームにおいて遂行される行為を上位から方向づけ，規定するルールが設定され，基本ゲームを「統治」する。さらにその上位に属する「メタ・メタゲーム」は，メタゲームにおけるルールの意味や理解を規定するものであり，そこでは例えば「公共的討論」によって，そもそもどのようなルールが望ましいのかが「発見」される。

図1 オルドノミクスによる3レベル・シェーマ

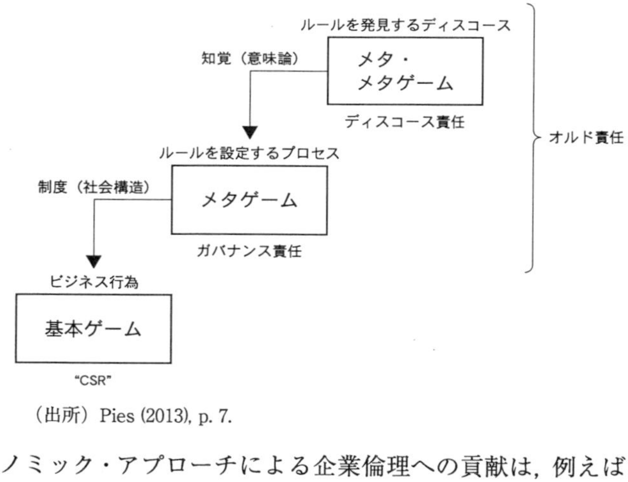

（出所）Pies (2013), p. 7.

オルドノミック・アプローチによる企業倫理への貢献は，例えば「ニュー・ガバナンス」，「企業市民」に関する新しい理解 (Pies et al. 2009, 2011b)，それに基づくモラル的経営戦略 (Pies et al. 2012)，経営者教育 (Pies et al. 2010, 2011a) や「持続可能性 (Sustainability)」に関する考察 (Beckmann et al. 2014) など多岐にわたるが，彼らの企業倫理のポイントは，ルールが不完全で社会的ジレンマが解決されない場合に，企業が自らを縛るルールを

個別的・集合的に設定することで，ジレンマによる損失を回避し，自身も社会も利益を得るというWin-Win状態を実現することにある。ホーマンの理論にない新しいポイントは，メタ・メタゲームのレベルにおいて，企業が積極的に公共的議論を引き起こし，ルールの再定義，新たなルール制定への機運を引き起こすなどにも関わることで，ルールを社会にも，そして企業自らにも有利に再定義し，有益なルールの下で最終的に自らの利益につなげていくとする点である。ピーズらによれば，企業は「オルド責任（ordo-responsibility）」（Pies et al. 2011b）を持つのであり，ルールの設定と共に，新たなルールの定義や発見への議論を引き起こすことで，企業の社会的価値創造を実現し，お互いのメリット（社会全体のメリット）を実現するのである。

Ⅳ．「秩序倫理」による企業倫理論の展開：実践的意義

以上がホーマンの協働者たちによる「秩序倫理」の企業倫理論だが，両者ともホーマンにおける二元的な見方をベースにしつつ，「ゲームの理解」あるいは「メタ・メタゲーム」という，ルールや制度をさらに上位から規定する概念を新たに導入している。両者は文献上直接の引用はないものの，きわめて類似した概念だと言える。ホーマン学派の秩序倫理は，学説史的に見れば，制度やルールを規定する「文化」や「意味」レベルへと議論を拡張させたといえるが，ここではこれらの理論的発展の実践的意義を考えたい。

ピーズらは上記のメタ・メタゲームにおけるルール発見的機能に関して，その有効な手法として例えばロビーイングやステイクホルダー・ダイアログ，国連のグローバル・コンパクト（Global Conpact）を挙げている。グローバル・コンパクトは，国家のような上位の規制主体ではなく，良き企業市民に関するベスト・プラクティスを共有する学習のネットワークであり（Pies et al. 2010, S. 275），企業が「メタ・メタゲーム」のレベルで公共的議論に関与できる枠組みだという。

またズーハネクも「信頼への投資」の例として「ダイアログ」を挙げているが，その例として「化学産業の社会パートナーシップにおけるヴィッテン

ベルク・プロセス（der Wittenberg-Prozess der Chemie-Sozialpartner）」を挙げている（Vgl. Suchanek 2011, 2015a, S. 114-117；柴田 2016）。これは 2007 年に開催されたドイツ化学産業における社会パートナー，すなわち使用者側と労働者側との間のダイアログであり，彼が理事を務める非営利組織の「ヴィッテンベルク・グローバル倫理センター（Wittenberg-Zentrum für Globale Ethik：WZGE）」がダイアログを主催し，仲介する立場として関与したものである。ダイアログは 1 年の期間をかけ 5 つのテーマに関してワークショップが開かれ，様々な関係者が参加した。その成果が 2008 年に締結された共通の倫理コーデックスである「社会的市場経済における責任ある行為のためのガイドライン（Leitlinien für verantwortliches Handeln in der Sozialen Marktwirtschaft）」だが，このダイアログの特徴は，ダイアログによって労使というステイクホルダーに共通の「ゲームの理解」が生み出されることで，結果として「信頼への投資」が実現したという点にある（Suchanek 2015a, S. 113）。労使間には必然的にコンフリクトがあるが，コンフリクトを緩和し，お互いが協調行動を取るためには，「ゲームの理解」レベルで共通の理解に接近することが重要であり，まさにそのための費用が「信頼への投資」なのである（Vgl. Suchanek / von Broock 2012）。

以上から見れば，ホーマンの言う「ジレンマ構造」を解決するための「ゲームのルール」としての「制度」は，「ゲームの理解」あるいは「メタ・メタゲーム」のレベルで，共通の理解や文脈，意味を築くことでより有効なものとなると言える。

V．おわりに

以上，ホーマンの「秩序倫理」の特質と弟子たちによる新たな展開の理論的特質，そしてその実践的意義を見てきた。まず学説史的なポイントを見れば，ホーマンの「秩序倫理」における二元的世界観が，制度をさらに規定する「ゲームの理解」あるいは「メタ・メタゲーム」という上位概念を新たに導入するという理論的展開が見られたということである。近年行動経済学や心理学の知見を企業倫理に導入する試みが見られるが（例えば Wieland

2010；Bazerman and Tenbrunsel 2011；Brink 2012），ホーマン学派の秩序倫理の展開はむしろ反対に，制度をさらに上位から規定する価値規範レベルの考察へ拡大したと言える。

　このようなホーマン学派の理論は，冒頭で述べたような，企業へのインセンティブと社会規範の両立を目指そうとするものであり，また一貫した理論構築した上で，それに基づいて現象を解釈するという理論重視の方向性は，先に述べたわれわれの立場に合致し，高く評価できるものと考えている。

　このような学説史的展開を，本稿の学史研究の方法から見ればどのように分析できるだろうか。ホーマンにとっての「問題」は，経済倫理・企業倫理における個人倫理的アプローチの無力さであった。彼はその解決を「モラルの体系的な場」としての制度や秩序に求めたのだが，しかしわれわれの考えでは，それは「制度」にあらゆる解決を求める「制度決定主義」をもたらしてしまう（柴田 2015）。つまり彼らのアプローチでは，万能なルールを設定すれば原則的にモラルが完全に達成されるという見方がもたらされてしまうのである。

　しかしそれは現実的ではない。ホーマンの弟子たちは，ホーマンの「問題解決」における「誤り」を修正し，新たな問題解決を導き出そうとしたのではないか。ある「制度」の下でも，異なる「ゲームの理解」あるいは「メタ・メタゲーム」の下では，制度の有効性は異なるはずである。近年とりわけ多国籍企業の企業倫理問題がクローズアップされる中で，各国の文化的相違が個々の企業倫理活動に相違をもたらすことを考えれば，このような理論的拡張や「問題」の移動は避けられないと考えられる。

　しかし，このようなホーマン学派の新しい展開において見られた「ダイアログ」志向は，かねてからドイツの企業倫理においてシュタインマン（H. Steinmann）やウルリッヒ（P. Ulrich）が提唱していたものである。かつてホーマンはシュタインマンやウルリッヒの利潤制限的なダイアログ・アプローチを批判したが（Homann / Blome-Dress 1992, S. 174ff.），ダイアログにおいて「共通の理解」を得ることはシュラインマンらの主張だったのでもあり，この点，学説史的にはホーマン学派の秩序倫理がかつてのシュタインマンやウルリッヒの主張に接近しているとも言える。この点について，現時

点ではホーマン学派の言及は見られない。ホーマン学派の展開を見れば，当初のホーマンの議論は，先に述べたとおり「経済学と倫理学の同一性」とも言うべき，経済学重視の展開を見せていたが，ゲームの理解あるいはメタ・メタゲームといった意味レベルの議論は，ホーマンの経済学ベースの議論とは明らかに異質であり，このような展開は，厳密な理論重視の観点から見れば，その厳密性を曖昧にするという点が懸念されるところである。このような傾向は，彼らが経済倫理とともに企業倫理をより重要視するようになった結果なのかも知れない。

　ホーマン学派の展開は，従来の議論を乗り越えるものなのか。ホーマン学派の秩序倫理の新しい展開が真に「問題解決」に寄与するには，過去の理論との対峙が必要になるだろう。まさにこれが学史研究の課題である。

＊本稿はJSPS科研費26780205の助成を受けたものである。

注
1) しかし，そのような理論研究が経営実践にいかに寄与できるのかという問題を無視してよいというわけではない。理論のロジックと実践のロジックは別だ，ということである。理論家は，実践のロジックに関与すべきではないのではある。
2) いくつかある中で，例えば海道（1988）：森（1993）；深山（2010）；大平（2002）等を参照。
3) 2015年に刊行された，ファン・アーケン（D. van Aaken）とシュレック（P. Schreck）の編集による論文集『経済倫理・企業倫理の諸理論』は，ドイツの経済倫理・企業倫理の代表的論者が自身の学説についてその基本構想を自ら説明した論考を集めたものだが，冒頭がホーマンの経済倫理であり，続いて弟子のズーハネク，ピーズの論考が続いている。ホーマン学派の論考が三つあることからして，彼らの「秩序倫理」はドイツの経済倫理・企業倫理において大きな影響力を及ぼしていると見ることができる。

参考文献
van Aaken, D. / Schreck, P. (2015), Wirtschafts- und Unternehmensethik: Ein Überblick über die Forschungslandschaft, in: van Aaken, D. / Schreck, P. (Hrsg.), *Theorien der Wirtschafts- und Unternehmensethik*, Berlin, S. 7-22.
Bazerman, M. H. and Tenbrunsel, A. E. (2011), *Blind Spots, Why We Fail to Do What's Right and What to Do about It*, Princeton University Press.（池村千秋訳『倫理の死角――なぜ人と企業は判断を誤るのか』NTT出版，2013年。）
Beckmann, M., Hielscher, S. and Pies, I. (2014), "Commitment Strategies for Sustainability: How Business Firms Can Transform Trade-Offs Into Win-Win Outcomes," *Business Strategy and the Environment*, 23, pp. 18-37.
Brink, A. (2012), Unternehmensethik und psychologische Verträge, in: *Die Betriebswirtschaft*, 72. Jg. Heft 1, S. 81-92.

von Broock, M. (2012), *Spielzüge － Spielregeln － Spielverständnis. Eine Investitionsheuristik für die Soziale Ordnung*, Marburg.
Homann, K. (2014), *Sollen und Können. Grenzen und Bedingungen der Individualmoral*, Wien.
Homann, K. (2015), Wirtschaftsehik: Ethik, rekonstruiert mit ökonomischer Methode, in: van Aaken, D. / Schreck, P. (Hrsg.), *Theorien der Wirtschafts- und Unternehmensethik*, Berlin, S. 23-46.
Homann, K. / Blome-Drees, F. (1992), *Wirtschafts- und Unternehmensethik*, Göttingen.
Pies, I. (2013), The Ordonomic Approach to Order Ethics, in: *Diskussionspapier Nr. 2013-20 des Lehrstuhls für Wirtschaftsethik an der Martin-Luther-Universität Halle-Wittenberg*, hrsg. von Ingo Pies, Halle 2013.
Pies, I. (2015), Der ordonomische Ansatz, in: van Aaken, D. / Schreck, P. (Hrsg.), *Theorien der Wirtschafts- und Unternehmensethik*, Berlin, S. 79-108.
Pies, I. / Hielscher, S. (2014), Verhaltensökonomik versus Ordnungsethik? Zum moralischen Stellenwert von Dispositionen und Institutionen, in: *Zeitschrift für Wirtschafts- und Unternehmensethik*, 15.Jg., Heft 3, S. 398-420.
Pies, I., Hielscher, S. and Beckmann, M. (2009), "Moral Commitments and the Societal Role of Business: An Ordonomic Approach to Corporate Citizenship," *Business Ethics Quarterly*, 19: 3, pp. 375-401.
Pies, I., Beckmann, M. and Hielscher, S. (2010), "Value Creation, Management Competencies, and Global Corporate Citizenship: An Ordonomic Approach to Business Ethics in the Age of Globalization," *Journal of Business Ethics*, vol. 94, pp. 265-278.
Pies, I. / Beckmann, M. / Hielscher, S. (2011a), Was müssen Führungskräfte können? Zur ordonomischen Vermittlung strategischer Kompetenzen für Manager, in: *ZfB*, Special Issue 81, S. 15-38.
Pies, I., Beckmann, M. and Hielscher, S. (2011b), "Competitive Markets, Corporate Firms, and New Governance: An Ordonomic Conceptualization," in Pies, I. and Koslowski, P. (eds.), *Corporate Citizenship and New Governance: The Political Role of Corporations*, Heidelberg / London / New York, pp. 171-188.
Pies, I. / Beckmann, M. / Hielscher, S. (2012), Nachhaltigkeit durch New Governance: Ein ordonomisches Konzept für strategisches Management, in: *Die Betriebswirtschaft*, 72 (4), S. 325-341.
Pies, I., Beckmann, M. and Hielscher, S. (2014), "The Political Role of the Business Firm: An Ordonomic Concept of Corporate Citizenship Developed in Comparison With the Aristotelian Idea of Individual Citizenship," *Business & Society*, Vol. 53 (2), pp. 226-259.
Popper, K. R. (1972), *Objective Knowledge: An Evolutionary Approach*, Oxford. (森博訳『客観的知識──進化論的アプローチ』木鐸社, 1974 年。)
Schönpflug, F. (1954), *Betriebswirtschaftslehre. Methoden und Hauptströmungen*, 2. erw. Aufl. Hrsg. von Seischab, H., Stuttgart. (古林喜楽監修／大橋昭一・奥田幸助訳『シェーンプルーク経営経済学』有斐閣, 1970 年。)
Suchanek, A. (2011), Der Wittenberg-Prozess der Chemie-Sozialpartner, in: Wieland, J. / Schack, A. (Hrsg.), *Soziale Marktwirtschaft: Verantwortungsvoll gestalten*, Frankfurt am Main, S. 54-66.
Suchanek, A. (2012), "Trust as a Basis for Sustainable Corporate Value Creation," *HHL Working Paper*, No. 111, pp. 1-12.

Suchanek, A. (2015a), *Unternehmensethik. In Vertrauen investieren.* Tübingen.（柴田明・岡本丈彦訳『企業倫理：信頼に投資する』同文舘出版, 2017 年。）
Suchanek, A. (2015b), Vertrauen als Grundlage nachhaltiger unternehmerischer Wertschöpfung, in: Schneider, A. / Schmidpeter, R. (Hrsg.), *Corporate Social Responsibility. Verantwortungsvolle Unternehmensführung in Theorie und Praxis*, 2., ergänzte und erweiterte Auflage (1. Aufl. 2012), Berlin Heidelberg, S. 59-69.
Suchanek, A. (2015c), Freiheit und Vertrauen. Unternehmensverantwortung in einer offenen Gesellschaft, in: Hüther, M. / Bergmann, K. / Enste, D. H. (Hrsg.), *Unternehmen im öffentlichen Raum. Zwischen Markt und Mitverantwortung*, Wiesbaden, S. 250-264.
Suchanek, A. (2015d), Ökonomische Unternehmensethik, in: v. Aaken, D. / Schreck, P. (Hrsg.), *Theorien der Wirtschafts- und Unternehmensethik*, Berlin, S. 50-75.
Suchanek, A. / von Broock, M. (2012), Stakeholder-Dialoge: Investitionen in ein gemeinsames Spielverständnis, in: *Wittenberg-Zentrum für Globale Ethik Diskussionspapier* Nr. 2012-5. S. 1-14.
Wieland, J. (2010), Formen der Selfgovernance——Behavioral Business Ethics und Governanceethik, in: Wieland, J. (Hrsg.), *Behavioural Business Ethics, Psychorogie, Neuroökonomik und Governanceethik*, Marburg, S. 17-34.
大平浩二（2002），「経営学説の研究（1）――科学史としての経営学説研究の方法――」明治学院大学『経済研究』第 122・123 合併号, 122-143 頁。
岡本人志（2011），『企業行動とモラル』文眞堂。
海道ノブチカ（1988），『西ドイツ経営学の展開』千倉書房。
榊原研互（1994），「経営経済学史の課題と方法」鈴木英壽先生古希記念事業会編著『現代ドイツ経営学研究』森山書店, 75-89 頁。
柴田明（2013），『ドイツ・システム論的経営経済学の研究』中央経済社。
柴田明（2015），「経済学的倫理学の方法論的基礎づけの試み――「状況分析の方法」「合理性原理」の経済倫理・企業倫理における可能性と限界」慶應義塾大学商学会『三田商学研究』第 58 巻第 2 号, 239-253 頁。
柴田明（2016），「【紹介】ドイツ化学産業における社会パートナーのヴィッテンベルク・プロセスについて」香川大学経済学会『香川大学経済論叢』第 89 巻第 3 号, 217-236 頁。
万仲脩一（2009），『企業倫理学の構想』ふくろう出版。
深山明（2010），『企業危機とマネジメント』森山書店。
守健二（2005），「経済と倫理のディスコース――ドイツ語圏における経済倫理学説の新展開」経済理論学会『季刊経済理論』第 41 巻第 4 号, 48-58 頁。
森哲彦（1993），『経営学史序説』千倉書房。

参照ホームページ
グローバル・コンパクト・ネットワーク・ジャパン（GCNJ）：http://ungcjn.org/index.html（最終閲覧日 2016 年 11 月 21 日）
ヴィッテンベルク・グローバル倫理センター（Wittenberg-Zentrum für Globere Ethik）：http://www.wcge.org/de/（最終閲覧日 2016 年 11 月 21 日）

第Ⅲ部
論　攷

7 グローバルリーダー研究の学史的位置づけの検討

島 田 善 道

I. はじめに

1. 背景と課題認識

　経済のグローバル化を背景に，グローバル人材やグローバルリーダーの不足が課題と言われて久しい。しかしながら実務界や教育界では，これらがいったい何であるのか統一した見解を示しておらず，また学界からもグローバルリーダーとは何か，十分に回答を出し得ていない状況である。

　本稿で注目するグローバルリーダー研究は，そのルーツの中心をリーダーシップ研究にみることができる。リーダーシップ研究は，膨大な研究蓄積にもかかわらず経営学史研究として取り上げられることは非常に稀である。日本における経営学研究において重要な位置を占める経営学史研究がなぜリーダーシップ研究を取り上げてこなかったのだろうか。

　そのグローバルリーダー研究は特に米国で研究が展開されている。現在の状況が継続すれば，グローバルリーダー研究はあまたあるリーダーシップ研究のうちのひとつに過ぎず，重要性が誤って損なわれてしまわないだろうか。

　また，米国中心で進められているグローバルリーダーの議論を日本企業にそのまま適用してもよいものか，疑問が生じうる。然るべき日本企業のグローバルリーダー研究を展開しなければならないのではないか。以上が筆者の課題認識である。

2．本稿におけるグローバルリーダーの定義

　本稿においてグローバルとは，リーダーが影響を及ぼすべき範囲が，国内にとどまらずに複数の国や地域のメンバーに対して発揮する必要があると捉える。さらに，リーダーはマネジャーとは異なり（Zaleznik 1977 他），Osland（2013）の「リーダーとは組織に重大でポジティブな変化をもたらす個人である」（p. 33）との主張の通り，変化をもたらすという点がよりリーダーに求められていることであるという意見を採用して議論を進める。以上より本稿でのグローバルリーダーとは「複数の国や地域のメンバーから構成される組織に重大でポジティブな変化をもたらす個人である」とする。

　また，グローバルリーダーとして本稿で想定されるのは，CEO 等のトップレベルではなくミドルレベルのリーダーである。なぜなら日本企業の強みはミドルの厚さにあり注目するに値するものと考えられるからである（Nonaka 1988 他）。

3．本稿の狙い

　以上の課題意識と前提にもとづき，今までリーダーシップ研究にかんする学史的研究はほぼ見当たらないその理由の検討を本稿の第一の目的とする。第二に，日本企業におけるグローバルリーダー研究の意義を明らかにすること，またそれを通して，既存研究では明らかにされてこなかった新たなグローバルリーダー像の提示が必要であることを整理する。その上で，グローバルリーダー研究の学史的位置づけを提示することを最終的な目的として議論を進めていきたい。

　グローバル化とは，世界中の国々が同一の土俵上で公平な条件の下，戦い，その結果もっとも強い国が勝つ，というイメージが想起されている場合があろう。グローバルリーダーの議論も，強いリーダーが勝つかのようにイメージされている節も見受けられる。しかし本稿では，グローバルリーダーやトランスナショナルなリーダーとは唯一単独でユニバーサルなリーダー像では説明しきれず，さまざまなタイプのうちの一つとして，日本企業独特のグローバルリーダー像があるのではないか，と問うものである。日本の組織文脈に即したグローバルリーダーとは一見矛盾しているようだが，これはグ

ローバルに通用するリーダー像の追求であり，日本的な文化的背景や組織文脈からひも解いてはいくが，それは翻ってグローバルに適用できるものであり，また興味深い点なのである。

II．リーダーシップ研究の系譜と通底する前提

1．リーダーシップ研究の系譜

リーダーシップ研究はおおよそ以下のような系譜を辿っている。先ずはリーダーの資質に注目し，その後，行動アプローチ，コンティンジェンシーアプローチ，変革型リーダーシップなどが注目されてきた。近年では，リーダー個人だけでは捉えきれずに分散型・共有型・参加型などのリーダーシップやフォロワーとの関係などが議論されている。また経済のグローバル化が進む中で，リーダーシップ国際比較，異文化リーダーシップ，グローバルリーダーシップなどが取り上げられ，さらには経営不祥事の多発や行き過ぎた自由競争などへの反省に対して，オーセンティック・リーダーシップ，賢慮のリーダーシップ，スピリチュアル・リーダーシップなど，百花繚乱の体である。以上は，ほぼ時系列的に整理されよく目にするものである。これらはそれぞれのアプローチの限界を超えようという「力点の頻繁な反転と逆転」(北野 1989) の歴史と捉えられる。

2．リーダーシップ研究に通底する前提

しかしながらこれらを注意深く眺めると，リーダーシップ研究の前提として通底していることが見受けられる。それは，第一に，リーダーシップ研究とは米国型の自己関心ということを中心に据える独特の理論ではないかということである (Hofstede 1980)。米国で生まれたリーダーシップ概念は① 対人関係を記述する場合でさえ市場プロセスを強調する，② 個人の利得，自己実現，個人の成長といったことに個人主義的に光を当てている，③ 部下の動機と業績を第一義的に決定するものとしてリーダーだけに極端に注目しているといった特徴があり (Hofstede 1993)，特に後者の2点がリーダーシップ研究ではある個人の能力と努力を強調していることを表して

いると言えよう。すなわち，リーダー自らが困難を乗り越える，乗り越える技術を身につける，つまり，長い歴史のあるリーダーシップ研究ではあるが，自分に欠けているものは自ら補うのだ，という価値観が根底にありこの価値観を変えることなく進んできたものだと捉えうるのである。

　リーダーシップ研究は膨大な経験的データを蓄積しているにもかかわらず「リーダーシップについての統一見解の確立に向かって進んでいるのかというと，むしろその逆である」（北野 1989, 130頁）。実践の学でもある経営学がリーダーシップについての統一見解を示し得ていないために，実践ではどのようにリーダーシップを発揮したらよいのかという素朴な疑問から抜け出せていない状況を生み出してしまっていると言えよう。これを北野(1989)は「組織文脈と関連づけて読み取ろうとする視点を放棄していることに，その根本原因があると思われる」(130頁)と指摘している。先ほどの自己関心を中心に据えることと表裏一体となって，この組織文脈の視点の放棄が，リーダーシップ研究に通底しているのではないかと考えられる第二の点である。

　以上の点に関連して既存のリーダーシップ研究はリーダーと部下との関係は単純な上下関係にすぎないものと仮定されており，かつ対内的な部下への働きかけが主要テーマ（金井 1991）であったと考えられる。本稿ではこの「対内」が暗に示唆しうるものとしてリーダーとメンバーの距離ならびに関係の複雑性に着目したい。近年増加しているグローバルバーチャルチームの例で考えると，グローバルリーダーは距離的に離れ，直接業務遂行中には目の前に居ない部下をも相手にしなければならない。またこの部下たちは文化の異なる外国人たちであり，職制上は現地にそれぞれ上司がいるケースが大半であろう。このように単純に目の前にいる対内の部下という前提ではなく，距離が離れ，より複雑なメンバーとの関係をもグローバルリーダーを検討する際には考慮されなければならない。これは，リーダーシップを無効化する「リーダーシップの代替物」の「上司と部下の空間的距離」(Kerr and Jermier 1978) そのものである。そうであるとするならば，部下との距離を想定していればリーダーシップは無効化されるため，既存のリーダーシップ研究はそのような状況を想定しているとは考えにくい。

以上の3点がリーダーシップ研究の前提として通底しているものとして捉えうるのである。

わが国の学史的研究においてリーダーシップ研究はほとんど取り上げられていない[1]。学史的研究とは「それぞれの論者がとる研究方法・体系化方法・叙述方法などに加え，その土台にある世界観・社会観・価値観等との両面にわたる究明である」（大橋 2012，4頁）。この定義に従うとリーダーシップ研究においては，前者には変遷が見られるものの，後者の側面，すなわち米国型の自己関心ということを中心に据え，組織文脈を放棄し，リーダーとメンバーの単純な上下関係，このような土台のまま変化することが無かった。これのことが学史的研究に至らなかった重要かつ根幹をなす理由であろうと理解され得る。本稿の第一の目的は以上のように整理することが可能だろう。

Ⅲ．グローバルリーダー研究の系譜とリーダーシップ研究との共通課題

1．既存のグローバルリーダー研究の系譜

リーダーシップ研究をそのルーツの中心として，グローバルリーダー研究が1990年前後に生まれた。筆者の管見によると，グローバルリーダーという言葉を初めて学界で使用したのはTichy（1988）である。その後，グローバルリーダー研究は積み重ねられているのであるが，その中心的課題はコンピテンシーの探究とその開発方法である（島田 2016）。

リーダーシップ研究は目の前にいる，同じような世界観など文化的な共通性を持った部下が暗黙の前提であった。しかしグローバル化や，昨今ではアンチグローバル化の流れも見られる中，文化的相違を超克する必要がリーダーには求められている。その点にリーダーシップ研究では見出せなかったリーダー行動の特徴なり工夫が秘められており，既存のリーダーシップ研究の限界を超え，またリーダーシップという現象を解き明かす新たな一歩を踏み出す可能性を持つものとして，グローバルリーダーに注目するものである。

しかしながら，既存のグローバルリーダー研究の蓄積は先ほど述べたリーダーシップ研究の前提を踏襲していると考えられる。すなわちグローバルリーダー研究の主流が要素還元的なコンピテンシー研究であることが，その特徴をよく表している。すなわち，特に対象がほぼ北米男性成功者であり，ここにはヒーロー，スーパーマンのイメージが後景にあり，この点は日本からのみならず，欧米からも批判があがっている（小坂 2007；Adler 1997；Hofstede 1980）。つまり特定の個人に帰属させる傾向が，グローバルリーダー研究にはより強く出ているのであり，この点が，グローバルリーダー研究があまたあるリーダーシップ研究のひとつに陥ってしまうのではないかと危惧する所以である。

2．リーダーシップ研究と既存のグローバルリーダー研究の共通課題

先に見たような前提の上に立つことにより，リーダーシップ研究とそれを引き継ぐ既存のグローバルリーダー研究には，共通する課題が存在する。それはすなわち，狭義のリーダーシップという課題，ならびに文化の違いにかんする課題，この2点があげられる。

先ず第一に，リーダーシップを普遍的に追求しようとするあまり，リーダーシップを狭く捉えてしまう課題である。北野（1989）は「目的合理的な組織行動，すなわち経営においては，いったん目的が与えられ，この目的を追求するための合理的な行政（ないしは管理）機構が与えられれば，この機構が自動的に目的を達成するはずであり，この機構を押しつける権力さえ確立していれば，リーダーシップといった余分の影響因子は，いっさい不要のはずである」（130頁）としている。すなわち「純粋に客観的な立場から技術的に合理的な組織モデルを構築」（北野 1989，130頁）していれば，リーダーシップは理論的に不必要なものなのである。北野（1989）に拠れば，リーダーシップなくとも合理的な管理機構があれば良いのだから，経営学の理論形成としては技術的に合理的な組織モデルを構築していくことが中心課題なのである。

これはリーダーシップの代替物から見ても同様の議論が成り立つ。すなわちリーダーシップの代替物のタスク特性と組織特性（Kerr and Jermier

1978）の探究が経営組織論の主要テーマとしてさまざまに検討されてきたのであり，そこではリーダーシップというものは実は不要なものと考え得るのである。そのために，リーダーシップ研究の焦点は狭くなってしまったという課題が生じたと考えられる。リーダーシップの代替物がもつ第三の特性である部下特性とは，能力，経験，訓練，知識といったものや自立への欲求などである。そこから，リーダーシップ研究や既存のグローバルリーダー研究はこれらの部下の特性を活性化させるためにいかに影響を及ぼすかに主眼を置いていたということができる。上司・部下の上下関係が前提であったことがここにもあらわれてくると言えるが，部下を動機付ける影響を如何に発揮するのかが既存のリーダーシップ研究やグローバルリーダー研究の主な貢献であると言え，リーダーシップの代替物全体から考えると，部下特性への影響，いわば「狭義のリーダーシップ」，ここに既存研究の意義があったと言える。しかしながら，ここに焦点を当てたばかりに，リーダーシップが狭く捉えられてしまった，と言えるのではなかろうか。

　2点目の課題として，文化の違いについての認識の課題である。我が国における米国型のリーダーシップ研究の適用にかんする課題と言い換えることができよう。例えばわが国では，オハイオ州立研究の「配慮」とPM理論の「M機能」は対応する概念であると捉えられている（小野 2003）。しかしHofstede（1993）は，三隅の提唱するM機能は日本では個人にかんするM機能ではなく，社会的な安定性にかんすることであり，これは米国の感覚では「マネジメントではない」と述べており，この点に自覚的でなければならないということを強調しておく必要があろう。すなわち表層的にはたとえ日米で同じように見えるリーダーシップ行動や機能であっても，その前提や組織文脈が全く異なっている下では，実は全く同じものを指し示しているわけではないということである。このことから，既存の米国中心のグローバルリーダー研究の成果がそのまま日本企業に適用可能なのか，慎重な検討が求められるのである。

　これらの課題を克服すべく，グローバルリーダーは検討されるべきである，と考えるものである。

IV．日本企業におけるグローバルリーダー研究の意義

　リーダーシップ研究と，それを引き継いだ既存のグローバルリーダー研究の状況を鑑みた上で，わが国におけるグローバルリーダー研究の意義をここで整理していきたい。それはすなわち，組織文脈を放棄してきたリーダーシップ研究や既存のグローバルリーダー研究に対し，日本企業，日本社会といった文化的・歴史的・社会的なコンテクストが土台となって検討すべきであるという指摘である。すなわち，普遍的なリーダーシップを追求するがために組織文脈の視点を放棄してきたリーダーシップ，グローバルリーダー研究から，組織文脈を丸ごと取り込むという土台の転換である。

　日本企業におけるグローバルリーダーの置かれたコンテクストとは，以下のような特徴を有していると考えられる。1点目に，経済のグローバル化が進むにつれより多様なメンバーと協働していかなければならないという点であり，さらに，リーダーとメンバーの関係性がより複雑になっているということである。対内的な部下への働きかけが前提であったリーダーシップ研究に対し，本稿では距離が離れている外国人，すなわちより現場を知っているメンバーとの協働が要請されているのであり，多種多様で距離の離れた部下，同僚，先輩，ひいては上司などとも協働していく必要がある。そこでは，リーダーとメンバーを分割する欧米的二元論（ディマイケーション）に対して，日本企業においてリーダーとメンバーは一元論的な仲間なのである（由井 2004）。その前提の違いの中で如何に工夫するのかが日本企業におけるグローバルリーダーには求められるのであり，この工夫はいわゆる米国型のグローバルリーダーとは異なるものであろう。

　また，グローバル化の進展によってリーダーの側も多様化が進められているかもしれない。しかし彼ら／彼女らは多様性によるイノベーションの創造を期待されていると言われながらも，日本企業においては同調圧力に苦労したり，文化が合わずに早々に転職するなどしているケースが見られる。これは，日本の旧来からの組織文脈はグローバル化が進む昨今であってもあまり変化を見せず，文化的に多様なリーダーであってもそれを受け入れて活動せ

ざるを得ない面があることの証左と言えるのかもしれない。

　以上より，リーダーと部下との関係性はリーダー対部下という対立ではなく，リーダープラス部下であり，リーダーといえどもヒーロー，スーパーマンでなく仲間なのである。この点から，特にリーダー自らが困難を乗り越える，技術を身につける，すなわち欠けているものを自ら補うべき，といった自己関心の価値観から，リーダーは自らが克服するのみではなく，現場の仲間を活用する，という言わば集団・関係性への関心への転換であると本稿では提案したい。ここに，多様なリーダーとメンバーとの協働を考えていく際の価値観という点で，新たな意義が生まれるのである。

　2点目にあげうる点が，リーダーとメンバーとの単純な上下関係である。日本企業というコンテクストに埋め込まれた日本企業のグローバルリーダーが，空間的距離のある目の前には居ない文化的に多様なメンバーと，価値観の相違の上で協業していくために工夫していくということが見出されるのである。すなわち，既存のリーダーシップ，グローバルリーダー研究での単純な上下関係から，距離的・文化的に複雑な関係への土台の転換である。

　したがって，日本企業におけるグローバルリーダー研究には，これまでのリーダーシップ，グローバルリーダー研究の世界観，すなわち自己関心，組織文脈の視点の放棄，単純な上下関係から転じて，集団・関係性関心，組織文脈の取り込み，距離的，文化的に複雑な関係，という土台への転換を意味するものである。

　以上より，本稿の第二の目的であるわが国におけるグローバルリーダー研究の意義とは，米国型に無批判に追随することなく，わが国特有のグローバルリーダーを明らかにすることであるという点に見ることができるのであり，それが，唯一普遍的ではない新たなグローバルリーダー像を導き出し得るものなのである。

V．日本企業におけるグローバルリーダー研究の学史的位置づけ

　以上の議論を総括し，本稿の最終的な目的であるグローバルリーダー研究の学史的位置づけを改めて整理しておきたい。

経済のグローバル化によって新たに生まれたグローバルリーダーは，組織文脈をも含めて理解することにより，リーダー個人に関心をもつという前提からの脱却を試みるものであるということを議論してきた。これは，多様で距離の離れたメンバーと協働するという状況を前提としており，既存のリーダーシップ研究では想定されていなかった。このような前提の転換の上に検討される日本の，そして日本企業という組織文脈を取り込んだグローバルリーダーの概念は，リーダーシップ研究の延長線上そのままではない，日本独自の展開を構想し得るものなのであり，米国型グローバルリーダーとは一線を画した新たなグローバルリーダー像を提示するものである。

そしてここで強調すべきは，日本文化に埋め込まれた日本人の研究者であるという自覚を持った上で，我が国の研究者が構想していくことである。

今後の世界経済は本稿が前提としたグローバル化なり多様化という状況が常態化への方向と向かっていくであろう。本稿では，ICT化によるグローバルバーチャルチームといった新たな組織形態を例にあげ議論してきた。今後は例えば人工知能（AI）などの普及によって，組織やリーダーシップというものの概念や形態が全く今では想像できないものになるかもしれない。更に先にはどのような技術が出てくるかは現時点では予想すらつかない。

そのような中，グローバルとは「全世界的な規模であるさま」「全体を覆うさま」であり，今まさにグローバルリーダーに要請される環境である。そして更に「包括的」との意味があることから，今後は，今はまだ見えない環境をも包み込んでリーダーを検討すること，しかしながらその根底には常に文化的・歴史的・社会的なコンテクストの上に立ったグローバルリーダー論として展開を継続，蓄積していくことが，要請されるのである。

VI. おわりに

本稿は，グローバルリーダーとは何なのか，学界はまだ十分に回答を出し得ていないことを背景に検討を進めた。それは，米国型をグローバルスタンダードと呼び，日本独自の構想を立てていないことにその原因があることを示唆した。この新たな構想が，経営の現実への貢献に繋がると考えている。

ただし，その内実は未だ十分明らかではなく，更なる研究蓄積が必要である。

グローバル化に伴うさまざまな日本での経営現象は「通称アメリカ的経営論」（林 2000）とその土台となる米国型価値観の元での要素還元的な志向に追随していく傾向にあると言えよう。しかし，わが国の組織文脈と，グローバルリーダー研究の前提となる世界観や価値観，前提，文脈を認識する必要があると考え，本稿ではリーダーシップの観点からの整理を試みた。更には，リーダーシップのみならず他の経営現象，とりわけヒトにかかわる経営現象についても，同様にこのような視座を踏まえた上で検討されなければならないと考えられる。このような視座に立った学史研究は，混迷を深める世界に対し，さまざまな社会的課題の解決に向けての示唆をも提供し得ると考えるものである。

注
1）過去の経営学史学会年報をひも解くと，論題にリーダーシップと名のつく論文は3件（吉村 2003；薄羽 2007；平井 2008）しか見当たらず，統一論題で議論された形跡は管見にして見当たらない。また経営学史叢書全14巻をひも解くとリーダーシップという述語が出てくるのは7冊あり，全巻を通してリーダーシップを議論していると考えられるのはバーナードのみである（「『経営者の役割』というタイトルからもわかるように，彼の究極的な問題関心は「リーダーシップ」にある」（山縣 2011，148頁））。また一章を通じて議論されているのはフォレットのリーダーシップ論（大平・三井 2012，111-131頁）であり，レヴィンやリッカートに焦点をあてたリーダーシップ論の展開が一節を割いて議論されている（庭本 2013，182-194頁）。その他は福永（2013）；佐々木（2011）；河野（2012）；太田（2013）などに見るのみである。

参考文献
Adler, N. J. (1997), "Global leadership: women leaders," *Management International Review*, Vol. 37, No. 1, pp. 171-196.
Hofstede, G. (1980), *Culture's Consequences: International Differences in Work-related Values*, SAGE. （萬成博・安藤文四郎監訳『経営文化の国際比較―多国籍企業の中の国民性―』産業能率大学出版部，1984年。）
Hofstede, G. (1993), "Cultural constraints in management theories," *Academy of Management Executive*, Vol. 7, No. 1, pp. 81-94.
Kerr, S. and Jermier, J. M. (1978), "Substitutes for leadership: their meaning and measurement," *Organizational Behavior and Human Performance*, No. 22, pp. 375-403.
Nonaka, I. (1988), "Toward middle-up-down management: accelerating information creation," *Sloan Management Review*, Vol. 29, No. 3, pp. 9-18.
Osland, J. S. (2013), "The multidisciplinary roots of global leadership," in Mendenhall, M. E., Osland, J. S., Bird, A., Oddou, G. R., Maznevski, M. L., Stevens, M. J. and Stahl, G. K. (eds.), *Global Leadership; Research, Practice, and Development*, 2nd ed., Routledge, pp. 21-39.

Tichy, N. M. (1988), "Setting the global human resource management agenda for the 1990s," *Human Resource Management*, Vol. 27, pp. 1-18.

Zaleznik, A. (1977), "Managers and leaders: are they different?," *Harvard Business Review*, Vol. 55, No. 3, pp. 67-78. (「マネジャーとリーダー：その似て非なる役割」『ダイヤモンド・ハーバード・ビジネス・レビュー』2008 年 2 月号, 68-82 頁。)

薄羽哲哉 (2008), 「リーダーシップ研究の視点——リーダー主体からフォロワー主体へ——」経営学史学会編『経営学の現在——ガバナンス論, 組織論・戦略論——（経営学史学会年報第 14 輯)』文眞堂, 197-208 頁。

太田三郎 (2013), 「古川栄一博士と経営学——部門管理から総合管理への理論的考察」経営学史学会監修／小笠原英司編著『日本の経営学説 I （経営学史叢書 XIII)』文眞堂, 127-160 頁。

大橋昭一 (2012), 「経営学史研究の意義と方法——学史的方法と学説史的方法」経営学史学会編『経営学史事典（第2版）』文眞堂, 3-4 頁。

大平義隆・三井泉 (2012), 「フォレットのリーダーシップ論」経営学史学会監修／三井泉編著『フォレット（経営学史叢書Ⅳ)』文眞堂, 111-131 頁。

小野善生 (2003), 「リーダーシップ論におけるフォロワー主体アプローチの展開——フォロワーの語りを分析対象とするリーダーシップ研究方法の提示」『彦根論叢』第 347 号, 93-110 頁。

金井壽宏 (1991), 『変革型ミドルの探究——戦略・革新指向の管理者行動——』白桃書房。

北野利信 (1989), 「リーダーシップ論の新しい展開——リーダーシップという名の暗箱——」大澤豊・一寸木俊昭・津田眞澂・土屋守章・二村敏子・諸井勝之助編著『現代経営学説の系譜』有斐閣, 129-144 頁。

経営学史学会監修／河野大機編著 (2012), 『ドラッカー（経営学史叢書 X)』文眞堂。

小坂貴志 (2007), 「リーダーシップ理論・教育のグローバル化——学習チーム作業を通じてのリーダーシップ現象の移り変わり」日向野幹也・バード, A.・立教大学リーダーシップ研究所編著『入門ビジネス・リーダーシップ』日本評論社, 247-265 頁。

経営学史学会監修／佐々木恒男編著 (2011), 『ファヨール——ファヨール理論とその継承者たち——（経営学史叢書Ⅱ)』文眞堂。

島田善道 (2016), 「グローバルリーダーのコンピテンシー探究とその研究課題」『六甲台論集　経営学編』第 62 巻第 4 号, 11-34 頁。

庭本佳子 (2013), 「その後の人間関係論——リーダーシップ論の展開」経営学史学会監修／吉原正彦編著『メイヨー＝レスリスバーガー——人間関係論——（経営学史叢書Ⅲ)』文眞堂, 182-194 頁。

林正樹 (2000), 「日本的経営論の変遷と未来展望」経営学史学会編『経営学百年——鳥瞰と未来展望——（経営学史学会年報第 7 輯)』文眞堂, 132-142 頁。

平井信義 (2008), 「プロジェクトチームのリーダーシップ——橋渡し機能を中心として——」経営学史学会編『現代経営学の新潮流——方法, CSR, HRM, NPO——（経営学史学会年報第 15 輯)』文眞堂, 161-171 頁。

福永文美夫 (2013), 「バーリ＝ミーンズ理論の系譜——制度派経済学と新制度派経済学の視座」経営学史学会監修／三戸浩編著『バーリ＝ミーンズ（経営学史叢書Ⅴ)』文眞堂, 128-157 頁。

山縣正幸 (2011), 「道徳的創造と協働における多様性——バーナード理論の現代的可能性」経営学史学会監修／藤井一弘編著『バーナード（経営学史叢書Ⅵ)』文眞堂, 137-167 頁。

由井常彦 (2004), 「日本的経営の思想的基盤——経営史的な考究——」経営学史学会編『経営学を創り上げた思想（経営学史学会年報第 11 輯)』文眞堂, 91-112 頁。

吉村泰志 (2003), 「リーダーシップと組織変革」経営学史学会編『現代経営と経営学史の挑戦（経営学史学会年報第 10 輯)』文眞堂, 192-202 頁。

8 ダイナミック・ケイパビリティ論の企業家論的展開の課題とその解消に向けて
——David, Harper の企業家論を手がかりに——

石　川　伊　吹

I．はじめに（問題の所在と本稿の構成）

「ダイナミック・ケイパビリティ（以下，DC とする）」論研究は，近年「企業」や「組織」レベルから「DC とは何か」を問う，マクロ・レベルのものから，「DC はいかに構築されるのか」を「個」に還元して問う，ミクロ・レベルものへと転換してきた。それは，主に「企業家」や「マネジャー」の機能や役割に着目し，DC 論研究の深化を試みるものである。代表的なものとして，Piece, Boerner and Teece（2002）は，DC の源泉として「機会」を認識する経営者のケイパビリティを重要視し，Ander and Helfat（2003）は，変化に直面するマネジャーの企業家的意思決定に着目した。また，主要な意思決定者の「洞察（Zahara et al. 2006）」や，トップマネジャーの「探索」と「選択」から DC の変化のプロセスを捉えたり（Helfat et al. 2007），企業家的発見としての「機会の感知（Teece 2007, 2014）」によって，DC の生成や構築プロセスを描いてきた。そこでは，主にカーズナーの企業家論やシュムペーターの企業家論を援用しながら企業家論的な展開がなされている。

しかしながら，DC 論研究のこうした「企業家論的展開」は，DC 論の深化にほとんど貢献するものではなく，結局のところ，「DC の生成あるいは構築・刷新がいかに生じるのか」，という重要な問題については何ら明らかにすることができない。実は，カーズナー（Kirzner 1973）やシュムペーター（Schumpeter 2004 [1912]）の企業家論に登場する企業家には，認識的

あるいは知識的な制約はなんら与えられることはなく,「外生的な不均衡への適応機会」や「変化を創造する(新結合の)機会」は突如として企業家に与えられ,そもそも,そうした機会を企業家はいかに発見せしめるのか,あるいは,新たな適応的行為はどのような認識プロセスによって可能たらしめるのか,について問うことを問題にしていない。

したがって,既存のDC論研究は,シュムペーターあるいはカーズナーの企業家論を出発点に置いたところで,「DCはいかに生成,あるいは刷新されるのか」という理論的課題を深めることはできないのである。

そこで本稿は,未解決のこの理論的課題に対して,新たにHarper (1996) の企業家論からアプローチすることによって,それがいくぶん緩和されることを示してみたい。かつて,Harperは,企業家がいかにして変化に適応するのか,あるいは変化を生み出していくのかについて,企業家の認識プロセスに踏み込んで明らかにしてきた。それは,シュムペーターやカーズナーが触れてこなかった理論的空白を埋めるものであり,DC論研究を一歩進める可能性を有したものである。

尚,本稿は以下のように構成される。まず,DC論研究における今日的な動向を鳥瞰する。ここでは,今日的なDC論研究の分析の焦点がミクロ・レベルに移行し,「個」を出発点にDC構築のダイナミズムが探られていることを明確にする。次に,既存のDC論が依拠するシュムペーター,ならびに,カーズナーの企業家論の理論的性格を特徴づけるとともに,それらの企業家論では「DCの生成や構築,あるいは刷新がいかに生じるのか」という理論的課題の解消に対して不十分であることを明らかにする。その上で,Harperの企業家論がその課題解消への一助になることを示す。最後に,DC論研究の今後の方向性について,いくつかのインプリケーションを導出したい。

II. ダイナミック・ケイパビリティ論の展開の系譜

DC論の研究プログラムは,「なぜ,ある企業は,急速に変化する環境に対して,高いパフォーマンスを維持することができるのか」を明らかにす

ることにある（e.g. Teece et al. 1997；Eisenhardt and Martine 2000；Zollo and Winter 2002；Helfat et al. 2007；Teece 2007, 2014）。その嚆矢は，Teece et al.（1997）であり，彼らの研究以降，当該研究プログラムの「被説明項」に対して，大同小異ありながらも「組織ルーチン」や「組織ケイパビリティ」，「ダイナック・ケイパビリティ」などを「説明項」として提出してきた（e.g. Collice 1994；Kogut and Zander 1992；Henderson and Cockburn 1994；Eisenhardt and Martine 2000；Zollo and Winter 2002；Winter 2003）。企業の高いパフォーマンスは，企業あるいは組織レベルのケイパビリティの関数であると見なされてきたのである。

ところが，DC論研究で描かれている既存の理論フレームは，「変化を扱う」（e.g. Helfat et al. 2007）としながらも，極めて静的なものにとどまり，分析のひとつの焦点である，動的なDCの構築・刷新のプロセスそれ自体については十分に踏み込んでいない。さらに，それは，企業あるいは組織といった，集合的なレベルにおけるケイパビリティを分析の対象としていることから，その概念構成も極めて曖昧なままにとどまる。結局のところ「ケイパビリティ」の「源泉」や「それがどのように構築されるのか」などの重要な問いに対して十分に答えられていないのである（Foss and Felin 2003；Foss 2005）。そこには「個」のレベルからの組み立て，すなわち，ミクロ的な基礎が不可欠になってきたのである（Felin and Foss 2005）。

そこでDC論研究の焦点は，マクロ的な分析単位からミクロ的なそれへと転換していく。それは，主に「経営者」や「マネジャー」の企業家的な機能に着目し，DC概念の発展を試みるものである。例えば，Piece, Boerner and Teece（2002）は，DCの源泉として「機会」を認識する経営者の企業家的なケイパビリティを重要視し，Ander and Helfat（2003）は，変化に直面するマネジャーの意思決定にそれを求めた。また，主要な意思決定者の企業家的な「洞察（Zahara et al. 2006）」や，マネジャーの「探索」と「選択」にもとづき，DCの変化を捉えたり（Helfat et al. 2007），シュムペーター的企業家やカーズナー的企業家の「発見」としての「機会の感知（Teece 2007）」からDCの生成を描く理論的フレームワークの構築に取り組んでいる（Teece 2007, 2014；Helfat and Peteraf 2009）。

こうして，DC 概念は「企業家」や「マネジャー」など，「個」のレベルを重視しながら「企業の資源ベースを再構築する能力（Zahra et al. 2006）」と定義されたり，「組織が意図的に資源ベースを創造，拡大，修正する能力（Helfat et al. 2007）」，あるいは「変化する環境に対応して，企業の資源を統合したり，刷新したり再構成する，企業の継続的な振る舞い（Wang and Ahmed 2007）」と，その概念を発展させてきた。

III．シュンペーターならびにカーズナーの企業家論に立脚する DC 論の限界

ミクロ・ベースの DC 論研究のひとつの特徴は，それらがほぼ共通して，「資源ベース」を創造，変化，修正する能力として，DC を捉え，その担い手にシュンペーター的あるいはカーズナー的な「企業家」を位置づけているところにある（e.g. Teece et al. 1997；Eisenhardt and Martine 2000；Zollo and Winter 2002；Helfat et al. 2007；Teece 2007, 2014；Helfat and Peteraf 2009）。また，それらは，シュンペーターやカーズナーの企業家論を DC 論の理論的前提に組み込むことによって，DC の生成，構築，刷新が「いかに生じるのか」という未解明課題の解消を目指したものであった。

ところが，その理論的課題は，シュンペーターやカーズナーの企業家論に依拠したところで解決することはない。それら企業家論には，新たな機会の発見や変化への適応を惹起する認識プロセスについて，何ひとつ触れられていないからである。

周知のように，シュンペーター（Schumpeter 2004［1912］）は，新結合を遂行する「革新者」として，企業家を定義した。彼は，ワルラス的一般均衡理論のフレームワークにおいて，静態的な経済的循環を創造的に破壊する外生的な諸力を持ったエージェントとして企業家を位置づけている。つまり，変化の創造，すなわち，市場を不均衡にするのが，企業家の役割としたのである。彼が描いた企業家の「創造的破壊」は図1として描くことができる。

他方で，カーズナー（Kirzner 1973）にとって，市場は常に変化に晒さ

図1　シュムペーターの企業家とその役割

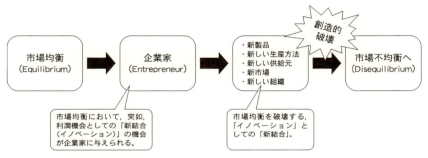

（出所）Schumpeter 2004［1912］を元に筆者作成。

れ，そこには不均衡が遍く存在する。その不均衡に根ざす利潤機会は企業家の「機敏性（alertness）」によって発見され，市場は新たに均衡方向に導かれるという。彼は，シュムペーターとは対照的に変化への適応，すなわち不均衡の発見と解消に企業家の役割を見出したのである。カーズナーの企業家は，図2のように特徴づけることができる。

いずれの企業家論も，市場経済のダイナミズムを企業家の役割を中心に描いており，その目的と理解において極めて影響力は大きい。しかしながら，一方で，シュムペーターの企業家論では，「変化を創造する（新結合の）機会」は突如として企業家に与えられ，他方でカーズナーの企業家論については，「外生的な不均衡」へ適応できる企業家の能力（機敏性）をア・プリオリに仮定していることを見逃してはならない。このことは，企業家が新しい機会をいかに発見せしめるのか，あるいは，新たな適応的行為はどのような

図2　カーズナーの企業家とその役割

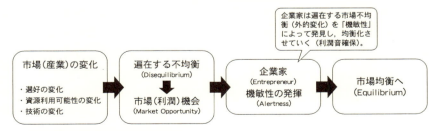

（出所）Kirzner（1973）を元に筆者作成。

認識のプロセスを経て生じるのかについては何も語っていないことを意味するのである。

したがって，DC論研究が求める，「DCの生成，構築，刷新がいかにしてもたらされるのか」における「いかにして」の解明には，これら企業家論はほとんど貢献できないのである。つまり，DC論研究は，シュムペーター，あるいはカーズナーの企業家論を出発点に置くことで「DCはいかに生成，あるいは刷新されるのか」という未解明課題の解消を目指しながらも，逆にそうすることで，そもそもの課題解決を遠ざけているのである。

それでは，DC論研究は，この問題をどのように乗り越えることができるのか。おそらく，DC論が依拠すべきは，この「いかにして」について，理解可能な認識の枠組みが企業家論に前提づけられたものでなければならない。

実は，その理論的課題に対してHarper（1996）の企業家論からアプローチすることが有効である。すなわち，DCの生成・刷新を企業家の「知識の成長」と捉えることによって，その解決の方向性が明確になる。これまでDCは，「変化」への適応や変化の「創造」をめぐって深められてきたが，この変化への「適応」や変化の「創造」のプロセスというのは，まさに既存の知識から新しい知識への成長プロセスそのものなのである。

Ⅳ. Harperの企業家論

Harper（1996）の企業家研究における問題意識の焦点は，企業家の知識にあった。すなわち，「企業家は，どのように知識体系のある部分を改良しつつ，一方で，知識体系のある一部を保持するのであろうか。企業家は，もともとの考えや戦略を変更するために，それを可能にする新しい知識体系を絶え間なく，つくりさえしているけれども，それをどのように行っているのか（p.6）」というのがそれである。

Harper（1996）は，この問題に対して，カール・ポパー（Popper 1972）が提示した，科学的知識の成長のあり方に，直接的な答えを求めた。かつてポパーは，知識の成長を叙述するにあたり，その有用性を認めるに到った知

識の成長の一般的な図式を，次のように表現している（図3を参照）。

図3　ポパーの知識成長のモデル

$$P_1 \rightarrow TT \rightarrow EE \rightarrow P_2$$

（出所）Popper (1972).

この図式で，「P」は，「問題」を表し，「TT」は「暫定的理論」を，「EE」は「誤りの排除（批判的議論を通じて）」であり，暫定的理論に適用された批判や誤りの排除が，新たな問題「P_2」を生み出すことを示している。ここで，科学的知識の成長とは，この図式の繰り返しを通じて実現されるが，その際，常に暫定的な理論に批判的に挑戦する（誤りを排除する）ことが，知識の成長の本質となる。

Harper (1996) は，企業家もまた科学者と同様に，よりよいアイデアを求めて，市場（顧客や供給者）の批判的な評価に晒されたり，あるいは，企業家自身も自らのアイデアをも批判的に吟味・検討することを見逃さなかった。彼は言う，「新しい市場問題（ならびに潜在的な利潤機会）の発見，ありうる解決策の創出（例えば，新製品や新アイデア），ひとつの，あるいはより望ましい解決策の選択，選ばれた解決策の履行，そして，問題を解決するそれら試みに対する批判的評価（p. 86）」が企業家的機能であると。つまり，企業家とはその知識を内外の批判的営みを通じて，あるいは「誤りの排除」を常に意識的に追求しながら成長させていくのである。Harperは，ポパーのアイデアになぞらえ，自らの企業家理論を「知識成長のフレームワーク」と称している（図4を参照）

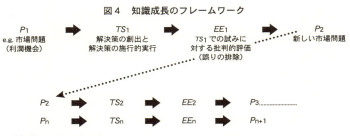

図4　知識成長のフレームワーク

（出所）Harper (1996).

この「知識成長のフレームワーク」において，「P_1」は「問題」を表し，「TS」は「暫定的解決策」を，「EE」は「誤りの排除（批判的議論を通じて）」であり，暫定的解決策に適用された「批判」や「誤りの排除」が，解決すべき新たな問題「P_2」を発生させる。企業家は，「批判」や「誤りの排除」のあくなき追求を通じて，既存の知識を刷新するとともに，常に新しい問題を発見していくことになる。「批判」や「誤りの排除」こそが，知識の成長のドライバーであり，その刷新のダイナミズムを方向づけるのである。

かくして，カーズナーが描いた「不均衡への適応的反応」であっても，シュムペーターが強調した均衡の「創造的破壊」であっても，そうした外的な行為に先駆けて論理的に不可欠なのは，「新しい問題」の発見であり，それは「批判」や「誤りの排除」によって可能になるということである。Harperは，こうした企業家機能を「批判的構想力」と呼んでいる。

以下，このHarperの企業家論から既存のDC論研究が抱える問題にアプローチしてみたい。

V. Harperの企業家論のDC論への援用

1.「DCの生成」を惹起する「批判的構想力」

DC論研究は，新たなDCの構築を通じた，「変化への適応」，あるいは「変化の創造」のプロセスを解明することに取り組んできた。そこでは，シュムペーター，あるいはカーズナーの企業家論に依拠しながら，企業家が「変化を感知」し，それへの「適応」を新たな資源ベースの創造を通じて遂げることをDCと見なしてきた。

一方で，既存のDC論研究は，シュムペーター，あるいはカーズナーの企業家論に依拠することで「DCはいかに生成，あるいは刷新されるのか」という未解明課題の解消を目指しながらも，逆にそうすることで，そもそも「いかに企業家は変化を感知するのか」，あるいは「どのような認識が新しい機会の発見をもたらすのか」という極めて重要な問題に蓋をしてしまった。DC論研究に不可欠なのは，この「どのような認識が新しい機会の発見をもたらすのか」について，理解可能な認識の枠組みが組み込まれている企業家

論である。そして，我々は今やそうした企業家論を手に入れたのである。

　すなわち，Harper（1996）の企業家論がそれであり，彼の描いた「知識成長のフレームワーク」がDC論研究を一歩進めるものである。Harperは「機会の発見」が企業家の意図的な「誤りの排除」によって導かれることを明らかにした。それは，既存のやり方に固執することなく，常に，よりよいアイデアを求める批判的営みによって実現する。硬直化を嫌い，常に刷新を目指すことになる（変化の創造）。DC論研究は，Harperの企業家論，なかでも「知識成長のフレームワーク」に基づくことよってDCの生成・刷新の論理を手に入れることになる。換言すれば，「批判的構想力」こそがDC生成の起点となり，DCのダイナミズムを方向づけるのである。

2．いくつかのインプリケーション

　ここまで「DCの生成や構築，あるいは刷新はいかに生じるのか」という理論的課題の解消には，Harper（1996）の企業家論が有効であることが示された。ここでは，いくつかのインプリケーションについて触れておきたい。

（1）DC論を「知識の成長」として深化させていく

　これまでDCは，「変化」への「適応」と「創造」をめぐって議論されてきたが，この「変化への適応」や「変化の創造」の過程とは，既存の知識から新しい知識への成長プロセスとも解釈できる。また，「知識成長のフレームワーク」を基礎に置くならば，DCは，絶え間ない「批判」によって具現化されるメカニズムを有するものとして概念的に深めることができると思われる。本稿では「知識の成長フレーム」の推進力である「批判的構想力」がDCを生成する「起点」になりえることを示してきたが，今後は，そのTSからEEのプロセス（個々人の「間主観」的なインターラクションが「批判（誤りの排除）」を軸に，いかに展開され，どのように新しい問題を生み出していくのか）を明確にしていくことで，DC生成の動態的プロセスは，より鮮明になっていくように思われる。同時にこのことは，Harperの議論を組織のコンテクストとの関係において積極的に論じることの有効性を意味しており，DC論の発展のひとつの方向性を示唆するものである。

(2) 変化への適応はDCの本質ではない

DC論研究では，資源ベースの刷新を通じた「変化」への適応がDCの本質である，と主張してきたが，「変化」がなければDCを問えないことが批判されてきた（Arend and Bromiley 2009）。しかしながら「変化」の「有無」あるいは「多寡」はDCを問う上での本質的な問題ではない。仮に安定的環境下にあっても，企業家は「誤りの排除」を試みる。それはDCの発動を常に基礎づけ，また，DCの動態性の源泉でもある。それは，決して変化ありきでなければならないのではない。不可欠なのは，「意図的」に「誤りの排除」を追求することである。

(3) DCは「開かれた組織」で実現する

「知識成長のフレームワーク」に知的基盤を与えたポパーには，常に既存の知識に対して批判的に挑戦できる，また同時に批判を受け入れることが不可欠になるとともに，人々の知的インターラクションは「開かれた」ものでなければならないというメッセージがある。Harperはこの点を極めて重視しながら，企業家機能を描いており，DCの形成にもそのメッセージは十分適用できる。

VI. おわりに

かつて，Harper（1996）は，ポパーが定式化した「知識の成長」の考え方（Popper 1972）に依拠しながら，問題を発見し，解決していく機能を企業家に見出した。彼によれば，企業家の新しい知識の生成は，既存の知識における「誤り」の排除を通じて実現する。また，新しい変化への適応や，あるいはその創造は，まさに知識の成長の帰結に他ならないのである。これは，ミクロ・ベースのDC論研究が抱える諸課題が，Harperの成果を発展的に摂取・応用することによって改善することを示唆している。

参考文献

Adner and Helfat (2003), "Corporate Effects and Dynamic Managerial Capabilities," *Strategic Management Journal*, Vo. 24, pp. 1011-26.

Ambrosini and Bowman (2009), "What are Dynamic Capabilities and are they a useful construct in Strategic Management?," *International Journal of Management Review*, Vo. 11, pp. 29-49.

Arend and Bromiley (2009), "Assessing the dynamic capabilities view: spare change, everyone?," *Strategic Organization*, Vo. 7, pp. 75-90.

Eisenhardt and Martine (2000), "Dynamic Capabilities: What are they?," *Strategic Management Journal*, Vo. 21, pp. 1105-1121.

Felin and Foss (2005), "Strategic Organization: a field in search of micro-foundations," *Strategic Organization*, Vo. 3, pp. 441-55.

Felin and Foss (2009), "Organizational routine and capabilities: Histrical drift and a course-correction toward micro-foundation," *Scandinavian Journal of Management*, Vol. 25, pp. 157-67.

Foss (2005), *Strategy, Economic Organization, and The Knowledge Economy*, Oxford Press.

Harper (1996), *Entrepreneurship and the Market Process: an Enquiry into the Growth of Knowledge*, Rutledge.

Helfat et al. (2007), *Dynamic Capabilities: Understanding Strategic Change in Organization*, Blackwell Publishing.

Helfat and Peteraf (2009), "Understanding dynamic capabilities: progress along a development path," *Strategic Organization*, Vol. 7, pp. 91-102.

Kirzner (1973), *Competition and Entrepreneurship*, Chicago, University of Chicago Press.

Popper (1972), *Objective Knowledge: An Evolutionally approach*, Oxford Press.

Pierce, Boerner and Teece (2002), "Dynamic Capabilities, Competence, and the Behavioral Theory of the Firm," in Mie and March (eds.), *The Economics of Change, Choice and Structure: Essays in the Memory of Richard M. Cyert*, Elgar.

Schumpeter, J. A. (2004 [1912]), *The Theory of Economic Development: An Inquiry into Profits Capital, Credit, Interest, and the Business Cycl*, Transaction Publishers.

Teece, Pisano and Shuen (1997), "Dynamic Capabilities and Strategic Management," *Strategic Management Journal*, Vol. 18, pp. 509-33.

Teece (2007), "Explicating dynamic capabilities: The nature and micro foundations of sustained enterprise performance," *Strategic Management Journal*, Vol. 28, pp. 1319-50.

Teece (2014), "The Foundations of Enterprise Performance: Dynamic and Ordinary Capabilities In An (Economic) Theory of Firms," *The Academy of Management Perspective*, Vol. 28, pp. 328-352.

Wang and Ahmed (2007), "Dynamic Capabilities: A review and research agenda," *International Journal of Management Reviews*, Vol. 9, pp. 31-51.

Winter (2003), "Understanding Dynamic Capabilities," *Strategic Management Journal*, Vol. 24, pp. 991-995.

Zahra et al. (2006), "Entrepreneurship and Dynamic Capabilities," *Journal of Management Studies*, Vol. 43, pp. 917-955.

Zollo and Winter (2002), "Deliberate Learning and the Evolution of Dynamic Capabilities," *Organization Science*, Vol. 13, pp. 339-351.

9 マズロー自己実現論と経営学
——金井壽宏「完全なる経営」論について——

山　下　　　剛

Ⅰ．はじめに

　経営学においてマズロー理論が語られるようになってすでに久しい。自己実現とは，経営学にとってどのような問題なのだろうか。経営学にマズローの自己実現論を取り入れるということはどういうことなのであろうか。
　この問題について考えようとするとき，どうしても避けられないのは，マズロー自身が論じた管理論についてである。マズローの論じた管理論を経営学はどう受け止めたであろうか。マズロー自身が展開した管理論として，*Eupsychian Management*（1965）がある。これは，1998年に *Maslow on Management* として復刻されており[1]，同書は金井壽宏教授による「監訳者まえがき」と「監訳者解説」が付されて『完全なる経営』として邦訳が2001年に出版された。マズローの管理論がどう受け止められたかはこの「まえがき」と「解説」に最もよく表れていると考えられる。
　以下では，経営学におけるマズロー理解の確認，*Eupsychian Management* の背景と概要の把握，金井教授による「まえがき」と「解説」における「完全なる経営」論の検討を行い，マズロー自己実現論を経営学に取り入れるとはどういうことなのかを考えていく。

Ⅱ．経営学におけるマズロー理解と『完全なる経営』

1．経営学におけるマズロー理論の位置づけ
　経営学におけるマズローの理解は，モチベーション論としての理解の進

展であった。モチベーション論とは「人間行動の方向づけ，強度，持続性の説明，コントロール」を目的とするものである（e.g. Locke and Latham 2004）。この観点から理解されるとき，マズロー欲求階層説は二つの方向性において評価されることとなった。第一は肯定的な評価であって，1960年代，D. マグレガーのX理論－Y理論の登場によって，とりわけ人的資源論が台頭してくる中で高次欲求が大きく注目されることとなった。第二はある意味でマズローを越えようとの動きであり，その代表は，実証研究を行いマズロー欲求階層説に対する自説の妥当性の高さを示したC. P. アルダファーのERG理論（Existence, relatedness and growth theory）である。これ以降多くの実証研究がなされ，欲求階層説は実証されないということが定説となっていく。[2]

日本の経営学においても，マズローは多くの研究者によってとり上げられてきた。モチベーション管理の理論を早い段階から研究されている二村敏子教授は，それを下表の3つのアプローチとして整理されている（表1）。テイラーらの「伝統的アプローチ」，人間関係論による「人間関係アプローチ」，マグレガー・アージリス・ハーズバーグらの「人間資源アプローチ」という把握である。そして，これが，マズローの欲求階層説あるいは，アルダファーのERG理論に対応していて興味深いとされている（二村 1982）。

表1　3つのアプローチの人間モデル

伝統的アプローチ	人間関係アプローチ	人間資源アプローチ	
経済的人間	社会的人間	自尊人	自己実現人

（出所）二村（1982），249頁。

経営学におけるマズロー欲求階層説の位置づけは長い間，これらの位置づけを大きく超えることはなかったと言っていいであろう。[3]

2．『完全なる経営』とマズロー理論

さて，近年，マズローの研究は再び活発なものとなりつつある。その一つの契機は，2001年の金井壽宏監訳『完全なる経営』の出版であろう。

金井教授が *Maslow on Management* に「完全なる経営」と名づけた理由として，「監訳者まえがき」では次の２点を挙げている。第一に，マズローの著書, *Toward A Psychology of Being* の邦訳書が『完全なる人間』（上田吉一訳）とうまく名付けられており，それにあやかったのであり，第二に，自己実現やＢ価値や精神的健康に充ちた人間，およびシナジーや全体論・有機体論に裏付けられた思考に充ちた社会・経営が実現しうる理想郷に対してマズローが希求した完全さを表すためである（金井 2001，7 頁）。

　では，その「完全なる経営」としてのマズロー管理論はどう位置づけられ，把握されているだろうか。「監訳者解説」では次のように述べられている。

　「かつての人間関係論は，マズローの欲求階層説の観点からいえば，安全への欲求や所属のレベルにとどまる，職場の集団や会社にやや依存的な人間モデルに基づいていた。これに対して，マズロー，マグレガー，リッカートは，自尊心や自己実現の欲求まで見通して，組織に依存しきらない，（マズローの言葉を使えば）精神的に健康な自律的な人間モデルに基づく新たなマネジメント論を目指した」（金井 2001，417 頁）。

　金井教授は，この「完全なる経営」とは何かを考えていくためには，自己実現の概念が正しく理解されていなければならないとする。すなわち，ピラミッド型の「教科書的な」欲求階層説の図は大きくは間違っていないが，重要なポイントが強調されていないとする。それは，承認・自尊心の欲求に至るまでの欲求と自己実現の違いである。前者が足らないものを満たす欠乏欲求（Ｄ欲求）なのに対し，後者は一人ひとりの人間のかけがえのない存在そのものにかかわる欲求（Ｂ欲求）である。自己実現への欲求は弱い本能に基づくため，その充足にはいい社会やユーサイキアン・マネジメントがいる。

　ここに至って，金井教授は，「自己実現とはモティベーションの問題ではない」という重要な指摘をする。すなわちモティベーションとは，自分たちに欠けている基本的な欲求を満足させるために努力することを指す，非自己実現者の世界でのみ成り立つ概念であり，承認までの欲求には成り立つが自己実現者には成り立たない。自己実現は，自分の存在価値を示していくことによって長期的に探し続けるものであるとするのである（金井 2001，423

頁)。

　以上を踏まえつつ，金井教授は，「自己実現に『これだ』という正解はない」とし，その代わりに，現実に自己実現していると思われる人々を例示する。

　マズローが一貫してモチベーション論と解されてきた経営学において，金井教授の指摘はきわめて画期的なものである。ただし，マズロー自己実現論の本質に迫るためには，さらに一歩踏み込んだ理解が必要であるように思われる。そして，その観点から見たとき，マズローの論じた経営は，「完全なる経営」呼んでよいものであろうか。

Ⅲ．「ユーサイキアン・マネジメント」と経営学

1．「ユーサイキアン・マネジメント」の背景──自己実現と現代社会──

　マズローはEupsychiaという語の含意について次のように説明する。「それは，未来の確実性，予言，不可避性，必然的な成り行き，完全性，自信過剰の予測，こうしたものよりもただ現実的な可能性と改善可能性のみを含意」し，「心理的健康に向けた動き」や「健康志向」を表し，治療，教育あるいは仕事の遠大なる目標と捉えることもできる（Maslow 1965, p. xi）[4]。

　このEupsychiaの含意を見るとき，それは，モチベーション管理の理論の中に位置づけられるマズロー理論，欲求階層説とはだいぶ隔たりがあるように見える。そもそもマズローの鍵概念である自己実現とは何であろうか。

　マズローが自己実現を追い続けた背景には，その現代社会に対する認識がある。とりわけ，マズローは，一つには，E.フロムの理論から欲求階層説を導き出したのではないかと考えられる[5]。なぜなら，フロムの人間把握とマズローの人間把握はきわめて類似しているからである（山下 2015）。

　フロム『自由からの逃走』（1941年）の概略は次のように言える（Fromm 1994）。まず，人間の本性の欠くことのできない部分として自己保存の欲求があり，それには「生理的に条件づけられた欲求」と「所属の欲求」がある。

　後者は，資本主義社会において顕著に現れてくる。すなわち，中世までの

共同体的な社会では，人間は原始的な結びつきに埋め込まれており，所属の欲求は問題とならなかった。しかし資本主義社会の発展によって，人間はそうした原始的な結びつきから抜け出し個人化（individualization）が進展していくことになる。個人化は，原始的な結びつきから解放するという意味で人間に自由をもたらすが，その一方で「孤独の増大」をももたらす。また，資本主義社会における市場や大企業の力は，個人に利己主義をもたらし，自己を弱体化させる。その結果，人間は権威主義・破壊性・自動人形的従順に，すなわち，全体主義に流れていく。「自由からの逃走」である。

　これに対して，積極的自由をはかる道が提案される[6]。すなわち，「自己の力の伸長（the growth of self-strength）」であり，「自己の実現（self-realization）」である。そして，フロムは，ここに人間の健康を見た。

　フロムの指摘における「所属の欲求」の顕在化，その結果生じる権威主義や自動人形的服従は，現代が組織社会であることを暗示している。組織社会という場合に，フロムは論じていないが，触れなければならないのは官僚制の問題である。資本主義社会において，各組織は機能性の追求が求められることになるが，これは官僚制化の進展をもたらすからである。

　官僚制はきわめて機能的であり，同時に，そうであるがゆえに抑圧的でもある。この官僚制における抑圧性の問題とは自由の問題であり（三戸 1982），意思決定力の健全性の問題である。抑圧性の問題の根本には，「随伴的結果」の問題がある。抑圧性を克服するということは，組織における目的的結果を実現しながら，自然・社会環境の破壊を招かない，したがって，関連する諸他の人々の基本的欲求を阻害しない，この意味で随伴的結果に配慮した意思決定がなされていくことを必要とするからである[7]。

　以上の論点を踏まえたとき，マズロー自己実現論の意味が見えてくる。『自由からの逃走』におけるフロムの自己保存の欲求・自己の実現の概念は，マズローの欲求階層説における5つの基本的欲求と見事に符合する。フロムが自己の実現に健康を見たように，マズローにおいても，自己実現とは心理的健康に他ならない。周知のとおり，マズロー『人間性の心理学』（1954年）第12章は「自己実現的人間：心理的健康の研究」である[8]。

　自己実現の欲求についてマズローは，「人は，そうでありうるものであら

ねばならない。人は，その人自身の本性に忠実であらねばらない（What a man can be, he must be. He must be true to his own nature.）」と述べている（Maslow 1970, p. 46）。「そうで在りうるもので在る」ということが自己実現であり，人間の存在に根ざしたものとしてあるということである。この状態にあるとき，人間は，囚われのない認識である存在認識，そうした認識から得られる存在価値に立つことが可能となり，このために，統合的な意思決定を行うことが可能となる。それは，言い換えると，個人にとっても社会にとってもよい意思決定をなす力を身につけている状態である。これが，自己実現が心理的に「健康」と位置づけられる所以である[9]。

資本主義社会・組織社会，個人化・孤立化が進展した現代社会において，フロムの自己保存の欲求は，まさにマズローの言う基本的な欲求＝必要物（basic need）となって表れてくる。逆に言うと，個的であると同時に社会的存在であり，身体的であると同時に精神的存在である人間は[10]，現代社会において，こうした基本的な必要物に囚われねばならない存在なのであり，そうであるがゆえに，それらの充足に囚われたときに失われる自己実現＝心理的健康をどう実現するかが問われねばならないのである。

さらに，官僚制化が進展する現代社会において，個々の組織体が，その目的的結果とともに，諸他の人間がもつ基本的な必要物の充足を妨げぬよう，負の随伴的結果を視野に入れた管理を行うには，その基礎に，組織メンバーの心理的健康が不可欠となる。マズローは，自己実現的人間は「状況の客観的要件に応答するものとしての責任」を有すると語る（Maslow 1965, p. 10）。

以上見てきたように，マズローがユーサイキアン・マネジメントを展開した背景として，現代社会の理解を踏まえた人間の本性・人間存在の全体的把握があり，また，諸個人の心理的健康としての自己実現が現代社会においていかに重要かということの認識があると言える。

さらに付言しておくと，このような認識に立ったとき，マズローは，心理学・科学のあり方についても問うことになった。なぜなら，実証研究によって科学的客観性（scientific objectivity）を追い求め，そこから得られる抽象的・傍観者的知識で人間行動をコントロールするという発想では，人間の

全体像および自己実現＝心理的健康を把握できないと考えたからである。彼は，「科学概念の拡張」を唱え（Maslow 1964, 1966），科学に価値を含めるべきこと，科学的客観性に欠けるとしてもその代わりに配慮から生まれる客観性（caring objectivity）を備える経験的知識の重要性を説いた[11]。

Eupsychian Management は以上のことを背景にもって展開されている。マズローは自らが経営学について「初心者（novice）」であることを自認しながらも，現代社会におけるこの領域の重要性を見通し，自らが培ってきた心理学の観点から何らかの示唆を与えられると考えたのである。簡潔に述べれば，経営の目標に心理的健康を掲げ，諸個人の心理的健康を実現すべく所属や承認の欲求を満たし責任ある仕事を与えること，その結果として，上司・部下，従業員・顧客を問わず心理的に健康であることがシナジー（二分法の超越）の発想や全体論的思考を生み，かくして，いい社会の構築が可能となる，というのが *Eupsychian Management* の論旨である。

2．マズロー「ユーサイキアン・マネジメント」の位置づけ

以上のようにマズロー理論の背景も含めてユーサイキアン・マネジメントを把握する場合，それをモチベーション論としてマグレガーらと同列に位置づけることはできない。

マズロー自己実現論とそこに立つ彼の管理論は，不十分な面があるものの，部分＝科学とともに全体を統合的に把握しようとし，機能性とともに人間性を視野に入れた管理論を展開しているという意味において，フォレット・バーナードらと同様，本流（三戸 2002）に位置づけられると思われる。

機能性と人間性の両者を実現する結節点としてマズローが考えたものが諸個人の心理的健康であった。この観点は経営学から見てもきわめて重要である。心理的健康を実現するとは，諸個人がすぐれた意思決定力を身につけるということだからである[12]。C. I. バーナードや H. A. サイモンが明らかにしたとおり，組織は，活動や諸力の体系であり，個人による意思決定の連鎖である。こう考えると，組織と個人をめぐる諸問題，すなわち，組織の機能性の実現，負の随伴的結果への配慮，諸個人の自由，これらの問題はすべて最終的には，組織内外の諸個人の意思決定によって積み上げられ実現されること

になる。したがって、マズローが洞察したように、根本的には、諸個人の心理的健康、意思決定の健全さの実現にすべてかかっているのである。

　もちろん、意思決定の問題は、バーナード、サイモン以来、経営学における中核的な問題であり続けている。ただし、その中で、経営学は、サイモンの言う事実前提の重視に傾斜した理論を展開してきた。しかも、その事実は、実証の可能な、この意味において客観的な事実を取り扱うものであり、人々をコントロールするという発想について特に問題視することなく議論が展開されてきた。これに対して、マズローは、人間行動のコントロールという発想を批判して、価値・事実の両面からアプローチし、かつ、事実についても経験の重要性を踏まえている。マズローはそれを、現代社会の理解を背景にした人間存在の全体的把握をもって行ったのである。

Ⅳ．「ユーサイキアン・マネジメント」と「完全なる経営」

　マズローが論じた経営を「完全なる経営」と呼ぶことははたして適当であるだろうか。結論から言うと、そう呼ぶことは可能であるが、次の2つの意味で、適当でないと考えられる。第一に、金井教授の規定する「完全なる経営」は、マズローの「ユーサイキアン・マネジメント」とは若干内容が異なると言える。第二に、マズロー自己実現論を踏まえたとき、その管理論に「完全なる」と冠することは、その本質を見失わせる危険性があると考えられる。

　第一の点から見ていく。金井教授による「完全なる経営」論の中身は、簡潔に言えば、D欲求とは根本的に異なるB欲求を有する、この意味で、精神的に健康で自律的な人間モデルに立った管理論だと言える。しかし、マズローのユーサイキアン・マネジメントは、「高次欲求」を強調するものの、そこで言う高次欲求とは、必ずしもB欲求のみを指すわけではない。つまり、そこには、D欲求たる所属や承認の欲求も含まれており、それらを充足する重要性についてもマズローは指摘しているのである。

　このような相違性の根本には、マズロー理論の本質の理解が関わっていると思われる。精神的健康という表現を用いたこと、また、自己実現はモチ

ベーションの問題ではないとした指摘は、まったく画期的なものである。しかし、そこには、それでは自己実現とは何であるか、精神的健康とは何であるか、また、D欲求についてどう考えるかという問題が出てくる。

　金井教授は「自己実現に『これだ』という正解はない」とされる。これも事実であり、それぞれが自由に発想できるという意味で魅力的な考え方である。しかしそれにもかかわらず、マズローにとっては、正解があったと言わねばならない。なぜなら、彼にとって自己実現は個人的な概念ではなかったからである。彼は、現代社会、そこに生起する諸問題を背景に自己実現を語ったのであり、個人的観点を含みながらも、社会的問題を解決する鍵概念として自己実現を論じた。すなわち、自己実現とは、社会・個人にとって統合的な意思決定をなす力、心理的健康であるという視点が重要となる。

　自己実現をこのような観点から考える場合、次には、それをいかに「育てる」かが問題となってくる。この意味も含めて、自己実現は実のところD欲求の充足に支えられている側面をもつ。欲求階層説は、個的であると同時に社会的であり、身体的であると同時に精神的な存在である人間をトータルに把握したものである。低次の欲求を満たさなければ高次の欲求は発現しないとしたマズローは、自己実現＝心理的健康の実現には、人間関係や身体的な健康も含めたトータルな健康が背景に必要だという認識をもっていたと言える。ユーサイキアン・マネジメントは、B欲求だけを見ていては成り立たない。

　自己実現が心理的健康、意思決定の能力の問題であるという理解は、先述の第二の点、マズロー管理論に「完全なる」と冠することの是非について考える際、重要となる。

　その前に、まず、『完全なる人間』にあやかって「完全なる経営」と呼ぶのは誤解を与えることになろう。マズローが「完全なる人間性（full humanness）」（Maslow 1968, pp. vi–vii, etc.）について語ることができた理由は、彼が人間の「心理」について、フロイトなども踏まえてその不健康な状態について十分に知った上で、理想状態、心理的健康について徹底的に追究してきたからである。しかし、これに対して「経営」の研究については本人が認めているとおり「初心者」であることは否めない。少なくとも、経営

における現実的な困難がどこにあるかを踏まえた議論の展開ではない。

また，マズローの自己実現とは意思決定力の問題であること，および経営とは何かを考えるときにも，それを「完全」と呼ぶことは憚られる。現代社会において，あらゆる組織を管理する上で考慮に入れなければならないのは，組織体が引き起こす随伴的結果の問題である。このことはつねに「想定外」の出来事を念頭におかねばならないことを意味する。*Eupsychian Management* における実存心理学（existential psychology）についての記述からは，存在認識についてのマズローの考えを窺い知ることができる。

「私が実存心理学から学んできたことの一つは，人生の基本的かつ重大な問題の多くは解決することができないということである。そうした問題は，理解し，納得し，理由をつけることは難しい。ただ，そうした問題が存在する，というだけである」(Maslow, 1965, p. 194)。

ここでは，存在認識に立つときには，「完全」は想定できないことがわかる。「完全」と考えた時点で思考は停まってしまう。すなわち，真の意味での心理的健康とは，「完全」を仮定せず，人間には解決できない問題が存在し，それがつねに生起しうるということを考慮にいれることである。先述のように，マズローは，Eupsychia という語に「完全」という意味を込めていない。単に，「可能性」が含意されるのみだと指摘している。諸個人の心理的な健康を実現すること，そして，そうした人々による組織を論じようとしたマズローは，自らの管理論を「完全」と呼ぶことはできなかったであろう。

V．おわりに

マズロー自己実現論を経営学に取り入れるということは，個人の，モチベーションの問題としてよりも，社会と個人にとってよい，健全な意思決定を行っていく能力の問題として取り上げ，生かすということである。

マズローが自己実現論を展開することによって見据えていたものは，個々人の心理もさることながら，現代社会に生起する諸問題にどう対処するのかということであった。組織社会である現代においては，官僚制化した巨大な

組織体による負の随伴的結果の問題に対処していく必要がある。組織とは諸個人の意思決定の連鎖であり，組織メンバー諸個人がどのような意思決定をするかが決定的に重要である。しかし，組織社会を現出させた資本主義社会は，一方において，人間の個人化・孤立化をもたらしたのであり，そのことによって，人間の認識とその結果としての意思決定は基本的欲求＝基本的必要物に囚われざるをえなくなった。ここに，諸個人の自己実現＝心理的健康の実現の必要性が生じるのである。

　このような観点から考えるとき，マズロー管理論を「完全なる経営」と呼ぶのは不適当ではないだろうか。目的的結果に対して随伴的結果は必ず生起するのであり，それらをいつでも完全に想定することはできないがゆえに，何らかの経営・管理を「完全」と呼ぶことは危険である。そして，マズローの管理論それ自身にも完全とは言えない面があることは忘れてはならない。

　最後に，本稿では，マズローに立った心理的健康概念，資本主義社会・組織社会としての現代社会把握に基づいて議論を展開したが，いずれもいまだ十分な把握とは言えない。今後の課題としたい。

注
1）ただし，両者はまったく同じではない。*Maslow on Management* では，*Eupsychian Management* にはあった実存心理学に関する二つの稿が省かれ，eupsychian という言葉が非常に多くの箇所で enlightened という言葉に置き換えられている。
2）以上のマズロー理論とマグレガー理論の根本的な相違性，アルダファー ERG 理論がマズロー欲求階層説を超えるものであるかについては別稿にて論じた。紙幅の都合上，言及を避ける。
3）マズロー理論の経営学における評価の推移については別稿でもう少し詳細に整理している。なお，マズロー理論についてのかなり厳密な研究には，三島（2015）がある。
4）以下，訳書のある文献については訳書も参照している。訳は必ずしも訳書に依らない。また，訳文の傍点箇所は，原文のイタリック表記。
5）ホフマンは，マズローが影響を受けた人物の一人としてフロムを挙げる（Hoffman 1988, pp. 99-102）。
6）なお，バーリンはむしろ消極的自由の重要性について語っている（Berlin 1969）。ただし，フロムの言う積極的自由・消極的自由とバーリンのそれは同じではない。また，バーリンは，フロムの自由論に反対意見を述べており，フロムが自由と活動を同一視するのに対して，自身は，自由とは行動それ自身ではなく行動の機会にあるとする。両者は共に全体主義を問題視しているが，フロムが議論の焦点に「健康」を据えているのに対して，バーリンの焦点はそこにはない。この点が両者の自由観の差異を生んでいる。
7）この点の詳細は，山下（2016）を参照。
8）なお，ここで言う「健康」とは，近年語られるようになってきた「健康経営」における健康と

は意味が異なる。健康と言う場合,「病気でない」ということを指す場合と,より積極的に「健全である」ということを指す場合がありうる。「健康経営」は基本的に前者を志向している（例えば,岡田 2015, 11 頁参照）。マズローは,「健康とは,単に病気でないということではないし,病気の反対語でさえない」と述べ（Maslow 1970, p. 33）,健全で強い人間のもつ能力を問題にするものだと述べている。

9）紙幅の都合上すべては挙げられないが,より具体的には,例えば,自己・他者・自然の受容,自然性,問題中心的,自律性,認識の新鮮さの持続,等となる（e.g. Maslow 1970, pp. 149-180）。

10）なお,バーナードは,「協働に加わる人々の動機は,それが少なくとも社会的,生理的に条件づけられているという意味で,たいていの場合,生理的,社会的動機の複合体であるといえる」としている（Barnard 1938, p. 20, 翻訳書, 21-22 頁）。

11）このマズローの拡張された科学概念には,一般には「哲学」と呼ばれるものも含まれている。そこには,そうしたものまで含めて「科学」と一括りにしてよいかという問題が残る。

12）この点のより具体的な内容は,注 9 を参照。

13）もちろん,マズローは「欲求充足から生じる病理」について言及しており,低次欲求の充足がどんな場合でも自己実現に導くということではない。

参考文献

Barnard, C. I. (1938), *The Functions of the Executive*, Harvard University Press.（山本安次郎・田杉競・飯野春樹訳『[新訳] 経営者の役割』ダイヤモンド社,1968 年。）

Berlin, I. (1969), *Four Essays on Liberty*, Oxford University Press.（小川晃一・小池銈・福田歓一・生松敬三訳『自由論』みすず書房,1971 年。）

Fromm, E. (1994), *Escape From Freedom*, Henry Holt and Company, Originally published in 1941 by Holt, Rinehart and Winston.（日高六郎訳『自由からの逃走』東京創元社,1965 年。）

Hoffman, E. (1988), *The Right to be Human*, St. Martin's Press.（上田吉一訳『真実の人間』誠信書房,1995 年。）

Locke, E. A. and Latham, G. P. (2004), "What Should We Do about Motivation Theory? Six Recommendations for The Twenty-First Century," *Academy of Management Review*, Vol. 29, No. 3, pp. 388-403.

Maslow, A. H. (1964), *Religions, Values and Peak-Experiences*, Ohio State University Press.（佐藤三郎・佐藤全弘訳『創造的人間』誠信書房,1972 年。）

Maslow, A. H. (1965), *Eupsychian Management*, Irwin.（原年廣訳『自己実現の経営』産業能率大学出版会,1967 年。）

Maslow, A. H. (1966), *The Psychology of Science――A Reconnaissance*, Harper & Row.（早坂泰次郎訳『可能性の心理学』川島書店,1971 年。）

Maslow, A. H. (1968), *Toward a Psychology of Being*, 2nd ed., VanNostrand Reinhold Company.（上田吉一訳『完全なる人間（第 2 版）』誠信書房,1998 年。）

Maslow, A. H. (1970), *Motivation and Personality*, 2nd ed., Harper & Row.（小口忠彦監訳『[改訂新版] 人間性の心理学』産能大学出版部,1987 年。）

Maslow, A. H. (1998), *Maslow on Management*, John Wiley & Sons.（金井壽宏監訳・大川修二訳『完全なる経営』日本経済新聞社,2001 年。）

岡田邦夫 (2015),『「健康経営」推進ガイドブック』経団連出版。

金井壽宏 (2001),「監訳者まえがき」「『完全なる経営』監訳者解説」A・H・マズロー著／金井壽宏監訳／大川修二訳『完全なる経営』日本経済新聞社。

二村敏子（1982），「人間資源アプローチと職務充実」二村敏子編『組織の中の人間行動』有斐閣。
三島斉紀編（2015），『マズロー理論研究序説』まほろば書房。
三戸公（1982），『財産の終焉』文眞堂。
三戸公（1994），『随伴的結果』文眞堂。
三戸公（2002），『管理とは何か』文眞堂。
山下剛（2015），「マズロー自己実現論の経営学における意味——フロムの自由論の視点から」『商経論集（北九州市立大学）』第50巻第1・2・3・4合併号，171-197頁。
山下剛（2016），「マズロー自己実現論と官僚制問題」『商経論集（北九州市立大学）』第51巻第1・2・3・4合併号，85-108頁。

10 人的資源管理論における人間的側面考察の必要性について

高橋哲也

I. はじめに

　人的資源という概念は米国で1960年代に登場する[1]。そして1970年代から人的資源管理の研究が積極的に展開され，この時期のテキストにおいて人事労務管理論（Personnel Management：PM）から人的資源管理論（Human Resource Management：HRM）への変化が散見されるようになった[2]。続いて象徴的な二つの出来事が起きた。1981年に，ハーバード・ビジネス・スクールにおいて人的資源管理論の科目が開講され，1989年に，米国人事管理協会（American society for personnel management）から人的資源協会（Society for human resource management）に名称が変更されたのである[3]。その後，1990年代以降，経営戦略に傾斜した戦略的人的資源管理（Strategic Human Resource Management：SHRM）も展開されていくことになる。本稿では，ひとまずHRMを競争優位性の獲得のために労働能力向上を目指す諸施策を含む労働者の管理と定義したい。

　翻って近年の日本国内の学会報告や論考を俯瞰するとHRM研究の多くは人的資源施策とその成果との関連性を問うものが多い。そしてその多くがSHRMを基盤にした研究である[4]。そのSHRMが依拠するのは資源ベース（Resource Based View：RBV）理論である。そのRBV理論において，労働者は生産要素としての資源，または競争優位の源泉として認識され，議論は資源の開発や有効活用へと焦点が絞られている[5]。またバブル崩壊後の日本型マネジメント見直しの中で，実業界では人材ポートフォリオと成果主義処遇の考え方が浸透し，短期的な業績の追求と人材の育成から調達という方

針変更があったと考える。これらの結果として二つの課題が生じていると筆者は考える。一つにPMからHRMへ，そしてSHRMへと移行する中で人間的側面を扱う理論研究が減少した。もう一つに人間尊重の働き方という規範的な理念が減少した。本稿ではそのような資源ベース理論を下敷きにしたSHRMでは捨象される傾向にある人間的側面についての考察の必要性を説く。

　手続きとして英国での伝統的な人事管理とHRMの異同についての研究を参考する。具体的には諸研究にある「ソフト－ハード」という分類軸を確認し，HRMの特徴を浮かび上がらせる。次に人的資源（Human Resource：HR）認識から発生する「資源」概念に含まれる問題点を明らかにする。さらに日本における労働者管理の対象論争を参考にしながらSHRMではないもう一つの方向性を見いだす。最後にHRMにおける人間的側面の取り扱いと今後の課題について考察をする。

Ⅱ．HRMの「ソフト－ハード」モデル

　本稿ではまずPMとHRMとの異同についての考察から始めたい。アカデミズムではHRMという呼称が定着しつつある一方で，PMとHRMは何が異なるのかという多くの議論が行われてきた。このような名称変更は管理主体，管理対象，管理機能，管理目的などの違いから生まれ，その傾向を自ら強化していると考える。ここではGuest（1987, 1989），Storey（1992），Armstrong（2006）を参考にしながら，代表的なものとしてGuest（1987, 1989）の説明を詳しくみていく。

　Guest（1987）によるとPMとHRMにはステレオタイプがあるとされる（表1）。「心理的契約」とは，紙面上の契約ではなく，心的な部分での契約を意味する。Guestの考えるHRMでは，従業員は単にルールを守るのだけに止まるのではなく，自発的にコミットすることが求められる。さらに，「統制システム」では，従業員が上司に統制されるのではなく，自立した個人として自己統制を行うことが求められている。ここではHRMの概要的な特徴をステレオタイプとして把握されている。その中でも心理的契約におけ

るコミットメントの強調と統制システムにおける自己統制という記述に注目したい。PM が外部統制, つまり管理主体は企業の管理者であるのに対して, HRM では管理主体は管理対象であった労働者自身になっている点が大きな変更点である。PM では規則遵守という職務記述書に代表されるルールに従うことが求められるのに対し, HRM では規則はありつつ組織や職務にコミットすることから得られる成果を重視する。

さらに Guest (1989) によれば, PM と明確に異なる HRM 概念が提示されている (図1)。HRM 概念は「ソフト―ハード」と「ルース―タイト」の二軸で把握され, その分類の意図は次の通りである。HRM において人間的側面 (ソフト) を取り扱う理論と経営的側面 (ハード) を取り扱う理論があり, どちらを強調するかによってその理論に含まれる価値観や期待される結果が異なる。また経営戦略と人事部門による管理の統合度合いを示したものがルース―タイトという軸である。ルースとは戦略との統合の度合いが人事部門にとどまっているものを示し, タイトとは戦略との統合の度合いが経営全体に及ぶことを示している (Guest 1989, pp. 48-51)。本稿で注目するのは前者のソフト―ハードに関する議論の部分である。

表1　PM と HRM のステレオタイプ

	PM	HRM
期間・計画の視点	短期 受動的 その場限り (ad hoc) 限界的 (marginal)	長期的 能動的 戦略的 統合的
心理的契約	規則遵守	コミットメント
統制システム	外部統制	自己統制
従業関係の視点	多元主義 (pluralist) 集団的 低い信頼性	単元主義 (unitarist) 個人的 高い信頼性
構造/制度	官僚的/機械的 集権的, 公式的に定められた役割	有機的 成熟した, 柔軟な役割
役割	専門家/専門職	広くライン管理者に統合
評価基準	コスト最小化	活用最大化 (人的資産会計)

(出所) Guest (1987), p. 507.

Guestはこの二軸により概念の整理を行い，HRMを三つのアプローチに収斂させている。第一は「人事部門の改名」アプローチである。戦略統合の度合いは人事部門レベルであり，その結果としてPMからHRMへの名称変更程度のものと指摘される。第二は「戦略的人的資源管理」アプローチである。これは人事部門の役割を再設計し，HRMを経営戦略に組み込むという経営的側面に傾斜したアプローチである[8]。第三は「人的資源管理論」アプローチである[9]。このアプローチは人間的側面と経営的側面に配慮しつつ，より経営戦略との統合を行うことを目的とする。「人的資源管理論」アプローチには明確な目標（policy goal）が提示されている（Guest 1989, p. 49）。その目標とは「戦略的統合」「コミットメント」「柔軟性」「質」の確保である。それぞれのアプローチは第一をPM，第二をSHRM，第三をHRMと把握できる。そして第三アプローチはPMと経営戦略が発展的に統合された理想的なアプローチとして記述されている。以上からPMからHRMへの変化を把握する上での要点を管理主体，管理対象，管理機能の変更として把握できる。管理主体での変更は①人事部門の役割の変化，②ライン管理者のHRMへの統合，である。次に管理対象での変更は③コストではなく教育・開発される存在としての労働者観，④コミットメントと自己統制である。最後に管理機能としての変更は⑤HRMの戦略的統合，⑥柔軟性のある組織構造，である。ここで注目したいのは管理対象に関する項目のコミットメ

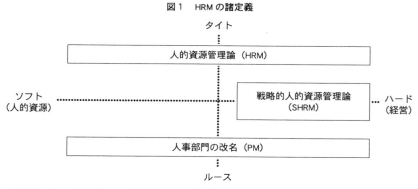

図1　HRMの諸定義

（出所）Guest (1989), p. 48. 括弧内の英略字は筆者記入。

ントと自己統制についてである。PMにおける管理主体は企業（外部統制）であるのに対して，HRMでは管理主体は管理対象であった労働者自身（内部統制）である。その一方で企業の管理はHRの活用を目的とする。その際にHRとしての労働者自身が意思をもって自己統制しなければならない。この点がPMとHRMを大きく分ける点である。

Ⅲ．人的資源概念に含まれる問題の克服

　岩出（2014）による「ソフト－ハード」モデルの特質を見てみるとソフトHRMでは人間性を重視し，ハードHRMでは資源性を重視すると説明する（表2）。またPrice（2004）は古典的理論の影響としてハードHRMへは科学的管理法があり，ソフトHRMへは人間関係論があると指摘する。さらにその後の影響要因にハードHRMへは戦略的経営，ソフトHRMへは「日本の経営（Japanese Management）」があったと説明する（表3）。そして日本の経営の影響でコミットメントに注目が集まったと指摘する。前章でPMとHRMの差異を管理対象としての労働者が管理主体として自己統制するという点に求めた。自己統制する労働者を企業が管理する二重の管理のことである。そのためには労働能力を発揮する労働意思の問題が大きく取り上げな

表2　HRMの「ソフト－ハード」モデルの特質

	ソフトHRM	ハードHRM
組織論的特徴	従業員コミットメントの獲得 組織の人間面 人間指向	HRMの戦略的適合 組織の構造面 生産指向
代表モデル	ハーバード・モデル ベストプラクティス・アプローチ	ミシガン・モデル コンティンジェンシー・アプローチ
労働者観	人間（human） Y理論（自己実現人モデル）	資源（resource） X理論（経済人モデル）
管理統制	従業員による自己統制（内部統制）	管理者による外部統制
理論的基礎	人間関係論 行動科学 ミクロ組織論	経営戦略論 システム理論 マクロ組織論

（出所）岩出（2014），163頁を参照し若干改変。

表3 「ソフト－ハード」HRMへの影響

ハードHRM への影響	科学的管理法	職務に最適の人の選抜，時間と動作，努力の方向，最少の人員，業績に基づく支払い，反労組的風土
	戦略的経営	長期的思考，ミッションと目的，価値，計画された活動，資源管理，先行的・焦点化された方向付け
ソフトHRM への影響	人間関係論	人々への配慮，相談的管理，作業環境，チームワーク，賃金以外の動機づけ，非公式組織，集団現象，同僚の圧力
	日本の経営	コミットメント，能力開発，組織文化，品質，ジャストインタイム，中核－周辺（柔軟性），継続的発展

（出所）Price（2004），p.4より作表。

ければならない。HRMを人間の管理と捉えるか，資源の管理と捉えるか，ここに大きな分岐点がある。労働能力の管理に止まるならばそれは資源の管理であり，労働意思の管理にまで踏みこみ議論するならば人間の管理となりうる。では資源の管理に止まった際のHR概念の資源性から発生する問題についてみてみたい。

　澤野（2001）はHRMついて「『資源』が単位となっており，これに人的という形容詞が付属している。管理の対象はヒトではなく資源であり，話の筋はヒトの能力・個性などが資源という無機質なものに置き換えられて管理の対象になっていると考えることが出来る」（澤野 2001，10頁）と指摘する。また庭本（2012）は「ヒトをまず知識・スキルなどを具備した『人的資源』や『人的資産』と把握することは，従業員を企業のモノ（所有物ないし所属物）と捉えるのと軌を一にし，人間の固有価値からの把握とは言い難い」（庭本 2012，28頁）と述べ，さらに全人格的存在を扱えていないHRという人間観それ自体が問題だと指摘する。つまり管理対象を知識・スキル・能力に限定する次元と労働意思による能力発揮を含む次元は別物との指摘である。資源ベースによる発想から生ずる全人格的存在の無視という指摘は確かに看過することは出来ない。それではどのように資源という視点を乗り越え，HRMを人間の管理として取り扱うことが可能であろうか。

　三戸（2004）は「HRMの論者は誰もが行動科学については大きく論じ関説しているが，ドラッカーを誰も積極的に取り上げていない。何故であろうか。行動科学は，人間の欲求・動機・意欲と行動と組織とその成果につ

いて科学的な研究をしているが，人的資源とは何かについて言及しているものを私は見ていない」（三戸 2004, 29 頁）と指摘する[14]。ではその Drucker (1954) はどのように HR について説明しているのだろうか。Drucker は，まず HR の特殊性を指摘し，物的資源との差異の根拠を「人だけが，一方的に使うことのできない資源だからである。人と人との間には，人と他の資源との間とは異なり，双方向の関係が生ずる」（Drucker 1954, p. 348, 邦訳書, 249 頁）と説明する。さらに「人的」部分に注目し HR の持つ固有の能力を「調整（coordinate）し，統合（integrate）し，判断（judge）し，想像（image）する能力」（Drucker 1954, p. 263, 邦訳書, 116 頁）と説明する。物的資源と HR の違いについてその特殊性から説明し，その能力使用は個人意思を無視し一方的に使用出来る性質のものではないと指摘する。さらに Drucker はその固有能力の使用者に自立した姿勢を求める。従業員満足は動機づけとしては不十分であり，消極的同意（passive acquiescence）に過ぎないとし，自ら進んで何かを行うことの重要性すなわち個人的な関与（personal involvement）を要求する（Drucker 1954, p. 301, 邦訳書, 182 頁）。この個人的な関与は外部からの動機づけではなく自発的な労働意思を要求する考え方であり，ここには自立した強い個人が想定され，まさに自己統制による管理だといえる[15]。

Ⅳ．労働力から人間人格へ——管理対象論争を経て——

木元（1972）は労働者の管理対象論争についてまとめ，「労務管理の対象規定についての議論は，労働力・労働力の利用発現としての労働・労働者の三者の相違によって『労働力管理説』『労働管理説』『労働力・労働・労働者・三位一体説』の三つに区分されることができる」（木元 1972, 7-8 頁）と説明する。これらの中で人間的側面を考察対象に含むのは，三位一体説のみである。しかし，積極的に人間的側面を取り扱うというより労働力から不可分であるがため取り扱わざるを得ない消極的な印象を受ける。

次に森（1979）は労働者管理の本質的意義を明らかにするために管理の主体・対象・目的を検討する必要性を指摘する。それでは管理対象と管理目的

を確認する。森は「その国の特殊事情を反映して、かなり異なった様相を示しているが、しかしどの国の場合でも、全体的に見れば、戦前のものは、概して産業心理学や人間工学、労働科学を方法科学として、労働力の有効利用ないし経済合理的利用に重点がおかれているといえる。これに対して、戦後のものは、労働力の有効利用を引き継ぎながらも、経営社会集団の協力関係あるいは経営共同体の形式に重点がおかれている」(森 1979, 68頁)と説明し、前者を「労働力有効利用説」、後者を「協力関係形成説」と分類する。[16]「労働力有効利用説」では労働者を特殊な生産因子として捉え「労働力と職務との適合、作業条件の適正化や疲労研究による労働力の保全、各種の方法による作業意欲へのインセンティヴなどがその中心に置かれており（中略）労働者を、主として、個別の労働力としての側面から取り扱っている」(森 1979, 68-69頁)と説明する。これは前述の労働力管理説に近いと言える。これに対して「協力関係形成説」では、「労働者を労働力としてではなくて、労働者人格として、しかも経営社会集団を形成している社会的人格の側面からとらえている」(森 1979, 69頁)と指摘する。ここにおいて人間的側面を取り扱うことの萌芽が見られる。管理対象について「経営に雇用された労働者であるが、この労働者は労働を生む労働力と、その担い手としての労働者人格、しかもそれは、個人としての人格と、経営社会の一員としての社会的人格とをもっており、また自分の労働力の売り手としての賃金労働者であるという、いわば三つのモメントから構成されている有機的存在である」(森 1979, 76-77頁)と説明する。管理対象は労働者でありながら、その多面性を把握するために「労働力」、「個人的および社会的人格」、「賃金労働者」から成るとし、人格を含む人間的側面の取り扱いの重要性を説く。

さらに森 (1979) は労働者の管理について「近代産業の一定の発達段階で、企業の主体が、長期にみて、企業の最大限利潤の維持獲得を可能にするように、経営生産に必要な労働力を調達・育成し、資本主義的経営労働秩序を安定・維持し、個々の、または集団としての労働者がより多くの労働の質量を発揮するようにしようとする、一連の総合的民主的合理主義的諸施策であって、その具体的形態は、歴史的・社会的諸条件に応じて、発展変化するものである」(森 1979, 72頁)と定義している。後年、森ほか (1995)

は管理目的について次のように説明する。一次的基本目的を ① 労働力の効率的利用 ② コスト節減とし，二次的基本目的を組織の維持・安全（経営労働秩序の維持・安定）としており，そして副次的目的を従業員満足としている。従業員満足とは生活満足，職務満足，職場満足，企業満足の総体からなり，具体的には労働の人間化を目的とする（森ほか 1995，54-56 頁）。ここでは副次的目的としながらも，具体的に「従業員満足（労働の人間化）」を挙げている点に変化がある。この従業員満足管理は物的資源管理には決して含まれない点である。

また森ほか（1995）は，従業員満足を「従業員の人間的諸側面が労働生活の場で充足されること」（森ほか 1995，234 頁）と定義する。そして従業員満足管理を「従業員の人間的諸欲求の実現という従業員満足の達成を通じて彼らのモラール維持・向上させるとともに労働意思の増大をはかり，最終的に経営労働秩序の維持・安定と労働生産性の向上に寄与する管理活動」（森ほか 1995，235 頁）と定義する。この従業員満足管理の目的は従業員業績の向上である。そして業績向上のためには労働能力と労働意思が必要であると説明し，労働意思の内容には職場の組織的安定に寄与する従業員モラールと直接的な動機づけとなるモティベーションを含み，従業員満足はその包括的な概念であると指摘する（森ほか 1995，234 頁）。

管理対象論争においては人間的側面の詳細な検討がされたとは言いがたい。森の指摘する協力関係形成説で労働者は労働を生む労働力，社会人格，労働力の売り手としての賃労働者の三つの統合体であると説明された。次に従業員満足に注目しモラールとモティベーションを含む包括的な概念の意義が指摘された。そして，従業員満足が労働能力と労働意思を導出する要因だと指摘された。本稿ではここに RBV に依拠する SHRM では語り得ない労働意思を含む人間的側面を考察する系譜の存在を指摘したい。

これまでの議論を踏まえ HRM の人間的側面を取り扱うにあたり要点をまとめる。まず PM から HRM への移行の際に HRM の特徴として個人の自己統制が指摘された。次に HR 概念に含まれる物的資源に含まれない人間的側面として意思の問題を取り扱うことを指摘した。そして従業員満足管理の視点である。HRM における人間的側面を取り扱うというのは，自己統制す

る労働者を企業が従業員満足の視点から管理する二重管理のダイナミズムについて考察することである。このことがさらに示唆するのは，人事スタッフとライン管理者の管理による PM という視点から，経営者が積極的に動機づける HRM という視点への変更である。また HRM の人間管理か資源管理という分岐点は，人間の意思の問題を含む管理であるかという点に集約できる。そのためには労働能力を発揮する労働意思を含む論理が必要である。以上から本稿の HRM の定義を更新したい。HRM とは競争優位性の獲得のために労働能力向上を目指し，かつその能力発揮の前提となる労働意思向上のための諸施策を含む労働者の管理と定義したい。

V．おわりに

本稿では PM から HRM，そして SHRM へと移行する中で喪失気味である HRM の人間的側面の考察の必要性について述べてきた。その結論として自己統制する労働者を企業が従業員満足の視点から管理する二重管理に要点があると指摘した。HRM の管理主体として経営者が自己統制する個人を管理する。この点は Drucker の HR 観も含め「目標管理（management by objectives and self-control）」との関連でさらに考察する必要があるだろう。目標管理が人事評価のツールとして，Drucker の意図とは異なる形式で流布している。この点は別の機会に論じたい。

もう一つに，SHRM 研究が資源としての HR と成果という要素還元の科学化の方向を目指すなら，全人仮説としての HR を考察する方向もあってしかるべきだと考える[19]。その方向は価値観の議論を含む経営哲学の領域になるであろうが，筆者はその必要性を感じている。さらに HRM の人間的側面をヒューマンとして捉えるのかパーソナリティとして捉えるかという点でさらなる議論が必要である。最後に規範的な人間尊重という点からディーセントワークの存在もあるが，本稿では扱うことが出来なかったため今後の課題としたい。

注

1) 人事労務管理論における人的資源概念の登場は, Miles (1965) に見られる。
2) 赤岡 (2005) の指摘では, 日本における人的資源管理という用語が学術雑誌に登場するのは, 1985年の『日本労働協会雑誌』での石田英夫の報告が最初であるとしているが, 筆者の調査した限りでは, 岩出 (1981) の中で「人的資源管理にもとづく労務管理」という説明があることを指摘しておく。
3) 1999年に日本労務学会の英名が Japan society for personnel and labor research から Japan society of human resource management に変更された。
4) SHRM の概要を説明したものは岩出 (2002) を参照。
5) 筆者の調べでは日本においてタイトルに「人的資源」という用語が含まれる最初の文献は1938年発行の暉峻義等の『人的資源研究』だと思われる。戦時中の資源としての人間について書かれた書籍であり, 暉峻のその後の経歴を考えると非常に興味深い。
6) 森によれば「戦前のわが国では労務管理といえば主として工員を対象とする管理を, ことに労働関係への施策を中心に意味しており, これにたいして職員を対象とする狭義の人事行政を人事管理と称するのが一般的であった」としている (森 1955, 2頁)。詳しくは高橋 (2007) を参照。
7) Guest, Storey, Armstrong は英国の研究者で伝統的な PM と米国の主流の HRM の異同について関心が高い。
8) ハーバード・モデルは Beer et al. (1984) を参照。第二のアプローチの記述は Guest (1987), p. 507 を参照。
9) 三つのアプローチに関しては, Guest (1989), pp. 48-51 及び Guest (1987), pp. 503-521 を参照。
10) コストではない労働者観は教育経済学の人的資本論, コミットメントへの注目は1960年代に学際的な研究分野として興隆してきた行動科学の影響が大きい。HRM の萌芽について説明するものは岩出 (1989), 岡田 (2004) を参照。
11) 三戸 (2004) は「HRM の管理主体は組織であり, 客体は人的資源である。そして, 組織の担い手は人間であり, 人的資源の担い手も人間である。主人は組織であり, 人間はその従者である。組織は人的資源としての自己を組織目的に向かって資源パワーとして発現するのである。そのように自己管理するのである。かつて管理は, 管理者と被管理者との関係においてとらえた。だが, HRM は全員管理者を目指す。各人の個人目的と組織目的との統合を目指す。その実現が組織社会における理想的な姿である」(三戸 2004, 31頁) と指摘し, ただしその道筋は平坦ではないとしている。
12) ハーバード・モデルに関して Guest と岩出の見解が異なることを指摘しておく。ハーバード・モデルが経営環境に適応するために望ましい人的資源の確保のための経営戦略的な施策である点, しかしながらその基本方針としてコミットメントを重視するという点からすると双方の主張に根拠があり, 紙面上ここで結論を出すことは難しい。
13) 西脇は HRM におけるコミットメントとパフォーマンスの関係について詳細なサーベイを実施し「コミットメントは動機付けやリーダーシップのような直接的な HRM の手段にはなりにくいが, HRM の諸施策が組織メンバーに受け入れられ, 有効に機能する土壌が整っているかを判断する指標となるだろう」(西脇 2008, 53頁) と結論づけている。また組織メンバーとしての成員性 (membership) 獲得と環境管理型権力の問題は高橋 (2016) を参照。
14) 森 (1987) によれば「人間関係研究やまた一九六〇年以後には行動科学などが導入され, モラールとか新しいリーダーシップとかあるいはモティベーションなどが労働生産性向上と関連して大きく取り上げられる」(17頁) と説明する。田杉 (1977) は, 行動科学的組織論について「人間関係論を機縁として, 組織内における動機づけの重要性を認め, これを組織理論に組

み込むもの」(3-4頁)と説明する。行動科学の影響を中心に考えるならば継続して動機づけの議論が必要かと思われる。下崎 (2009) によれば,「行動科学的アプローチによる新しい職務動機づけの論は, 1950 年以降フォード財団の支援によって活性化するが, 1980 年以降は新たなグランドセオリーの確立は見られない」(下崎 2009, 176 頁) と指摘される。

15) Drucker はこの考えをさらに深化させ責任労働者 (responsible worker) へと議論を展開している。Drucker (1974) および高橋 (2009) を参照。

16)「労働力有効利用説」の主な論者としては, Tead and Metcalf や Yoder を挙げている。「協力関係形成説」の主な論者には Pigors and Meyers を挙げている。彼らはホーソン実験に参加した Roethlisberger の影響を受けており, 人間関係論に依拠した論であり能率だけではなく感情や人格も射程にした理論となっている。

17) 奥林 (1981) によれば労働の人間化と QWL (quality of working life) はほぼ同義である。

18) Heskett et al. (1994) の従業員満足 (employee satisfaction) に始まるサービスプロフィットチェーンを参照。

19) 三戸 (2004) によれば Barnard や Drucker は「科学万能の立場に立つことなく, そして現象を全体と部分との統合としてとらえ, 人間を主軸に捉えた理論を構築しようとした」(三戸 2004, 32 頁) のに対して, 管理の科学化を推進する主流の研究は「組織を主人公として人間を資源としてのみ掴んで組織と管理の理論を展開してきた」(三戸 2004, 32 頁) と指摘し, HRM の科学化による随伴的結果の危険性を問うている。さらに「新しい全人仮説にたつ 21 世紀的管理論・人事理論の出現に力を合わせなければならない」(三戸 2004, 32 頁) と説いている。

参考文献

Armstrong, M. (2006), *Strategic Human Resource Management: A Guide to Action*, 3rd ed, Kogan Page.

Beer, M., Spector, P., Lawrence, D., Mills, Q. and Walton, E. (1984), *MANAGING HUMAN ASSETS*. (梅津祐良・水谷栄二訳『ハーバードで教える人材戦略』日本生産性本部, 1990 年。)

Drucker, P. F. (1954), *The Practice of management*, Harper & Row, Publishers. (上田惇生訳『現代の経営 (上・下)』ダイヤモンド社, 1996 年。)

Drucker, P. F. (1974), *Management: TASKS, RESPONSIBILITIES, PRACTICES*, Harper & Row, Publishers. (野田一夫・村上恒夫監訳『マネジメント』ダイヤモンド社, 1974 年。)

Guest, D. (1987), "Human Resource Management and Industrial Relations," *Journal of Management Studies*, 24: 5, pp. 503-521.

Guest, D. (1989), "Personnel and HRM: Can you tell the difference?," *Personnel Management*, 21: 1, pp. 48-51.

Heskett, J. L., Jones, T. O., Loveman, G. W., Sasser, W. and Schlesinger, L. A. (1994), "Putting the Service-Profit Chain to Work," *Harvard Business Review*, Vol. 72, No. 2, pp. 164-174.

Miles, R. E. (1965), "Human relations or Human resources?," *Harvard business Review*, Vol. 43, No. 4, pp. 148-163.

Price, A. (2004), *Human resource management in a Business Context*, 2nd, Thomson.

Storey, J. (1992), *Developments in the management of human resources*, Blackwell Publishers.

赤岡功・日置弘一郎編著 (2005),『労務管理と人的資源管理の構図』中央経済社。

岩出博 (1981),「現代アメリカ労務管理における人的資源アプローチの研究――新たな人事管理理念の概念的把握を中心に――」『経済集志』第 51 巻第 4 号, 37-84 頁。

岩出博 (1989),『アメリカ労務管理史』三嶺書房。

岩出博 (2002),『戦略的人的資源管理論の実相』泉文堂。

岩出博（2014），『従業員満足指向人的資源管理論』泉文堂．
岡田行正（2004），『アメリカ人事管理・人的資源管理史』同文館出版．
奥林康司（1981），『労働の人間化』有斐閣．
木元進一郎（1972），『労務管理』森山書店．
澤野雅彦（2001），『現代日本企業の人事戦略』千倉書房．
下崎千代子（2009），「米国における職務動機づけ論の新動向」『経営研究』第59巻第4号，171-185頁．
高橋哲也（2007），「日本における「人的資源管理」認識に関する考察――英国におけるHRM認識を通じて――」『経済集志』第77巻第3号，355-371頁．
高橋哲也（2009），「ドラッカー理論における人的資源概念の検討」『産業経営研究』第31号，79-89頁．
高橋哲也（2013），「人的資源管理論における日本的雇用慣行とコミットメントの関連性」『富士論叢』第58巻第1号，77-92頁．
高橋哲也（2016），「人的資源管理におけるアーキテクチャ」『経営哲学』第13巻1号，113-116頁．
田杉競（1977），『経営行動科学論』丸善株式会社．
西脇暢子（2008），「人的資源管理研究におけるコミットメント研究の位置づけ」『産業経営研究』第30号，47-55頁．
庭本佳和（2012），「組織過程と労務・人事過程――HRM（人的資源管理）の展開――」『甲南会計研究』第6巻，11-37頁．
三戸公（2004），「人的資源管理の位相」『立教経済学研究』第58巻第1号，19-34頁．
森五郎（1955），『労務管理』ダイヤモンド社．
森五郎（1979），『新訂 労務管理概論』泉文堂．
森五郎（1987），『人事・労務管理の知識』日本経済新聞社．
森五郎・岩出博・菊野一雄・重里俊行（1995），『現代日本の人事労務管理――オープン・システム思考――』有斐閣．

11 M. P. フォレットの「創造的経験」
―― Creative Experience における理解を中心として ――

西　村　香　織

I. はじめに

　M. P. フォレットの最後の著作である *Creative Experience* が著されたのは，1924年である。それは，産業革命を経た欧米を中心とする近代社会が工業化の興隆期を迎えた時期であると同時に，一方では世界規模での対立が第一次世界大戦を引き起こし，やがて1929年の世界大恐慌，全体主義によるヨーロッパの席捲，そして第二次世界大戦へと突き進んでいく，まさに狭間のときであった。この狭間の時期において，フォレットは2冊の本を世に出している。1918年に上梓された『新しい国家』(*The New State*) では，次第に深さを増していく対立の事態を止めることのできない原因が「群集」としての考え方にあることを指摘し，群集ではなく，他者と繋がり合う個からなる「集団」による社会のあり方を示している。[1] *Creative Experience* は，この『新しい国家』で示された社会を成立させていくための社会過程として，統合と創造的経験を論じたものである。しかもその射程は，近代科学を中心とする近代合理主義の限界を超えようとするところにまで及んでいると，私は理解している。近代社会を牽引してきた大きな力が近代科学を中心とする近代合理主義であったことは一般に認められるところである。[2] それは，物質文明を発展させていく一方で，人を自然や社会から，そして自分自身からも疎外し，同時にその未来への志向性は，積み重ねられてきた歴史や，現在を生きることの充実を人々から奪っていった。[3] フォレットの直観はまさにこのような社会の現状を捉えていたと言えるのではないだろうか。
　これまでのすぐれたフォレット研究によって，フォレットの統合の考え方

やその理論の科学性や動態性について，また，理論の哲学的・思想的背景等について多くの示唆が与えられてきた。しかし，それらの研究の中心は統合の理論および「状況の法則」におかれ[4]，Creative Experience における創造的経験をフォレットの主題として論じている研究は多くはない。本稿では，フォレットが捉える統合と創造的経験がいかなるものであるのか，そして，その考え方の基底にあるものは何かを，Creative Experience の理解に基づいて把握し，現代組織および現代社会におけるフォレット理論の意義を考察していきたい[5]。

II．統合の過程と創造的経験

1．フォレットの捉える統合の過程

フォレットは，まず，統合をコンフリクト（conflict）に対する方法の一つとして論じている。人々のもつ相異する考えや価値観，様々な願望から生じるコンフリクトに対処するには，大きく四つの方法があるとフォレットは言う。すなわち，(1)どちらか一方の側の自発的服従，(2)闘争し，一方の側が他の側に勝利する支配，(3)お互いが願望の一部を諦めることによる妥協，そして(4)統合の四つである。このうち，両者の願望が諦められることなく，また，関係の中で個人が個人として損なわれることのない解決に導くのが統合である。この点において統合は他の対処法とはまったく異なるのであり，それゆえにフォレットは統合こそが唯一の解決に至る方法であると主張するのである（Follett 1924, pp. 156-161）。

では，なぜ統合においては両者の願望が満たされる解決がもたらされるのであろうか。それは，統合過程では，人々の関係がより高いレベルへと進展し，全体としての新たな考え方や新しい価値が生み出されていることによるとフォレットは説く。ではさらに，そのようなより高いレベルへの関係の進展，全体としての新たな考え方や新しい価値は，より具体的にどのようにして創造されていくのであろうか。

フォレットによれば，統合の第一段階は，「全体を解体すること，すなわち，分解・分析し，相異性を認識して，その本質を理解すること」である

(Follett 1924, p. 165)。統合のためには，相異する考えや願望を比較し検証することが必要となるが，そのためには，まず全体が各要素に解体され，分解・分析されなければならない。つまり，全体をいくつもの活動に分割し，複雑な原因を構成している諸要素をはっきりと捉えて，それぞれ別々に評価することが不可欠なのである。この諸部分の識別と評価を通じて，それぞれが求めているものの本質が明らかにされる[6]。ここで重要なことは，本質が明らかにされていく過程において，お互いの利益が再評価され，価値の再評価がおこるということである。この価値の再評価が，統合を前進させる道筋になっていくとフォレットは説く。フォレットによれば，価値の再評価とは，共に統合の過程を経ていくことによる相互浸透・相互交織から他の諸価値へと注意が拡げられて，それぞれの価値が見直されていくことである[7]（Follett 1924, pp. 170-171）。一人ひとりの視野が広げられ，価値が見直されることで，それぞれのもつ考えや行動様式が全体の状況の中で捉え直されることになる。このことによってお互いの関係性や全体との関係性が変えられていく。フォレットの論じる統合の過程は，このように相異性の本質を認識することから価値の再評価が生じ，それを通じてお互いの関係性，また全体としての関係性がこれまでより高いレベルに引き上げられ，新たな考えが創造されていく過程として捉えられる。

2．フォレットの捉える創造的経験——conceptとperceptの関係——

フォレットは，このような統合の過程と不可分に重なり合い，その過程を前進させていく軸として創造的経験（creative experience）を捉える。すなわち，統合過程における価値の再評価は，一人ひとりがまさに経験の活動の中にあることによって，概念（concept）が自律的に展開していく活動に他ならないと把握するのである。概念をどのようなものとして位置づけるのかは，フォレットの経験を捉える上での鍵となる。なぜならば，この概念の位置づけ，知覚されたもの（percept）と概念との関係によって，経験の意味するところは大きく異なり，さらにそれは，社会過程の選択をも決定づけていくことになるからである[8]。

フォレットによれば，概念の捉え方は，次の二つに大別される。すなわ

ち，具体的な活動やそこから生じる知覚されたものとは切り離された，すでに形成されたもの（formulated）として捉えるのか，それとも，知覚と同じ活動にあって形成し続けていくもの（formulating）として捉えるのかという二つである[9]。では，それぞれの場合に，経験はどのように把握されるのであろうか。まず，前者の概念の把握は，概念をそれ自体のみで存在するものとして捉えることを意味する。それは，概念を固定化して，「概念的な画（conceptual picture）」と表現されるような静態的な状態をつくり出す。この場合には，過去において形成された概念から演繹されてきた原理や原則，ルールをもって現在生じている状況にもあてはめ，それによって判断し評価することが経験になる。そして，これまでの原理や原則があてはまらなくなったときには，今まで用いてきた考えを捨て去って，他から異なる原理や原則をもってきて，それに掛け替えるのである。フォレットは，このような経験を，代替的経験（vicarious experience）と表現している。それは，一人ひとりが活動の中にあることによって自分自身で様々なものを知覚し概念を形成しつづけていく代わりに，知識をもつとされる専門家や裁判官を神格化し，専門家による研究調査から示されたものが客観的な事実であると考え，専門家が付けたラベルに従って生きる生き方へと繋がっているからである。さらには，その専門家自身も，自らの経験によるのではなく，既存の概念や知識によってその意見や判断を形成しているにすぎない。すなわち，概念を固定化して捉えることは，二重の意味での生きることの代替化を生じさせることにつながる。代替的経験によって生きるとき，人は人生の傍観者になってしまう。それは，自分自身で人生を生きていくことから離れてしまうことを意味し，この自ら生きていくことから離れていくことが，抑圧や妥協という社会過程を進めていくことになるとフォレットは捉えるのである。

　これに対して，フォレットは，後者の捉え方，すなわち，活動から生じてくる知覚されたものとの継続的な統合により，自律的に展開していくものとして概念を把握しなければならないことを強調する。後者の場合の概念は，活動の中にあって過去－現在－未来をつなぐための媒介として機能するものと捉えられる。それは，これまで一人ひとりの中に織り込まれてきた考え方や価値観に，知覚されたものをさらに織り込んでいくという積み重ねを行っ

ていくための役割を果たし，自らの人生を進めていく過程の一部となっているのである（Follett 1924, pp. 145-146）。このとき経験は，知覚されたものとの統合により常に自己再生していく創造的経験として把握される。この創造的経験により，価値の再評価から新しい考え方や新たな関係性が創り出されて，抑圧や妥協ではない，統合の過程が実現されていくことになる。

Ⅲ．創造的経験の基底と本質

1．創造的経験の基底

フォレットの捉える統合の過程，およびその軸としての創造的経験の考え方は，どのような基底から導かれているのだろうか。フォレットが基底とするのは，人が生きていくこと，日々の生活を送っていることに沿って，私たち自身が考えていくということである。この基底が，フォレットにおいて次のような考え方を導いている。すなわち，人はそれぞれに異なる考えや価値観，様々な願望をもつ相異する存在であるということ，同時に，相異する存在でありつつ常に相互に作用し合う関係づけの中にあるという考え方である。そして，この相互作用ゆえに，私たちがつくり出す関係は，常に変化していく活動として，すなわち「流れ」として把握されなければならないのである。

このようなフォレットの考え方は，当時の最新の心理学と哲学に基づいている。例えば，「私プラスあなたの関係があなたプラス私の関係に反応している」と表現されるような円環的反応の考えは，主としてホルトやボックの心理学における円環的反射（circular reflex）の理解に基づくものである[10]。また，組織や社会における関係をはじめ，私たちの日々の生活における関係のすべては変化していく「流れ」の中にあるとするフォレットの捉え方には，ウィリアム・ジェームズの根本的経験論およびプラグマティズムの主要な考え方である「意識の活動（流れ）」や「プロセス思考」が色濃く反映している[11]。

このように，フォレットの理論は，人が生きていくことに沿って私たち自身が考えていくことを基底とし，最新の心理学や哲学の理解を受け入れつつ

築かれている。そこから，私たちが常に関係づけの中にあり，関係はそれ自体の活動として常に変化していくものであること，そして，その関係自体の活動を動かしていく力の源が創造的経験にあるとする考え方を導き出しているのである (Follett 1924, p. 286)。

では，以上のような基底から導き出された創造的経験の本質を，私たちはどのように理解していくことができるであろうか。次に見ていきたい。

2．創造的経験の本質

Creative Experience においてフォレットは，思考 (thought)，目的 (purpose)，意思 (will) という語を，思考している (thinking)，目的を抱いている (purposing)，意思している (willing) という語に置き換るという提唱を何度か行っている (Follett 1924, p. 57)。この提唱には，フォレットの組織や社会に対する鋭い洞察が含まれている。その洞察とは，私たちは組織や社会において，概念や目的また法則を，はじめから与えられている自明な前提とし，それに縛られて生きているのではないかとの洞察である。フォレットが組織や社会におけるもっとも深刻な問題として捉えていたのは，原子論的な考え方であった[12]。原子論的な考え方は，関係し合っている活動として全体を捉えることから私たちを遠ざけ，そのことによって，自明な前提をつくり出している。このような洞察から，フォレットは私たちに，常に原子論的な考え方から脱していくあり方を求める。フォレットにおいてはそのあり方が，経験を創造的なものにしていくことであったのである (Follett 1924, p. 92)。

以上のことから，フォレットにとって創造的経験の考えは，社会科学の新たな方法をも意味していたと考えることができる。フォレットによれば，何らかの客観的な原理や原則があることを前提とし，仮説を立て，対象を限定して分解・分析し数値化して，隠されている客観的な原理・原則を掘り起こそうとする考え方や手法は，主として自然科学において採られてきた考え方や手法である。これまでの社会科学では，こうした自然科学の考え方や手法をそのまま社会科学にも当てはめようとしてきた。しかし，それは多くの失敗をももたらしてきた。なぜならば，社会科学においては，自然科学で行わ

れる実験室における検証やテストのように，静態的な状態をつくり出すことは出来ないのであり，そのことが十分に理解されていなかったからである。フォレットは，自然科学から可能な限りあらゆるものを学びつつも，常に相互作用していく関係の活動を捉えうる社会科学独自の方法を発展させていくことが必要であるとし，その独自の方法として，経験を軸とする統合の過程を論じていると考えられる（Follett 1924, p. 139）。全体を分解・分析し，相異性の本質を認識して比較し検証するという統合の過程は，過程のあり方としては客観的，さらに言えば近代科学的な過程として捉えることができる。フォレットは，この統合の過程の軸に経験を位置づけることで，流れとしての人間の生きていく過程を捉えようとしたと考えられるのである。

　経験が軸となる過程の下では，分解や分析，検証もダイナミズムの一部として捉えられることになる。このダイナミズムとは，経験の中で知覚されたものを，これまで積み重ねられてきた価値観や考え方に織り込み続けていく相互交織の過程に他ならない。このダイナミズムの中にあるとき，人は所与の前提や客観的な原理や原則に縛られることなく，また原子論的な考え方や価値観の固定化からも逃れて，状況に対応しうる新たな考えや法則をその時々に共に創っていくことが可能となる。このことが，人を自由にし，人々の可能性を喚起し，「エネルギーの解放」をもたらすとフォレットは論じる。すなわち，命令や強制といった外からの力によってではなく，共に創り出していく考えや法則にしたがうこと，関係性の中で自らが果たす機能と役割を理解し，その責任を引き受けて主体的に参加することが，一人ひとりの中に潜在していた可能性の喚起とエネルギーの開放をもたらすのである。このことによってこそ，人々の成長に基づく新たな価値の創出がなされ，関係性の充実がもたらされる。フォレットが経験として捉えるものの本質は，ここに求められると言える。つまり，フォレットが経験として捉えるのは，個々人や全体の可能性を喚起し精神のエネルギーを開放させていくものであり，新たな価値や考え方を創造し，関係性を充実させていく経験，まさに創造し続ける経験なのである。フォレットにとってそれはまた，社会科学の考え方や方法を進めていくものとしても捉えられるものであった（Follett 1924, p. 130）。

Ⅳ. 創造的経験の意義

フォレットの経験に対する考え方を要約すれば，次のようにまとめることができる。すなわち，一方に，人を関係から切り離し，概念や価値観を活動から切り離して固定化してしまう原子論的な考え方があり，この考え方に基づけば，経験は代替的経験として捉えられるものになっていく。それは，自らの活動とは切り離された考え方にしたがうことであり，抑圧や妥協の過程につながっていく。いま一方には，相互に作用し合う関係づけの中で人を捉え，知覚されたものによる概念の自律的展開を通して私たちの関係自体が活動し成長していくとするダイナミズムの考え方がある。このダイナミズムにあるとき，経験は新たな価値をもたらす創造的経験として捉えられる。この創造的経験は，私たちの可能性を喚起し，エネルギーを開放し，私たちの思考や目的，意思，そして従うべき法則を生み出していく。このことにより相異する考えや価値観を統合していく過程が実現していく。

Creative Experience の主題は，まさにここに求められる。日々の生活の中で，また組織や社会において，私たちには常に二つの道がある。すなわち，それぞれの相異を対立と捉えて戦い，一方が他方を支配して勝利するような過程と，諸々の願望を向き合わせ，統合していくような過程の二つである。私たちは，いずれかの過程を社会過程として選ばねばならず，選択するのは私たち自身である (Follett 1924, p. 301)。フォレットは著作の全体を通じて，創造的経験の考え方を活かして，統合の過程を拓いていくことができるのは私たち一人ひとりであり，統合の過程に主体的に臨んでいくべきことを提唱しているのである。

しかし，すべての相異が統合されていくわけではないということも，また事実である。フォレットによれば，経験を創造的なものにしていくためには，人々のインテグリティ (integrity) が必要だからである。フォレットがインテグリティに込めている意味を理解するのは非常に難しいが，現在のところ私は，次のことを理解できる力がその意味の中に含まれているのではないかと考えている。それは，自分自身が生きていくということと他の人々が

生きていくことは常に関係し合っており，たとえ相異する考えをもっているとしても，自分も他の人々も一つの状況の中にあるということ，そして，その状況はさらに組織や自然とも関係し合う全体状況としてあるということを理解できる力である。この理解の上で，相互作用を通して共に一つの状況に誠実に向き合おうとする姿勢と努力は生まれてくる[13]。フォレットがインテグリティを重視するのは，人と関係し合い，全体と関係し合う状況として理解できるということが，自らのこれまでの考え方や価値観を絶対化しないで見ることにつながり，創造的経験という人間的な過程の軸を支えるからである。すなわち，インテグリティをもつことが創造的経験につながり，また，長期的視点からみたときには，創造的経験がインテグリティの醸成に深く関わっているのである[14]。

　以上のような内実をもつゆえに，フォレットの創造的経験の考え方は，経営学にそれまでとは異なる視点と考え方をもたらしている。組織，また社会の問題と向き合ってきた経営学にとって，経験は，ある意味でその草創期より重要な意味をもつものであった。F. W. テイラーの科学的管理は，「経験から科学へ」と「対立から協調へ」の精神革命を目指し，また，意思決定の科学を確立した H. A. サイモンや，環境や状況の条件によって異なる管理を唱えたコンティンジェンシー理論も，経験に照らしてその理論化を試みている。しかし，現代組織や社会において，私たちはインテグリティをもって相異する考え方や価値に向き合い，自らの経験を通してコンフリクトに取り組もうとしているのだろうか。経験を創造的にしていくあり方を，共に築いていこうとしているのだろうか。ますます多様化する社会の中で，むしろ考え方や価値観の固定化は進んでいるように思われる。フォレットは，組織や社会において，また日々の生活において，問題としなければならないのは私たちの経験そのものであることを明らかにしている。問題の核心にあるのは，まさに一人ひとりの経験なのである。経験こそが，個人と個人，個人と組織，組織と環境が相互に作用し合い交織し合って動いていく全体状況のダイナミズムを創り出せる。そして，統合の過程を進めていくことができる。経験を活かす組織や管理のあり方を創造していくことが，人が他の人々と共に協働して生きていく上での最も重要な課題であることを，私たちは，フォ

レットの創造的経験の考え方から受け取ることができるのである[15]。

V. おわりに

フォレットは，統合の過程について，「そのようになる可能性がある(what perhaps may be)」社会過程として私たちに提示している（Follett 1924, p. 301）。統合過程の実現には，私たちが今いる組織や社会において，相互に作用し合い関係性を進展させていく場をつくっていくことが必要であり，私たち一人ひとりが主体的に考え関わろうとする誠実な姿勢がなくてはならない。こうした意味で，フォレットは，統合過程の実現を，あくまでも可能性として私たちに示すのである。しかし，ここにはフォレットの強い思いが込められていることを読み取ることができる。それは，諸々の願望をもつ個人がインテグリティをもって相互に交織していくことが同時に社会の前進となっていく方法，すなわち統合の過程を実現させていくのは，私たち一人ひとりにかかっているという思いである。

フォレットは，経験を創造的なものにしていくために，私たちの日常の一つ一つの活動として，経験的実験（experiment）に主体的に臨んでいくことを説いている。たとえ社会や組織の抱える問題が大きく困難なものであるとしても，私たちがこの経験的実験に基づいて協働しつづけ，統合を積み重ねていくところから，その解決に向かう道が拓けていくからである。

現代組織や現代社会において，私たちにいま求められているのは，一人ひとりがインテグリティを持って，フォレットの提案する経験的実験を繰り返し積み重ねていくこと，創造的経験を軸とした統合の活動を日々行っていくことではないだろうか。それが，人が生きていくあり方に沿った考えを実践していくことであり，組織や社会を前進させていくための鍵になると考えられる。それは，遠回りに思えるかもしれないが，組織や社会におけるより現実的で確かな道になると考えられるのである。

注
1) Follett, M. P. (1918), *The New State: Group Organization the Solution of Popular Government*, Longmans, Green and Co.（三戸公監訳／榎本世彦・高澤十四久・上田鷲訳『新

しい国家 民主的政治の解決としての集団組織論』文眞堂，1993 年。）及び経営学史学会監修／三井泉編著（2012），『フォレット（経営学史叢書Ⅳ）』文眞堂，などを参照。
2) 村上陽一郎（2013），『近代科学を超えて』講談社，などを参照。
3) 真木悠介（2003），『時間の比較社会学』岩波書店，などを参照。
4) フォレット研究の先駆者である藻利重隆教授は，フォレットの提唱する「事実による集合管理」の中心を「情況の法則」にあるとし，情況の法則に沿った統合によって，当事者の全体への参加が実現されることを説いている。また，三戸公教授は，フォレットの理論はすべて統合理論であり，それは，人間主義と機能主義の統合であると把握している。
5) 本報告中の Creative Experience における訳文や統合と創造的経験の理解は，齋藤貞之教授，山下剛准教授と共に行わせていただいている同書の翻訳作業の理解に多くを負っている。
6) 全体を解体することはまた，「その要求が何のシンボルか」というシンボルの問題とも深く関わることをフォレットは指摘している（Follett, M. P. (1924), *Creative Experience*, Longmans, Green and Co. pp. 168-170.）。
7) 「価値の再評価」の考え方は，1920 年代の後半におけるフォレットの考え方を貫く「状況の法則」につながっていくと捉えられるが，この考察については今後の課題としていきたい。
8) percept は，M. ポランニーの暗黙知と比較されることも多いが，フォレットの percept は，まだ明らかになっていないものがあって，その発見を予兆するというよりも，相互作用の中において，常に動いていく全体状況を捉えようとする意味を多くもつと考えられる。
9) フォレットは *Creative Experience* の第 8 章のタイトルを「formulated experience」とつけている。これは，形成された経験，すなわち概念を指すとも考えられる。フォレットは，この第 8 章で，概念の位置づけ，知覚されたものとの関係について詳しく論じている。
10) ホルトとボックの心理学については，*Creative Experience* 第 3 章を中心として，フォレットの経験との関連が詳しく述べられている。
11) フォレットは，ジェームズらのプラグマティズムに基づきつつも，「ジェームズやベルグソン，またその他の人々が，概念的に考えることの空虚さについてわれわれに語っているが，その非難は，概念的思考についての誤解に基づいている」とし，概念と知覚されたものとは同じ活動にあり，「ある概念（one concept）が別の概念へと絶えず移り変わっていくときには，それはいつも知覚的なものを通じてである」ことを強調している。ここには，フォレット独自の「流れ」の捉え方を見ることができると言えよう。
12) フォレットは，当時の心理学の傾向に対して，「原子論的な概念枠組み（atomistic conceptions）から脱しようとする現在の傾向以上に重要なもの，価値あるものはない」と述べている。
13) 例えば，2011 年 3 月 11 日の東京電力福島第一原子力発電所の事故が起こる以前に，女川町と六ケ所村で実施されていた原子力施設に関する「対話フォーラム」では，その対話フォーラムへの参加者を考える際に「どのような主張を持とうとも，参加する人全ての意見を尊重し，専門知識や判断基準・価値観を共有していく努力ができるかどうか」が，どうしても必要な条件であったと，ファシリテーターを務めた八木准教授は述べている（八木絵香（2009），『対話の場をデザインする 科学と社会のあいだをつなぐということ』大阪大学出版会）。
14) integrity は *Creative Experience* の中で繰り返し出てくるキーワードの一つであるが，特に統合過程との結びつきについては，163-164 頁で詳しく述べられている。
15) この箇所におけるテイラー，サイモン，ファヨールの理解については，経営学史学会監修『経営学史叢書』におけるテイラー（Ⅰ），サイモン（Ⅶ），ファヨール（Ⅱ）のそれぞれの巻およびフォレットの巻（Ⅳ，主として第六章「フォレットの経営者論」）を，また，コンティンジェンシー理論については，三戸浩・池内秀己・勝部伸夫（2012），『ひとりで学べる経営学（補訂版）』文眞堂，などを参照している。バーナード，ドラッカーの考え方も含めて，これらの諸理

論とフォレットの理論との比較については，今後の課題としていきたい。

参考文献

Follett, M. P. (1918), *The New State: Group Organization the Solution of Popular Government*, Longmans, Green and Co. (三戸公監訳／榎本世彦・高澤十四久・上田鷲訳『新しい国家 民主的政治の解決としての集団組織論』文眞堂, 1993年。)

Follett, M. P. (1924), *Creative Experience*, Longmans, Green and Co.

Graham, P. (ed.) (1995), *Mary Parker Follett——Prophet of Management; A Celebration of Writings from the 1920s*, Harvard Business School Press. (三戸公・坂井正廣監訳『M・P・フォレット：管理の予言者』文眞堂, 1999年。)

Metcalf, H. C. and Urwick L. (eds.) (1941), *Dynamic Administration, The Collected Papers of Mary Parker Follett*, Sir Isaac Pitman & Sons Ltd. (米田清貴・三戸公訳『組織行動の原理 動態的管理』未来社, 1972年。)

Urwick, L. (ed.) (1987), *Mary Parker Follett——Freedom & Co-ordination; Lectures in Business Organization*, Garland Publishing, Inc. (斎藤守生訳／藻利重隆解説『フォレット経営管理の基礎——自由と調整——』ダイヤモンド社, 1973年。)

大森正蔵 (1994),『知の構築とその呪縛』筑摩書房。

経営学史学会監修／佐々木恒男編著 (2011),『ファヨール——ファヨール理論とその継承者たち——（経営学史叢書Ⅱ）』文眞堂。

経営学史学会監修／田中政光編著 (2011),『サイモン（経営学史叢書Ⅶ）』文眞堂。

経営学史学会監修／中川誠士編著 (2012),『テイラー（経営学史叢書Ⅰ）』文眞堂。

経営学史学会監修／三井泉編著 (2012),『フォレット（経営学史叢書Ⅳ）』文眞堂。

齋藤貞之 (2011),「新たな経営行動：M. P. フォレットを通して」『経営行動研究年報』第20号, 30-35頁。

杉田博 (2005),「フォレットとジェームズ——マネジメント思想の哲学的基礎——」『石巻専修大学経営学研究』石巻専修大学経営学会, 17巻1号, 43-53頁。

中村桂子 (2013),『科学者が人間であること』岩波書店。

西村香織 (2014),「現代マネジメントとフォレット経験論——知覚されたものと概念の統合を通じて——」『経営学論集』第84集 (46), 1-12頁。

西村香織 (2015),「M. P. フォレット経験論の管理論における意味」『経営哲学論集』第12集, 63-68頁。

真木悠介 (2003),『時間の比較社会学』岩波書店。

三井泉 (2009),『社会的ネットワーキング論の源流——M・P・フォレットの思想——』文眞堂。

三戸公 (2002),『管理とは何か テイラー，フォレット，バーナード，ドラッカーを超えて』文眞堂。

三戸公・榎本世彦 (2006),『経営学——人と学説—— フォレット』同文舘出版。

三戸浩・池内秀己・勝部伸夫 (2012),『ひとりで学べる経営学（補訂版）』文眞堂。

村上陽一郎 (2013),『近代科学を超えて』講談社。

村田晴夫 (1994),『管理の哲学——全体と個・その方法と意味——』文眞堂。

藻利重隆 (1957),「フォレットの経営管理論」『米国経営学（中）』東洋経済新報社。

藻利重隆 (1973),「経営管理の科学化と『情況の法則』——フォレットの所論を中心として——」『経営学の基礎』森山書店。

八木絵香 (2009),『対話の場をデザインする 科学技術と社会のあいだをつなぐということ』大阪大学出版会。

12 M. P. フォレットの世界観
――その物語性の哲学的基礎――

杉 田 博

Ｉ．はじめに

 「一切の事物は流れる」という「人間の直観が生み出した最初の漠然とした一般化」（Whitehead 1978, p. 208, 翻訳書，362頁）は，古今東西を問わず，哲学に不可欠な概念装置として機能してきた。ヘラクレイトス（Hèrakleitos）的なこの格言は，『方丈記』の冒頭を思い起こすまでもなく，多くの文芸にも哀歓を与えた。そこで用いられる「流れ」のメタファーは，自然の美しさと四季の移り変わりを描写し，人間の心情の細かな襞をも掬い取る。それゆえなのか。時間や歴史のように「流れ」の表象がつきまとう哲学的考察には，どことなく抒情詩の香りが漂う（Whitehead 1967, p. 54, 翻訳書，72頁）。
 それとは対照的に，科学は如何なる情趣をも認めない。現象学者であるフッサール（E. Husserl）は，刻々と移ろい行く時空間を「生活世界（Lebenswelt）」と捉え，喜怒哀楽など，日々の暮らしの中での人間の知覚的経験を捉えた。「生活世界」の中で，音や光は「うるさい」や「眩しい」と感じられるのに，客観的世界では，音は振動に，光は粒子や波動に数量化されてしまう。フッサールは，数学的法則のみを真理と見なす客観的世界観に批判の意を込めて，「生活世界」に「数式の衣」を被せたガリレイ（G. Glilei）を，「発見する天才であると同時に隠蔽する天才」（Husserl 1976, s. 53, 翻訳書，95頁）と皮肉った。
 一般に，自然科学は諸事象間の因果的な説明を目指し，人間科学は心的および社会的事象の内在的な理解を目指す。精神病理学者の木村敏によれば，

自然科学が探究するのは「存在 (being)」としてのリアリティ reality であり，人間科学が表現するのは「生成 (becoming)」としてのアクチュアリティ actuality である（木村 2005, 55-57 頁）。前者のリアリティは「も\u{0307}の\u{0307}の世界」の静的秩序を捉え，後者のアクチュアリティは「こ\u{0307}と\u{0307}の世界」の動的発展を捉えている（木村 1982, 4-12 頁）。

科学を標榜する経営学では，実証主義に依拠してリアリティを問う方法が主流であるが，経営学史を 100 年近く遡るとアクチュアリティに注目した経営思想家に出会うことができる。その人物こそ，20 世紀初頭，プラグマティズムと全体論の復権という知的状況の中で経営思想を説いたフォレット（M. P. Follett）である。彼女は人間を他者との関係の中で主体性を得る存在と把握し，コミュニティや組織を生きる人間の在り様を問うた。フォレットが大切にしたのは，アクチュアリティという行為者自身の眼差しだった。統合へと向かう行為者の「経験」が生成し続ける様は，生きることの物語と呼ぶに相応しい。そこで本稿では，万物流転の哲学からフォレットの世界観における物語性を捉えてみたい。

II. アクチュアリティの様相

フォレットの『創造的経験』(1924) では，行為主体間での「相互作用 (interacting)」，「統一体化 (unifying)」，「創発 (emerging)」という動態的なプロセスと，その前提として，行為主体の「知覚作用 (percept)」と「概念作用 (concept)」とが示された（Follett 1924, pp. 144-145）。ここで「知覚作用」とは言葉で表現される前の「直観」であり，「概念作用」とはこれを抽象化し，類型化する働きである（三井 2012, 49-51 頁；西村 2012, 91 頁）。フォレットは，創造的な「経験」を「知覚作用」と「概念作用」との継続的なプロセスとして捉えた。

こうした考え方はジェームズ（W. James）哲学の影響を受けている。ジェームズは人間の思考を，単に心理学の問題として科学的に問うのではなく，広く哲学の問題として形而上学的かつ宗教的に問うた（James 1979, pp. 31-33，翻訳書，41-44 頁；1976, pp. 27-31，翻訳書，53-60 頁）。そこ

で『心理学原理』(1890) の主要概念である「意識の流れ (the stream of consciousness)」は,『哲学の諸問題』(1911) と『根本的経験論』(1912) において,「感じ (feeling)」という「知覚」に,そして「考え (thought)」という「概念」に置き換えられた。前者は主体と客体が分離する以前の原初的素材 (primal stuff),後者は主体が事物を客体化して理解する働きを指す。

こうしてジェームズは,概念作用が未だ働かない「知覚」を「純粋経験 (pure experience)」と呼び,そこから世界を生成し直す作業を試みた。「純粋経験」を素材とする世界は,「百花繚乱の中を昆虫がぶんぶん飛び回っているという状態を大規模にしたような混乱状態」(James 1979, p. 32, 翻訳書, 43頁) であり,それを如何に細かく寸断しても多即一の光景が現れる。ジェームズによれば,われわれは,まず事物を客体化する以前に,曖昧模糊とした「感じ」でそれと融合し,次に文脈に応じてその「感じ」の抽象化と類型化を行う。

そしてホワイトヘッド (A. N. Whitehead) も同様の視点を有していた。物的なものと心的なものとを区別しないホワイトヘッドによれば,海も山も,人間の身体も精神も,そして神も「現実的存在 (actual entity)」(Whitehead 1978, p. 18, 翻訳書, 30頁) である。「現実的存在は複合的で相互依存的な経験の滴り」(Whitehead 1978, p. 18, 翻訳書, 30頁) であるから,それぞれが「単に位置を占める (simple location)」(Whitehead 1967, p. 49, 翻訳書, 65頁) ことはなく,相互関係において理解されなければならない。ホワイトヘッドのコスモロジーは,生起 (occasion) する現実的存在の動的なプロセスであり,そこには唯一無二のアクチュアリティが無数に現れ続ける。

アクチュアリティは,現実的存在の内的な生成を示す「合生 (concrescence)」と,現実的存在の外的な連鎖を示す「移行 (transition)」という二種の流動性を有する (Whitehead 1978, p. 210, 翻訳書, 366頁)。その反復によって「一つのここ,一つの今 (a here and a now)」(Whitehead 1967, p. 69, 翻訳書, 93頁) のアクチュアリティが生成し続ける。ホワイトヘッドの「知覚」とは,進展する出来事 (event) をありのままに感じること,言い換えれば,現実的存在が織りなすアクチュアリティを「抱握

(prehension)」することだった。

　こうした視点は、主体の認識の在り様、つまり主観に特徴がある。ホワイトヘッドはカント（I. Kant）流の主観主義を批判するが、主観そのものを否定しているわけではない。問題は唯一の主観という点である。あらゆる現実的存在がそれぞれ主観を有すると考えるホワイトヘッドの「有機体の哲学」では、ただひとつの主観は存在せず、無数の現実的存在の主観が宇宙全体に広がり生成消滅を繰り返している。つまり、〈私〉が世界の中心とは限らない。あらゆる瞬間、あらゆる場所で、すべての現実的存在が世界の中心となり得るのである（中村 2007、88-89頁）。

　また、現実的存在は〈知覚する主体〉でもあり〈知覚される客体〉でもある。このことから、アクチュアリティは主客統合の存在として把握される。ホワイトヘッド研究者らは、これを「汎主体主義（pansubjectivism）」と位置づけ、その一人、田中裕は「現実にあるものは、それ自身において考察されるときは、すべて主体であり、他者の観点から見れば客体である。そして、主体から客体への、客体から主体へのダイナミックな移行がまさしくホワイトヘッドがプロセスと呼んだものの内実を為している」（田中 1998、131頁）と述べ、こうした主体の複数性がホワイトヘッドの多元主義（pluralism）を基礎づけていると指摘した。プロセス思想では、一つの主体の成立に他の主体が本質的な関わりを持つ。ホワイトヘッドの「有機体の哲学」では、あらゆる現実的存在に経験の主体的直接性が認められているのである（村田 2014b、16頁）。

Ⅲ．創造的経験における「知覚」と「概念」

　われわれの生活の中で、「概念は同じ概念に止まらない」（Follett 1924, pp. 144-145）。流れゆく状況の中で、知覚されたものが、その都度、概念の中に入り込んで概念そのものを変化させる。つまり、概念は固定化されたものではなく、われわれの活動の中で形成され続けるものであるとフォレットは考えた。「生活という織物は手の込んだものであり、概念は統一性と単純性をもたらす。われわれが生活から生じ生活に働きかける入念さを理解

するならば，その統一性と単純性を十分に利用することができるだろう」(Follett 1924, p. 145)。ともすると，われわれは概念を独立したものと思い込み，高度に複雑化した生活そのものを見なくなってしまう。それを危惧したフォレットは，「知覚作用」と「概念作用」との「進歩的統合 (progressive integration)」(Follett 1924, p. 145) を主張した。概念は生活を描き出すための道具というよりは，むしろより豊かな生活をわれわれに自覚させるところに意味があるとフォレットは考えていたのである。[1]

ジェームズも同様に，「概念は知覚から流れ出し，再び知覚に流れ込む」(James 1979, p. 31, 翻訳書, 41頁) と述べている。知覚の流れは如何に細かく寸断しても常に多即一の状態である。そこで，われわれは知覚と概念との対話によって，この流れの中から多様な感覚を取り出して意味と名を与える (James 1979, p. 33, 翻訳書, 45頁)。これがジェームズ流のプラグマティズムである。「プラグマティズムはどんなものでも取り上げ，論理にも従えば感覚にも従い，最も卑近で最も個人的な経験までも考慮しようとする。神秘的な経験でも，それが実際的な効果を持っている場合にはこれを考慮する」(James 1981, p. 38, 翻訳書, 65頁)。知覚と概念との間を往復する「調停的な態度 (mediating attitude)」(James 1979, p. 36, 翻訳書, 51頁) こそがプラグマティストの姿なのだ。

そしてホワイトヘッドも，主観的感覚と客観的現象とを分け隔てる「自然の二元分裂」を批判し，有機体では「情緒的経験が概念的なものにおいて正当化され，概念的経験が情緒的なものに例示されるという和解 (reconciliation) を必要とする」(Whitehead 1978, p. 16, 翻訳書, 25頁) とした。情緒的な「感じ」である「原初的経験」が概念化され，それらによる知的洞察が，再び情緒的なものへと転換される。かかるホワイトヘッドの「和解」は，ジェームズの「調停的な態度」と，そしてフォレットの「知覚作用と概念作用との進歩的統合」と同義であると考えられよう。

村田康常は，ホワイトヘッドの「情緒的な相と知性的な相との和解」(村田 2000, 83頁) を「情的知」という言葉を用いて次のように述べる。すなわち，情緒的経験と概念的経験との統合は，他者との関係における自己の生成のプロセスの中で，絶えず新しく，そして過去を継承しつつ未来へと連綿

と続く生の躍動であると。この「生の躍動（èlan vital）」はベルクソン（H. Bergson）の言葉である。ベルクソンは，生の直観によって呼び起こされた意識の流れを「純粋持続（durée pure）」と呼び，このような観点から「生の躍動」を人間の在り様の本質であるとする『創造的進化』（1907）を著した。

ジェームズとホワイトヘッドは自らの思想形成にあたり，ベルクソンから大きな影響を受けた。それはフォレットも同じだった。ベルクソン主義者を自認するフォレットにあって，「持続」とは「自己を永続的に包摂する」（Follett 1919, pp. 581-582）こと，つまり，進展する経験の諸契機と把捉された。フォレットらが高く評価したベルクソンの「生の哲学」は，生起する「経験」の文脈を感じ取りつつ生きることだった（Follett 1918, p. 264, 翻訳書，256頁）。

IV．創造的経験における「真理」と「価値」

とはいえ，目の前の「純粋経験」や「情緒的経験」を感受するのは難しい。そこで人間は自ら知覚することを辞め，専門家（expert）の「概念的構図（conceptual pictures）」（Follett 1924, p. 146）に依存し，自らの「知覚作用」と「概念作用」を放棄してしまった。フォレットは，専門家らが主張する事実をそのまま科学的な真理と見なすことに危機感を抱き，この現象を「代理的経験（vicarious experience）」（Follett 1924, chap.1 and 2）と呼んで批判した。飛躍的な発展を遂げた社会では，われわれが知覚する現実世界とは無関係に概念が作られ，いつの間にか，それが真理と見なされてしまう。

それでは真理とは何か。ここでジェームズの二つの真理観に注目したい。一つは，「私たちが自分のものとして受け入れ，有効と認め，確認し，検証することができる」（James 1981, p. 92, 翻訳書，155頁）という実証的真理であり，もう一つは，「それを信じることが私たちの生活にとって有益である限りにおいて真である」（James 1981, p. 36, 翻訳書，59頁）とする限定的真理である。フォレットは両方の真理観を認めつつ，とりわけ後者の限定

的真理を重視した。生きるための活力ないし価値をもたらし得る経験こそ，プラグマティックに真であると考えたのである[3]。

こうした真理観のもと，フォレットはホワイトヘッドを引き，「ホワイトヘッド教授の有機体論では，相互作用と創発は同じ局面である。これは彼の思想の本質であると思う。有機体は活動的であり，進化的構造を基礎としている。すなわち，出来事という統一体の本質——有機体の性質——は進化と関係がある。ホワイトヘッド教授の出来事と統一体は，あるものがアクチュアリティへと創発することである」(Follett 1926, pp. 10-11) と述べた。フォレットとホワイトヘッドの二人にとって，「有機体は創発する価値の単位」(Whitehead 1967, p. 107, 翻訳書, 149頁) に他ならなかった。

ホワイトヘッドによれば，有機体は現実的存在が織りなす関係としてのアクチュアリティである。その特徴として，ホワイトヘッドは「延長 (extension)」と「経験 (experience)」を提示した (Whitehead 1926, p. e)。「延長」とは多と一との相互関係であり，「経験」とはそうした相互関係を創発し続ける主体の活動である。フォレットによれば，「全体性は，その構成要素によって，また構成要素間の相互作用によって，さらに全体と部分との関係によって決定される」(Metcalf and Urwick, 1940, p. 195, 翻訳書, 270頁)。「円環的反応 (circular responce)」によって全体状況が生成する際，「集合的アイデア (collective idea)」や「集合的意思 (collective will)」という新たな価値が生まれるとするフォレットの統合論は，ホワイトヘッドの有機体論と同質的である。

野家啓一は，「物質の外的関係の変化を記述するだけの唯物論においては価値の創発は見られず，ただ目的なく進歩のない変化があり得るのみ」(野家 2010b, 22-23頁) と述べた上で，ホワイトヘッドの有機体論を，科学的唯物論が描く「存在」としての「死せる自然」ではなく，自己組織的に発展する「生成」としての「生ける自然」であると評した。ガリレイやデカルト (R. Descartes) らの唯物論の基本は，「独立して存在する二つの実体，すなわち物質と精神にある」(Whitehead 1967, p. 152, 翻訳書, 204頁)。静態的な物質のみを問う唯物論的な自然は，「無味乾燥で，音もなく，香りもなく，色もない。それらは目的も意味もない，単なる物質の慌ただしさに

過ぎない」(Whitehead 1967, p. 54, 翻訳書, 72頁) にも関わらず, それが現実世界の真相と見なされてしまうことがある。ホワイトヘッドは, これを「具体性取り違えの誤謬 (fallacy of misplaced concreteness)」(Whitehead 1967, p. 51, 翻訳書, 67頁) であると痛烈に批判した。

では, どうすれば「具体性取り違えの誤謬」に陥らないのか。その答えの一つとして, 村田晴夫は水平的同型性から垂直的同型性への思考様式の転換を主張した。前者は方法論的個人主義の形態であり, 後者は方法論的有機体主義の形態である (村田 1984, 180-181頁)。「一切のものが一切のものと関連し合っている」(村田 1984, 208頁) というのが有機体である。現実的存在は相互依存的であり,「単に位置を占める」ことはない。

そうであれば, 科学的知識, あるいは分析的論理から得られた知見は, その都度, 全体状況の中で解釈される必要があるだろう。ある実在を理解する際には, それを他から切り離してはならず, 他との関係の中で考えなければならない。しかも現実的存在は目に見えるものばかりではない。無数の見えない繋がりが, 一つの現実的存在の生成に関与している。その繋がりを理解すればするほど, 現実的存在にせよ, 社会にせよ, それらの在り様をより深く理解できたことになる (林 2014, 113頁)。われわれは, そうした数々の現実的存在が織りなす結合体 (nexus) ないし社会を生きているのである。

V. むすびにかえて――創造的経験としての物語――

概して, 物語論はポストモダンの学際的潮流の中にある。それらは社会構成主義 (social constructionism) に依拠しつつ,「生活世界」における人間の主観的側面に迫ろうとする。主観的要素を排除しない〈我〉と〈汝〉の間に成立する物語論は, 聞き手と話し手との対話から, 生きることの意味や人間関係の意味の理解を当事者に促すことが期待される。こうした「語り (narrative)」への注目は,「二人称の科学」(野家 2005, 2010a, 2010b) として,「物語に基づく医療 (NBM：Narrative Based Medicine)」を中心に, 経営学を含む社会科学の領域にも広がってきている。

だがフォレット思想は, このタイプの物語論と同一ではない。その違いは

別の機会（杉田 2015, 71-75 頁）で述べたように，アクチュアリティの性質そのものにある。社会構成主義に基づく場合には，主観／間主観的なアクチュアリティが，〈我〉と〈汝〉との間で「言語」を通して現れるが，有機体主義に基づく場合には，主客統合のアクチュアリティが，過去から現在，そして未来に向かって生きる〈我々〉の「経験」として現れる。つまり「物語る」には，アクチュアリティの相違によって，「語る」と「生きる」という二通りの意味を確認することができる。フォレット思想は，言うなれば，組織や社会をプラグマティックに生きる一人称複数の物語論である[7]。

　フォレット思想の物語性は，一風変わった「機能（function）」の概念に特徴がある。通常，機能主義と言えばパーソンズ（T. Persons）流の構造-機能主義を指すことが多い。かかる機能主義者にとって，世界は外部から観察可能な事物として映っており，彼らは客観的世界における因果性の分析に関心を示す。野家の言葉を借りれば，それらはリアリティを問う「三人称の科学」（野家 2010a, 28 頁）に相当する。このタイプの機能主義者は，客観性を担保するために価値の問題を捨象するが，人間の意識と精神のレベルから社会プロセスを問うフォレットは価値を認めた。

　また，「法則」という語句から機能主義と誤解されがちな「状況の法則（law of the situation）」の概念にも物語性が窺える。「状況」とは円環的反応が創り出す全体の一局面であり，「状況の法則」とは円環的反応が連続する過程的趨勢である。こうした相互作用によって，「一つのここ，一つの今」の状況が次々に現れる。そして，状況はその文脈において解釈され意味を与えられるのである。かかる状況の進展は，同時に人間の成長を促す。状況と共に変化し続ける「再人格化（repersonalizing）」（Metcalf and Urwick, 1940, p. 60，翻訳書，85 頁）という自己概念は実に物語論的である。

　元来，フォレットの「状況の法則」は俯瞰的な科学の類ではない。なぜなら，認識の対象に主体が含まれているからである。状況を構成する人間がその流動性を客観視するのは難しく，ある程度の主観を免れ得ない。それゆえ，当事者は静態的な「存在」のリアリティというよりは，むしろ動態的な「生成」のアクチュアリティとして状況を理解するのである。経験を重んじるフォレットは，自らの活動を通して感じ取ったこのアクチュアリティに価

値の創発性を認めた。「状況の法則」が，「個と全体」の発展性を内包しているのはこのためである。

にもかかららず，人間は往々にして，所与の「概念的構図」や第三者の「代理的経験」に身を委ね，自ら経験することを放棄してしまう。フォレットはこれを憂慮し，直観を本質とする「知覚作用」と「概念作用」との進歩的統合の大切さを主張したのである。専門家の知識は状況から混乱（muddle）を排除してくれるが，状況を進展させるものは当事者の経験をおいて他にはない（Follett 1924, p. 6）。

フォレットは，流転する〈人間－組織－社会〉の関係を一人称複数で論じた。人間の成長，組織の発展，そして社会の進歩は，すべて〈我々〉の経験そのものである。経験は過去の出来事ではなく，現実を創り続ける機能的なプロセスである（Metcalf and Urwick, 1940, p. 200, 翻訳書，277頁）。その連なりに物語性が宿るのである。

注
1) フォレットの「知覚作用」と「概念作用」との関係性について，三井は次のように指摘した。「われわれはともすれば概念を実際に存在しているものと見誤まり，それによって捉えられる現実，あるいはその概念から引き起こされる活動そのもの，ひいては生活そのものを見ようとはしなくなる」。だから「彼女は，概念というものが活動，つまり生活そのものと決して切り離し得ないことを示し，そして，概念は生活という複雑かつ入念な織物を単純化してわれわれに提示してくれるが，生活そのものの複雑さを踏まえてこそ，初めてその概念は有効となり得ることを主張したのである」（三井 2009, 88-89頁）。
2) 村田康常から筆者宛ての書簡（2015.2.25）による。そこには，「情的知とは私の師であるホワイトヘッド研究の大家，山本誠作先生が提唱された考えで，もともとは西谷啓治先生の言葉だったものです。西谷先生の大谷大学講義などに見られた情的知の考えを，山本先生はホワイトヘッドの有機体の哲学の基本的特徴を示すものとして取り上げられたのです」とも綴られていた。
3) ジェームズの経験論はデューイ（J. Dewey）へと継承された。デューイは人間の経験や成長は他者のそれと共にあると考え，社会的集合体の意義を重視した。デューイの「経験（実験）による民主化の実現」という構想は，学問分野の境界を越えて教育の分野などに広まり，共に経験する技法などを開発させた。こうしたデューイの価値や経験の動態性は，フォレット思想との関連で検討すべきテーマであろう。こうした研究は，三井（2009, 112頁）が詳しい。
4) 村田晴夫は福島の原発事故を「具体性取り違えの誤謬」によるものだという。すなわち，クリーンで安全という原発の抽象化された概念によって作成された美しく完璧なまでのマニュアルと，福島第一原子力発電所という具体的な現実的存在を取り違えた結果による惨事であると（村田晴夫「経営学史における組織と時間」『経営学の貢献と反省（経営学史学会年報第20輯）』文眞堂，2013年，109-111頁）。
5) 水平同型の特徴は，①客体化された対象間の同型，②構成原理における同型（「how?」とい

う問いに対して同型の答えを得ること）であり，垂直同型の特徴は，① 全体とそれに含まれる部分の間の同型，② 存在原理における同型（「何であるか（what?）」という問いに対して同質の答えを得ること）である（村田 1984, 25 頁）。

6）ナラティブ・セラピーが依拠する立場は社会構成主義であるという（野口裕二『ナラティブの臨床社会学』勁草書房，2005 年，22-23 頁）。ただし，物語論の領域によっては「緩やかな連携」（野家 2005, 301 頁）や「重なり合うところがある」（野家 2010a, 8 頁）というように，社会構成主義との関係も多様のようだ。

7）サンデル（M. J. Sandel）の「物語的存在（storytelling beings）」やマッキンタイア（A. MacIntyre）の「物語的探究（narrative quest）」は，一人称複数の物語論として捉えられよう。コミュニタリアニズムと物語論との関連については，拙稿「フォレットはコミュニタリアンか？」『石巻専修大学経営学研究』第 23 巻第 2 号，2012 年，を参照されたい。

参考文献

Follett, M. P. (1918), *The New State: Group Organization the Solution of Popular Government*, Longmans, Green and Co.（三戸公監訳／榎本世彦・高澤十四久・上田鷺訳『新しい国家——民主的政治の解決としての集団組織論——』文眞堂，1993 年。）

Follett, M. P. (1919), "Community is a Process," *The Philosophical Review*, Vol. 28.

Follett, M. P. (1924), *Creative Experience*, Longmans, Green and Co.

Follett, M. P. (1926), Social Ethics Seminary, box62, R.C.Cabot Papers, Harvard University Archives.

Husserl, E. (1936, 1976), *Die Krisis der Europaischen Wissenschaften und die Transzendentale Phanomenologie*, Den Haag, Martinus Nijhoff, The Netherlands.（細谷恒夫・木田元訳『ヨーロッパ諸学の危機と超越論的現象学』中公文庫，1995 年。）

James, W. (1892, 1984), *Psychology: briefer course*, Harvard University Press.（今田寛訳『心理学（上）』岩波文庫，1992 年。）

James, W. (1907, 1981), *Pragmatism*, Hackett Publishing Company.（桝田啓三郎訳『プラグマティズム』日本教文社，1960 年。）

James, W. (1909, 1977), *A Pluralistic Universe*, Harvard University Press.（吉田夏彦訳『多元的宇宙』日本教文社，1961 年。）

James, W. (1911, 1979), *Some Problems of Philosophy*, Harvard University Press.（上山春平訳『哲学の諸問題』日本教文社，1961 年。）

James, W. (1912, 1976), *Essays in Radical Empricism*, Harvard University Press.（桝田啓三郎・加藤茂訳『根本的経験論』白水社，1998 年。）

Metcalf, H. C. and Urwick, L. (1940), *Dynamic Administration: the Collected papers of Mary Parker Follett*, Bath Management Trust.（米田清貴・三戸公訳『組織行動の原理』未来社，1972 年。）

Tonn, J. C. (2003), *Mary P. Follett*, Yale University Press.

Whitehead, A. N. (1925, 1967), *Science and the Modern World*, The Macmillan Company.（上田泰治・村上至孝訳『科学と近代世界』松籟社，1981 年。）

Whitehead, A. N. (1926), typescript of discussion, box62, R.C.Cabot Papers, Harvard University Archives.

Whitehead, A. N. (1929, 1978), *Process and Reality*, The Macmillan Company.（山本誠作訳『過程と実在』松籟社，1984 年。）

大厩諒（2014），「ジェイムズ哲学における経験への態度——『心理学原理』の意識論の検討と哲学

的方法に関するホワイトヘッドとの比較——」『プロセス思想』第16号。
河辺純（2009），「人間協働の再生——公共性と物語り性をめぐる思想からの一考察——」『経営哲学』第6巻第2号。
木村敏（1982），『時間と自己』中公新書。
木村敏（2005），『関係としての自己』みすず書房。
杉田博（2012），「フォレットの生涯とその時代」経営学史学会監修／三井泉編著『フォレット（経営学史叢書Ⅳ）』文眞堂。
杉田博（2015），「経営学における二つの物語論」『石巻専修大学経営学研究』第26巻。
田中裕（1998），『ホワイトヘッド——有機体の哲学——』講談社。
中村昇（2007），『ホワイトヘッドの哲学』講談社。
西村香織（2012），「フォレットの経験論——価値の創造プロセスとしてのマネジメント思想——」経営学史学会監修／三井泉編著『フォレット（経営学史叢書Ⅳ）』文眞堂。
野家啓一（2005），『物語の哲学』岩波書店。
野家啓一（2010a），「物語り論（ナラトロジー）の射程」村田晴夫・吉原正彦編『経営思想研究への討究——学問の新しい形——』文眞堂。
野家啓一（2010b），「科学・形而上学・物語り——ホワイトヘッド『科学と近代世界』再読——」『プロセス思想』第14号。
林貴啓（2014），「ホワイトヘッド哲学——環境倫理へのラディカルな示唆——」『思想』No. 693，理想社。
三井泉（2009），『社会ネットワーキング論の源流——M. P. フォレットの思想——』文眞堂。
三井泉（2012），「フォレットの思想的背景と方法」経営学史学会監修／三井泉編著『フォレット（経営学史叢書Ⅳ）』文眞堂。
村田晴夫（1984），『管理の哲学——個と全体・その方法と意味——』文眞堂。
村田康常（2000），「有機体の哲学における関係性と情的知」『プロセス思想』第9号。
村田康常（2014a），「文明の進歩と課題——上向きの趨勢と客体的不死性——」『プロセス思想』第15号。
村田康常（2014b），「住まうこと，冒険すること，斉すること——「プロセス」の三つの様態——」『思想』No. 693，理想社。

13 ステークホルダー理論における
ステーク概念の検討

中 村 貴 治

Ⅰ．はじめに

　大規模化した現代企業は，企業それ自身の維持存続が強く求められるだけでなく，社会からの要請を企業の社会的責任（以下，CSR）として受け入れ，活動する社会的器官となっている。自社の存続のための経営戦略と，企業と社会の関係の健全さを保つ CSR は，現代企業の両輪として同時に高いレベルで達成されることが求められるのである（三戸・池内・勝部 2011）。企業はそのために，自社を取り巻くステークホルダーに対していかに対応していくのかが大きく問われているが，ステークホルダー理論において，どのステークホルダーに対してどのように対応することが適切な対応となるのかは，未だ明確化されていない（Tashmen and Raelin 2013）。
　本論は，経営戦略論，CSR 論のそれぞれの文脈におけるステークホルダーをとらえる観点について対立的関係を指摘することで，ステークホルダーへの適切な対応のための，ステークの適切な把握の重要性を提起する。そして，各論者のステーク概念の有効性と限界の検証を通してステーク概念の精緻化の方向性を検討したい[1]。

Ⅱ．ステークホルダーをとらえる観点と問題

1．ステークホルダー理論におけるステーク概念の重要性

　ステークホルダー理論は Freeman（1984），*Strategic Management* を嚆矢とし，激しく変化する環境において企業が存続するために経営戦略論の観点

から普及した理論である。しかし，現在では，経営学の諸研究領域において用いられており（水村 2004），企業の社会に対する責任がステークホルダーに対する責任として論じられるなど，CSR論をはじめとする「企業と社会」論においても，中核的な位置を占めるに至っているといえる。

しかし，このようにステークホルダー理論が普及することで，ステークホルダーをとらえる観点は，その問題意識，用いられる研究領域から，経営戦略論的観点そしてCSR論的観点の二者が提示される（中村 2015）。経営戦略論の観点からステークホルダーを論じたFreeman（1984）では，ステークホルダーを「企業の目的達成に影響を与えることができ，またはそれによって影響を与えられる個人や集団」（p. 46）と定義し，企業の存続・目的達成に影響を与えうる存在として捉える。一方で，「企業と社会」論，とりわけCSR論の代表的論者であるCarroll and Buchholtz（2015）は，ステークホルダーを「企業に対するあらゆる権利のうち，一つもしくはそれ以上を保持する個人や集団」（p. 65）として，企業が社会的責任を負う対象として捉えるのである。

このような経営戦略論の文脈とCSRをはじめとする「企業と社会」論の文脈におけるステークホルダー理論の用いられ方の相違については，高岡（2004）は，両観点の関係を共訳不可能として「対立的」になると捉えているが，一方で水村（2008）は，ステークホルダーの定義の違いから，ステークホルダーの捉え方が経営者の視点に立つか，ステークホルダーの視点に立つかが異なることを指摘し，両者の関係を「補完的」と捉えている。

しかし，経営者のステークホルダーに対する優先順位付けを論じるステークホルダー特定（Stakeholder Identification）の議論によれば，ステークホルダーは経営者から，「パワー」，「正当性」，「緊急性」の3つの性格によってとらえられる（Mitchell, Agle and Wood 1997）。「パワー」は企業活動に影響を与える手段であり，「正当性」は要求が望ましい社会的善に適っているか，その尺度であり，「緊急性」は要求の即時の対応を必要とする程度である。先述した両観点は，重視するステークホルダーのステークの性格が，経営戦略論的観点に立てばパワー，CSR論的観点に立てば正当性となり異なることから，どのステークホルダーに優先的に対応するかという点で対立

的になると指摘できる（Parmer et al. 2010）。

　つまり，経営者が経営戦略論的観点に立ってステークホルダーを捉えるとき，パワーを持つステークホルダーが優先され，正当性のあるステークホルダーへの対応はないがしろにされる恐れがあるのである。しかし，正当性のある要求をないがしろにすることは，社会からの信頼を失い，企業の長期的な維持存続にとっても重大な損失となりかねない。例えば，Parent and Deephouse（2007）は，経営者によるステークホルダーの優先順位づけにおいて実際にパワーが他の性格より重視されていたケースを明らかにしている。このことは，宮坂（2009）が指摘するステークホルダーの要求の正当性を左右する社会契約のほかに，問題を企業・経営者の視点を組み込んで捉えることの重要性を示唆しているといえよう。

　Goodpaster（1991）は，経営者が責任ある意思決定を行う過程を，企業活動によって影響を与えられるステークホルダーを特定し分析する「ステークホルダー分析」と，分析の結果を経営者のもつ優先順位に照らして意思決定に組み込み実践する「ステークホルダー総合」に段階づけた。企業がステークホルダーに適切な対応をするためには，経営者のもつ優先順位に組み込まれる前段階である「ステークホルダー分析」において，各主体が企業といかなる関係性つまりステークを保持するのかが適確に把握されることが必要であろう。また，経営者がいずれかの観点に立たねばならないとき，対立するステークホルダーのステークに対して精確な分析を行うことで，対応されなかったステークホルダーに対して明確な説明と対話を行うことが重要となる。

　本論では，これらの問題意識から，既存のステーク概念の有効性と限界の検討を行いたい。

　検討にあたっては，類似したステークを持つ地域住民の間でも，対応に明確な差が出た川内原子力発電所（以下，川内原発）再稼働の地元同意手続きの事例を用いることで，ステーク概念の精緻化のための課題を導出する[2]。なお，本論においてはステーク概念の検討を目的とするため，ステークホルダーとして，地域住民間のステークの対立に限定して取り上げたい。

2．川内原発再稼働の事例

　九州電力は，2011年3月に発生した福島第一原発事故の影響を受けて全国の原発が停止して以降，3期連続の赤字となり，2014年9月中間連結決算時点で359億円の最終赤字となっており，保有する原発の再稼働は存続上の重要課題となっていた。そのため，九州電力は2013年9月に川内原発の再稼働に向けた安全審査を原子力規制委員会に申請し，翌2014年9月には全国に先駆けて同委員会の審査に合格した。同年10月に原発の立地市である薩摩川内市，11月には鹿児島県からの同意を得ることで，"地元同意"手続きを終了とし，2015年8月に再稼働を迎えている。

　しかし，地域住民の中から川内原発再稼働の差止仮処分を求める訴訟が起こされたように，原発再稼働に向けた地元同意手続きには複雑なステークホルダーの対立関係があり，地域住民間の関係に限っても次のような対立がみられる。

　第一に，立地地域住民と隣接地域住民間の対立である。福島第一原発事故を受けて，避難計画の策定が求められる原子力災害対策重点区域が原発の半径30km圏内に設定された。しかし，川内原発再稼働に対する地元同意は，鹿児島県と立地市である薩摩川内市にのみ求められ，同じく原子力災害対策重点区域に含まれる隣接地域である，いちき串木野市，阿久根市，出水市，日置市，姶良市，さつま町，長島町，鹿児島市の同意は問題とされなかった。同じ半径30km圏内に居住する立地地域住民・隣接地域住民ともに「安全性，自然環境・未来世代への懸念」，「雇用・収入，インフラの安定」というステークを持ちながら，その対応に明確な差が出たと言える。

　第二に，立地地域内の賛成派住民と反対派住民間の対立である。立地市である薩摩川内市の内でも，雇用・収入の観点から賛成する住民だけでなく，安全性や自然環境・未来世代への懸念の観点から反対する住民が存在する。例えば，薩摩川内市内の山之口自治会からは「今の避難計画では住民の安全を守れない」として再稼働反対の陳述書が提出されているだけでなく，再稼働にあたっての住民説明会では，主に安全性の観点から再稼働に疑問を投げかける声が絶えない。

III. ステーク概念の検討

上記のステークホルダーの対立を、いかに分析できるか。ステークの概念は、各論者の間で統一されておらず整理されていない。以下に、先行研究として Freeman (1984), Andriof and Waddock (2002), Waddock (2009), Carroll and Buchholtz (2015) の提示したステーク概念の検討を行う。

1. Freeman (1984) によるステーク概念の分類

ステークホルダー理論の嚆矢とされる Freeman (1984) は、1960年代のアメリカにおいて社会運動の勃興に伴って劇的に変化した企業の環境に対して経営者が対応するための新たなアプローチとして、企業に影響を与える広い範囲の集団まで考慮に入れるために、経営戦略の観点からステークホルダー理論を提示した。そのため、ステークホルダーの正当性も企業活動に影響を与える限りにおいて問題とされ、ステーク概念も、あくまでも企業活動に対するパワーを軸として捉えられ分類されることとなる。

しかし、Freeman (1984) によるステーク概念の分類では、川内原発再稼働地元同意手続きにおける、地域住民のステークに対する分析は困難である。確かに、地域の安全性や雇用を訴える地域住民は、住民団体や再稼働差し止め訴訟に関わる弁護団を結成する。しかし、本分類ではそれらは一様に

表1 Freeman (1984) によるステーク概念の分類

パワー ステーク	公的 または議決権	経済的	政治的
株式 (equity)	株主, 取締役 少数株主		反対派株主
経済的 (economic)		供給業者, 顧客 債券保有者 組合	地方自治体, 外国政府 消費者団体 組合
影響力 (influencers)	政府, 外部取締役 証券取引委員会	環境保護庁 労働安全衛生庁	ネーダー突撃隊 政府, 事業者団体

(出所) Freeman (1984), p. 63. 太枠筆者。

ステークとして影響力をもち，政治的パワーを行使するステークホルダーとして同等視され，地域住民間のステークの差異を認識することができない。

2．Andriof and Waddock（2002）によるステーク概念の分類

技術の発展によって，企業活動がグローバル化・可視化され，社会から企業へ多くの要求がなされるようになるとともに，企業は多様なステークホルダーと協働するようになっている。Andriof and Waddock（2002）は，このような中で企業がステークホルダーの要求，関係性により適切に対応するために，「企業と社会」論，経営戦略論そして戦略的提携の文献から，ステークホルダーとの関係性およびそれへの対応に理解を深めるフレームワークの提示を試みている。ステーク概念をステークホルダーのとらえ方に通底する二つの論拠として，パワーと正当性というステークの「性格」と結び付けてステークの「類型」を提示するのである。

Andriof and Waddock（2002）の分類は，ステークを各研究領域の観点から多角的に捉えるものである。しかし，川内原発の再稼働において隣接地域住民の「安全性，自然環境・未来世代への懸念」は，社会契約，道徳的利害・権利，リスクという三つのステークの「類型」を備えた主張よりも，立地地域住民の「雇用・収入，インフラの安定」という社会契約，法的権原・

図1　Andriof and Waddock（2002）によるステーク概念の分類

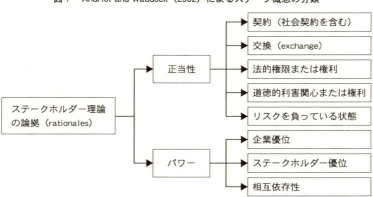

（出所）Andriof and Waddock（2002），p. 32.

権利の二つのみのステークの「類型」を備えた主張の方が対応されている。この対応が適切といえるのか，否か。Andriof and Waddock (2002) の提示したステーク概念では，ステークが「性格」と「類型」が列挙されるのみに留まっており，パワー・正当性というステークの「性格」と契約，交換などといったステークの「類型」との関係性が不明確であるため，ステークの分析として不充分なものとなっている。

3．Waddock (2009) によるステーク概念の分類

Waddock (2009) は，インターネットが普及し企業活動がグローバル化することで，企業が社会，個人，政治に与える影響に対して責任を負うことをますます求められている中で，企業が主導的な企業市民となるためのマネジメントの在り方を問うている。そのとき，企業にとって利益とは目的ではなく，ステークホルダーと良好な関係性を構築した結果として得られる副産物であり，企業は活動に際して社会，多様なステークホルダーそして自然環境に対する影響に注意を払い，その影響を良いものとするための手段を講じることがまず求められる。Waddock (2009) は，企業はそのために自社とステークホルダーとの関係を理解し，それらのステークホルダーを尊重した対応を取らねばならないと指摘し，表2のようなステーク概念の分類を提示する。

Waddock (2009) は，ステークが生じる「基礎」として，上記のように

表2　Waddock (2009) によるステーク概念の分類

ステークの「類型」	ステークの「基礎」	
主　張	・法的または道徳的権利 ・正義／公正の考慮	・功利性（最大多数の最大幸福） ・ケア
リスク（自発的または非自発的） 　1.所有者　　　4.顧客 　2.コミュニティ　5.供給業者 　3.従業員	資本の投資（以下を含む） 　1.金融資本 　2.社会的／インフラ資本 　3.知識／知性／人的資本	4.信頼資本 5.技術的，インフラ資本
紐　帯	帰属化（プロセス）	

（出所）Waddock (2009), p.8 から一部改編。

「倫理の原則」や「資本の投資」，または企業とステークホルダー間の関係性の認識，帰属化（identification）を挙げている。これは，各ステークが生起する源泉を示すものであり，ステークへの分析を深める可能性を持っているといえよう。

しかし，川内原発再稼働の事例において，立地地域内の賛成派住民の自発的リスクと反対派住民の非自発的リスクは，どちらが優先して考慮されるべきか。「類型」内の検討が必要である。また，立地地域住民のステークは，法的または道徳的権利，功利性，ケアというステークの類型の他に，正義・公正の考慮まで備えた隣接地域住民のステークよりも優先された。より多くの基礎を備える類型の方がより少ない基礎を備える類型よりも優先されるべきと言えるかなど，「類型」と「基礎」の関係性についても検討される必要があろう。

4．Carroll and Buchholtz（2015）によるステーク概念の分類

Carroll and Buchholtz（2015）は，社会が多元化して人々が権利意識を持ち，大規模化した企業の影響力の乱用に対して社会の批判が強まっていると指摘し，責任の鉄則（Iron Law of Responsibility）に基づいて企業のパワーと責任の均衡を問題として，ステークホルダーを企業が社会的責任を負う対象として捉えている。そして，企業の長期的な存続および倫理的な観点から，ステークホルダーの正当なニーズと期待に対応しなければならないとし，ステークホルダーのステークを表3のように論じるのである。

表3　Carroll and Buchholtz（2015）によるステーク概念の分類

類　型		定　義
利害関心（interest）		個人ないし集団が，その意思決定から影響を受けるとき。
権利	(1)法的権利	個人ないし集団が，しかるべき方法で扱われること，または特定の権利の保護に対する，法的権利を有するとき。
	(2)道徳的権利	個人ないし集団が，しかるべき方法で扱われること，または特定の権利の保護に対する，道徳的ないし倫理的権利を有すると考えるとき。
所　有		個人ないし集団が，資産あるいは財産に対する法的所有権を有しているとき。

（出所）Carroll and Buchholtz (2015), p. 66.

Carroll and Buchholtz（2015）の分類に関しても，事例の全てのケースにおけるステークホルダーのステークは「権利」と「利害関心」を同時に持つといえ，両者を明確に分類することはかなわない。Carroll and Buchholtz（2015）においても「権利」と「利害関心」には連続性があることは指摘されるが，両者の関連性は明確化することが必要であろう。また同様に，法的権利と道徳的権利は同時に持つことができるか，それとも一方のみしか持つことができないのかなど，ステークの「類型」内の関係性について，検討すべき点を多く残している。

Ⅳ．おわりに

　企業が自社の維持存続と社会的責任を同時に果たしていくために，ステークホルダーに対してどのように適切に対応していくべきか。ステークホルダーをとらえる経営戦略論的観点とCSR論的観点が対立する可能性があることから，企業と各主体の関係性をあらわすステーク概念の重要性を提示し，先行研究におけるステーク概念を，事例を参照しながら検討してきた。
　検討からは，まず，Freeman（1984）のように経営戦略論的観点からステークホルダーをとらえ，ステークのパワーの観点からのみ分析を行っても，事例の分析を深めることは困難であることが確認された。その一方で，Andriof and Waddock（2002），Waddock（2009），Carroll and Buchholtz（2015）のようにCSR論的観点からステークホルダーをとらえても，ステークを細かに分析しようとする故に要素間の重複，関係性の複雑化が起き，明確な分析を行うことがかなわなかったのである。
　企業が限られた資源を有し，経営者がいずれかの観点に立たざるを得ないとき，対立するステークホルダーにどのように対応していくべきか。ステーク概念の精緻化がその分析のために求められるのである。
　また，各論者のステーク概念は，検討すべき点を有していたが，ステークの生じる源泉となる「基礎」，ステークの分類として「類型」，そして，経営者のステークに対する認識，優先順位付けに関わるステークの「性格」という，概念に対して異なる切り口が提示された。今後の方向性として，概念を

構成する要素としてこれらの切り口を整理することを通して，ステーク概念の構造を明らかにすることが重要となろう。

本論においては，事例について，あくまでもステーク概念の検討を目的としたために極めて限定した内容を扱ったが，現実には株主・従業員・顧客・取引業者・政府・省庁・他の電力会社・他の原発近隣地域の住民など，極めて複雑な関係性を孕んでおり，これらの関係をより適切に分析できる概念の構築が求められよう。今後は，ステークの「基礎」，「類型」，「性格」の要素ごと，およびその関係性についての検討を深め，ステーク概念を精緻化していくことを課題としたい。

注
1) なお，stake の訳語について，厚東 (2013) によれば，そもそも stake 概念は，アメリカの訴訟における「訴訟の当事者適格，あるいは原告適格 standing」の必要条件を充足する，「訴訟当事者の利害関係」と訳すべきもので，それにより，ステークホルダー理論が普及した学史的意義，企業実践における意義も明らかになるとされる。しかし，例えば本論で取り上げる Carroll and Buchholtz (2015) が stake の類型として，訴訟の当事者適格には必ずしも当てはまらない利害関心 (interest) までも含めるなど，CSR 論など幅広い研究領域において理論が用いられる中で，現在，stake 概念はより広い意味をもった概念とし用いられていることが指摘できる。そのため，本論においては多くの文献に倣い，stake の日本語表記は「ステーク」として統一して用いる。
2) 企業をめぐるステークホルダーの問題は，その時代や地域の状況・特徴にも左右され，それ故に米国で展開されたステークホルダー理論，ステーク概念をそのまま我が国における適用することは困難であることも想定される。しかし，そのような概念の適用の限界を確認することも，本論の提起する概念の精緻化における重要な論点である。
3) 産経ニュース「九電中間決算，最終赤字 359 億円 川内・玄海再稼働が急務」(http://www.sankei.com/region/news/141101/rgn1411010036-n1.html，2015 年 8 月 25 日確認)。なお，年度中の再稼働を果たせなかった九州電力は，2015 年 3 月期には最終損失が 1146 億円 (前期 960 億円) となり，4 期連続の赤字決算となった。
4) 債権者である川内原発から 250km 圏内に居住する者が，債務者である九州電力に，生命を守り生活を維持するという人格権の侵害をめぐり，川内原発の運転差し止めを命ずる仮処分命令を申し立てた裁判。一審，二審ともに，人格権の侵害のおそれが認められず却下された (鹿児島地決平成 27 年 4 月 22 日判時 2290・147，福岡高決平成 28 年 4 月 6 日判時 2290・90)。
5) ここで提示する二つの対立関係の他に，ステークは同一の個人の中で対立を起こしていることも指摘できる。福島第一原発近くに住む主婦は，地元経済を成り立たせるために原発再稼働を容認しながらも，子供のために安全への不安を強く持つなど，複雑なステークを持つ (日本経済新聞「川内再稼働 揺れる住民『街に活気が戻る』『安全を守れない』」2014 年 11 月 8 日朝刊)。このようなステークの対立は，分析をステークのレベルまで行うことの重要性を示すものである。
6) 隣接地域住民のうちで自地域まで「地元同意」に含めることを求める住民は，求めない住民が 16％であるのに対して，実に 72％にのぼった (NHK 放送文化研究所「川内原発とエネルギー

に関する調査」(2014 年 11 月 10 日発表より)。また，再稼働に関する地域住民への主たる対応として，2014 年 10 月に各市町で開催された住民説明会(各市町で 5 回，日置市で補足説明会が 1 回，計 6 回)が挙げられる。しかし，説明会は各自治体の主催で，九州電力の参加は補足説明会の 1 度であった。また主たる反対理由である安全性に対する説明に関して，不充分さを感じる参加者の声も多く挙がっている(東京新聞「川内原発 初の住民説明会 質問 大半が再稼働疑問視」2014 年 10 月 10 日朝刊他)。本論においては地域住民に対する実質的な対応がなされたとは捉えられない。

7) 日本経済新聞「川内再稼働 揺れる住民『街に活気が戻る』『安全を守れない』」2014 年 11 月 8 日朝刊。

8) Reuters「〔インサイト〕年内に迫る川内再稼働の地元同意，葛藤する『原発城下町』の住民」2014 年 10 月 16 日 (http://jp.reuters.com/article/marketsNews/idJPL3N0SB08A20141016, 2015 年 7 月 14 日確認)。

9) また，本事例から導かれるものではないが，ステーク「類型」の項目自身の妥当性も検討されるべきであろう。例えば，ステークホルダー理論の意義の一つは，株主以外にも経営者が配慮すべき主体が存在することを示すことにある (Freeman 1984)。この意味で，「所有」もその他の「法的権利」と対当視され組み込まれるべきではないかという点も，重要な論点と言える。

参考文献

Andriof, J. and Waddock, S. (2002), "Unfolding Stakeholder Engagement," in Andriof, J., Waddock, S., Husted, B. and Rahman, S. S. (eds.), *Unfolding Stakeholder Thinking*, Greenleaf Pubns, pp. 19-42.

Carroll, A. B. and Buchholtz, A. K. (2015), *Business & society: Ethics, Sustainability and Stakeholder Management*, 9e, Cengage Learning.

Clarkson, Max. B. E. (1995), "A stakeholder framework for analyzing and evaluating corporate social performance," *Academy of Management Review*, Vol. 20, pp. 92-117.

Coff, R. W. (1999), "When competitive advantage doesn't lead to performance: The resource based view and stakeholder bargaining power," *Organization Science*, Vol. 10, No. 2, pp. 119-133.

Freeman, R. E. and Reed, D. L. (1983), "Stockholders and Stakeholders: A New Perspective on Corporate Governance," *California Management Review*, Vol. 25, No. 3, pp. 88-106.

Freeman, R. E. (1984), *Strategic Management: A Stakeholder Approach*, Pitman.

Mitchell, R. K., Agle, B. R. and Wood, D. J. (1997), "Toward a Theory of Stakeholder Identification and Salience: Defining the Principle of Who and What Really Counts," *Academy of Management Review*, Vol. 22, No. 4, pp. 853-886.

Parent, M. M. and Deephouse, D. L. (2007), "A Case Study of Stakeholder Identification and Prioritization by Managers," *Jounal of Business Ethics*, Vol. 75, No. 1, pp. 1-23.

Parmar, B. L., Freeman, R. E., Harrison, J. S., Wicks, A. C., Purnell, L. and Colle, S. (2010), "Stakeholder Theory: The State of the Art," *The Academy of Management Annals*, Vol. 4, No. 1, pp. 403-445.

Savage, G. T., Nix, T. H., Whitehead, C. J. and Blair, J. D. (1991), "Strategies for assessing and managing organizational stakeholders," *Academy of Management Executive*, Vol. 5, pp. 61-75.

Tashman, P. and Raelin, J. (2013), "What and what really matters to the firm: Moving stakeholder salience beyond managerial perceptions," *Business Ethics Quarterly*, Vol. 23, pp. 591-616.

厚東偉介（2013），「社会的責任論の現状とステークホルダー概念の淵源について」『商学研究科紀要』第 76 巻，1-44 頁
高岡伸行（2004），「ステイクホルダー思考の解明」『長崎大学経済学部研究年報』第 20 巻，37-51 頁。
中村貴治（2015），「ステークホルダー理論の可能性」『経営哲学』第 12 巻第 1 号，58-62 頁。
水村典弘（2004），『現代企業とステークホルダー――ステークホルダー型企業モデルの新構想』文眞堂。
水村典弘（2008），『ビジネスと倫理――ステークホルダー・マネジメントと価値創造』文眞堂。
三戸浩・池内秀己・勝部伸夫（2011），『企業論（第 3 版）』有斐閣。
宮坂純一（2009），『道徳的主体としての現代企業――何故に，企業不祥事が繰り返されるのか』晃洋書房。

第IV部
文　　献

ここに掲載の文献一覧は，第Ⅱ部の統一論題論文執筆者が各自のテーマの基本文献としてリストアップしたものを，年報編集委員会の責任において集約したものである。

1　経営学史研究の興亡

外国語文献

1. Barnard, C. I. (1938, 1968), *The Functions of the Excutive*, Harvard University Press.（山本安次郎・田杉競・飯野春樹訳『新訳 経営者の役割』ダイヤモンド社，1968年。）
2. Drucker, P. F. (1969), *The Age of Discontinuity: Guidelines to Our Changing Sosiety*, Harper & Row.（上田惇生訳『断絶の時代』ダイヤモンド社，2007年。）
3. Follett, M. P. (1924), *Creative Experience*, Longmans, Green and Co.（三戸公監訳／齋藤貞之・西村香織・山下剛訳『創造的経験』文眞堂，2017年刊行予定。）
4. Lawrence, P. R. and Lorsch, J. W. (1967), *Organization and Environment: Managing Differentiation and Integration*, Harvard University Press.（吉田博訳『組織の条件適応理論——コンティンジェンシー・セオリー——』産業能率短期大学出版部，1977年。）
5. Simon, H. A. (1945, 1947, 1957, 1976, 1997), *Administrative Behavior: A Study of Decision-Making Process in Administrative Organizations*, The Free Press.（二村敏子・桑田耕太郎・髙尾義明・西脇暢子・高柳美香訳『【新版】経営行動——経営組織における意思決定過程の研究——』ダイヤモンド社，2009年。）
6. Taylor, F. W. (1911), *The Principles of Scientific Management*, Harper.（上野陽一郎訳編『科学的管理法』産業能率短期大学出版部，1969年。）
7. Wren, D. A. (1994), *The Evolution of Management Thought*, 4th ed., John Wiley & Sons.（佐々木恒男監訳『マネジメント思想の進化』文眞堂，2003年。）

日本語文献

1. 小笠原英司（2004），『経営哲学研究序説——経営学的経営哲学の構想——』文眞堂。
2. 経営学史学会編（2007），『経営学の現在——ガバナンス論、組織論・戦略論——（経営学史学会年報 第14輯）』文眞堂。
3. 経営学史学会監修（2011-2013），『経営学史叢書』全14巻，文眞堂。

4 経営学史学会編（2011），『危機の時代の経営と経営学（経営学史学会年報 第18輯）』文眞堂．
5 経営学史学会編（2012），『経営学史事典（第2版）』文眞堂．
6 経営学史学会編（2012），『経営学の思想と方法（経営学史学会年報 第19輯）』文眞堂．
7 経営学史学会編（2013），『経営学の貢献と反省——21世紀を見据えて——（経営学史学会年報 第20輯）』文眞堂．
8 経営学史学会編（2014），『経営学の再生——経営学に何ができるか——（経営学史学会年報 第21輯）』文眞堂．
9 経営学史学会編（2015），『現代経営学の潮流と限界——これからの経営学——（経営学史学会年報 第22輯）』文眞堂．
10 経営学史学会編（2016），『経営学の批判力と構想力（経営学史学会年報 第23輯）』文眞堂．
11 三戸公（2002），『管理とは何か——テイラー，フォレット，バーナード，ドラッカーを超えて——』文眞堂．
12 三戸公（2011），『ドラッカー、その思想』文眞堂．
13 村田晴夫・吉原正彦編（2010），『経営思想研究への討究——学問の新しい形——』文眞堂．
14 吉原正彦（2006），『経営学の新紀元を拓いた思想家たち——1930年代のハーバードを舞台に——』文眞堂．

2 「歴史学的視点から見た経営学史」試考

外国語文献

1 Furet, F. (1982), *L'atelier de l'histoire*, Flammarion.（浜田道夫・木下誠訳『歴史の仕事場(アトリエ)』藤原書店，2015年．）
2 Keinhorst, H. (1956), *Die normative Betrachtungsweise in der Betriebswirtschaftslehre*, Duncker & Humblot.（鈴木英寿訳『経営経済学と価値判断』成文堂，1979年．）
3 Lukacs, L. (2011), *The Future of History*, Yale University Press.（村井章子訳『歴史学の将来』みすず書房，2013年．）
4 Pomeranz, K. (2000), *The Great Divergence: China, Europe, and the Making of the Modern World Economy*, Princeton University Press.（川北稔監訳『大分岐——中国，ヨーロッパ，そして近代世界経済の形成——』名古

屋大学出版会，2015 年。）
5　Schönpflug, F. (1954): *Betriebswirtschftslehre, Methoden und Hauptströmungen*, 2. Aufl., Hrsg. von H. Seischab, C. E. Poeschel.（古林喜楽監修／大橋昭一・奥田幸助訳『経営経済学』有斐閣，1970 年。）
6　Todd, E. (1990), *L'invention de l'Europe*, Éditions du Seuil.（石崎晴己訳『新ヨーロッパ大全（1，2）』藤原書店，1992，1993 年。）

日本語文献
1　経営学史学会監修／小笠原英司編著 (2013)，『日本の経営学説Ⅰ（経営学史叢書 XIII）』文眞堂。
2　経営学史学会監修／片岡信之編著 (2013)，『日本の経営学説Ⅱ（経営学史叢書 XIV）』文眞堂。
3　速水融 (1973)，『近世農村の歴史人口学的研究――信州諏訪地方の宗門改帳分析――』東洋経済新報社。
4　藻利重隆 (1973)，『経営学の基礎（新訂版）』森山書店。
5　山本安次郎 (1975)，『経営学研究方法論』丸善。

3　経営学史研究の意義と方法

外国語文献
1　Gaugler, E. / Köhler, R. H. (2002): *Entwicklungen der Betriebswirtschaftslehre, 100 Jahre Fachdisziplin – zugleich eine Verlagsgeschichte*, Stuttgart.
2　Schönpflug, F. (1954): *Betriebswirtschftslehre, Methoden und Hauptströmungen*, 2. Aufl., Hrsg. von H. Seischab, Stuttgart.（古林喜楽監修／大橋昭一・奥田幸助訳『経営経済学』有斐閣，1970 年。）
3　Schweitzer, M. / Baumeister, A. (2015): *Allgemeine Betriebswirtschaftslehre – Theorie und Politik des Wirtschaftens in Unternehmen*, 11., völlig neu bearbeitete Aufl., Berlin.

日本語文献
1　池内信行 (1949)，『経営経済学史』理想社，増訂版 (1955)。
2　市原季一 (1954)，『ドイツ経営学――ドイツ的経営学の生成と発展――』森山書店，第 9 版 (1966)。
3　市原季一 (1975)，『経営学論考』森山書店。

4　海道ノブチカ（1988），『西ドイツ経営学の展開』千倉書房。
5　経営学史学会監修／田中照純編著（2012），『ニックリッシュ——経営共同体の思想——（経営学史叢書 XI）』文眞堂。
6　経営学史学会監修／小笠原英司編著（2013），『日本の経営学説 I（経営学史叢書 XIII）』文眞堂。
7　古林喜楽（1976），『経営学方法論序説』三和書房。
8　田中照純（1998），『経営学の方法と歴史』ミネルヴァ書房。
9　吉田和夫（1982），『ドイツ経営経済学』森山書店。
10　吉田和夫（1992），『日本の経営学』同文舘出版。

4　経営学における物質性概念の行方：社会構成主義の陥穽を超えて

外国語文献

1　Berger, P. L. and Luckmann, T. (1966), *The Social Construction of Reality: A Treatise in the Sociology of Knowledge*, Anchor Books.（山口節郎訳『現実の社会的構成：知識社会学論考』新曜社，2003 年。）
2　Berger, P. L., Berger, B. and Kellner, H. (1973), *The Homeless Mind: Modernization and Consciousness*, Random House.（高山真知子・馬場伸也・馬場恭子訳『故郷喪失者たち：近代化と日常意識』新曜社，1997 年。）
3　Burrell, G. (2013), *Styles of Organizing: The Will to Form*, Oxford University Press.
4　Burrell, G. and Morgan, G. (1979), *Sociological Paradigms and Organizational Analysis: Elements of the Sociology of Corporate Life*, Heinemann.（鎌田伸一・金井一頼・野中郁次郎訳『組織理論のパラダイム：機能主義の分析枠組』千倉書房，1986 年。）
5　Grint, K. and Woolgar, S. (1997), *The Machine at Work: Technology, Work and Organization*, Polity Press.
6　Leonardi, P. M., Nardi, B. A. and Kallinikos, J. (eds.) (2012), *Materiality and Organizing: Social Interaction in a Technological World*, Oxford University Press.

日本語文献

1　桑田耕太郎・松嶋登・高橋勅徳編（2015），『制度的企業家』ナカニシヤ出版。

2 経営学史学会監修／岸田民樹編著（2012），『ウッドワード（経営学史叢書Ⅷ）』文眞堂。
3 國部克彦・澤邉紀生・松嶋登編（2017），『計算と経営実践：経営学と会計学の邂逅』有斐閣。
4 松嶋登（2015），『現場の情報化：IT 利用実践の組織論的研究』有斐閣。

5　M. P. Follett 思想における Pragmatism と Pluralism
　　——その意味と可能性——

外国語文献

1　Follett, M. P. (1895), *The Speaker of the House of Representatives*, Burt Franklin Reprints (1974).
2　Follett, M. P. (1918), *The New State: Group Organization, the Solution of Popular Government*, Peter Smith (1965).
3　Follett, M. P. (1924), *Creative Experience*, Perter Smith (1951).
4　Graham, P. (ed.) (2003), *Mary Parker Follett——prophet of management: a celebration of writings from the 1920s*, Beard Books.（三戸公・坂井正廣監訳『メアリー・パーカー・フォレット：管理の予言者』文眞堂，1999 年。）
5　James, W. (1948), edited by Perry, R. B., *Pragmatism*, Longmans Green.（桝田啓三郎訳『プラグマティズム』岩波書店，1957 年。）
6　Menand, L. (2001), *The Metaphysical Club*, Farrar, Straus & Giroux.（野口良平・那須耕介・石井素子訳『メタフィジカル・クラブ——米国 100 年の精神史——』みすず書房，2011 年。）
7　Metcalf, H. C. and Urwick, L. (eds.) (2003), *Dynamic administration: the collected papers of Mary Parker Follett* (Early sociology of management and organizations / edited by Kenneth Thompson, v. 3), Routledge.
8　Murphy, J. P. (1990), *Pragmatism: from Peirce to Davidson*, Westview Press, Inc.（高頭直樹訳『プラグマティズム入門——パースからデイヴィドソンまで——』勁草書房，2014 年。）
9　Nicholls, D. (1974), *Three Varieties of Pluralism*, The Macmillan Press.（日下喜一・鈴木光重・尾藤孝一訳『政治的多元主義の諸相』御茶の水書房，1981 年。）

10 Tonn, J. C. (2003), *Mary P. Follett: Creating Democracy, Transforming Management*, Yale University Press.

日本語文献
1　伊藤邦武（2016），『プラグマティズム入門』筑摩書房。
2　植木豊編訳（2014），『プラグマティズム古典集成——パース，ジェイムズ，デューイ——』作品社。
3　宇野重規（2013），『民主主義のつくり方』筑摩書房。
4　経営学史学会編（1995），『経営学の巨人（経営学史学会年報 第2輯）』文眞堂。
5　経営学史学会編（2001），『組織・管理研究の百年（経営学史学会年報 第8輯）』文眞堂。
6　経営学史学会監修／三井泉編著（2012），『フォレット（経営学史叢書Ⅳ）』文眞堂。
7　鶴見俊輔（2008），『アメリカ哲学』こぶし書房。
8　仲正昌樹（2015），『プラグマティズム入門講義』作品社。
9　三井泉（2009），『社会的ネットワーキング論の源流——M. P. フォレットの思想——』文眞堂。
10　三戸公・榎本世彦（1986），『経営学——人と学説—— フォレット』同文舘出版。

6　ホーマン学派の「秩序倫理」における企業倫理の展開
——理論的発展とその実践的意義について——

外国語文献
1　v. Aaken, D. / Schreck, P. (Hrsg.) (2015), *Theorien der Wirtschafts- und Unternehmensethik*, Berlin.
2　Beckmann, M. (2010), *Ordnungsverantwortung: Rational-Choice als ordonomisches Forschungsprogramm*, Berlin.
3　Homann, K. (2014), *Sollen und Können. Grenzen und Bedingungen der Individualmoral*, Wien.
4　Homann, K. / Blome-Drees, F. (1992), *Wirtschafts- und Unternehmensethik*, Göttingen.
5　Homann, K. / Suchanek, A. (2005), *Ökonomik - Eine Einführung*, 2. Aufl., Tübingen.
6　Homann, K. / Lütge, C. (2013), *Einführung in die Wirtschaftsethik*, 3. Aufl.,

Berlin.
7 Luetge, C. and Mukerji, N. (2016), *Order Ethics: An Ethical Framework for the Social Market Economy*, Springer.
8 Pies, I. (2009), *Moral als Produktionsfaktor. Ordonomische Schriften zur Unternehmensethik*, Berlin.
9 Popper, K. R. (1972), *Objective Knowledge: An Evolutionary Approach*, Oxford.（森博訳『客観的知識──進化論的アプローチ──』木鐸社，1974年。）
10 Schönpflug, F. (1954): *Betriebswirtschftslehre, Methoden und Hauptströmungen*, 2. Aufl., Hrsg. von H. Seischab, Stuttgart.（古林喜楽監修／大橋昭一・奥田幸助訳『経営経済学』有斐閣，1970年。）
11 Suchanek, A. (2007), *Ökonomische Ethik*, 2. Aufl. (1. Aufl. 2001), Tübingen.
12 Suchanek, A. (2015), *Unternehmensethik. In Vertrauen investieren*, Tübingen.（柴田明・岡本丈彦訳『信頼へ投資する［仮題］』同文舘，2017年刊行予定。）

日本語文献
1 岡本人志（2011），『企業行動とモラル』文眞堂。
2 小島三郎（1986），『現代科学理論と経営経済学』税務経理協会。
3 永合位行（2016），『福祉国家体制の危機と経済倫理学の再興──ドイツ語圏における展開──』勁草書房。
4 万仲脩一（2004），『企業倫理学──シュタインマン学派の学説──』西日本法規出版。
5 万仲脩一（2009），『企業倫理学の構想』ふくろう出版。

第V部
資　料

経営学史学会第 24 回全国大会実行委員長挨拶

池 内 秀 己

　経営学史学会第 24 回全国大会は，2016 年 5 月 20 日（金）より 22 日（日）までの 3 日間の日程で，九州産業大学において開催されました。
　九州産業大学は 1960 年 4 月に福岡市に設立され，現在は 9 学部（国際文化学部，経済学部，商学部第一部・第二部，経営学部，理工学部，生命科学部，建築工学部，芸術学部），5 研究科（国際文化研究科，経済・ビジネス研究科，情報科学研究科，工学研究科，芸術研究科），1 短期大学部（造形短期大学部），学生数 10,800 名を擁する総合大学として，建学の理想である「産学一如」のもとに，地域と産業界の期待に広く応える「実践力」「情熱」「豊かな人間性」をもった人材の輩出に努めています。経済・ビジネス系を重視した文系学部に，理工系はもとより芸術学部を擁した特色ある学部構成は，大学の教育研究における「産学一如」の実現を目指したものであります。
　こうした本学において，経営学と経営学史研究の意義と課題を正面から論じる経営学史学会の大会を開催させて頂いたことは，何より光栄に存じます。当日は会員・非会員併せて約 100 名の方々にご参加頂きました。ご来場下さった皆様には，実行委員一同謹んでお礼申し上げます。
　本大会では，「経営学史研究の興亡」を統一論題として，「経営学史研究の意義と現状」と「経営学説の思想と理論」という 2 つのサブ・テーマが設定されました。初日の基調報告「経営学史研究の興亡」に続き，サブ・テーマⅠ「経営学史研究の意義と現状」では，2 名の会員から「『歴史学的視点から見た経営学史』試考」と「経営学史研究の意義と方法」の報告がなされました。経営学史研究の成立以来の展開と当該研究の意味，到達点を明らかにすること，そして，その現況を検討し，現代社会において経営学史研究が有する意義と課題を論じること，これがサブ・テーマⅠの課題でした。
　2 日目のサブ・テーマⅡ「経営学説の思想と理論」では，3 名の報告者か

ら「経営学における物質的転回の行方：社会構成主義の陥穽を超えて」，「M. P. Follett 思想における Pragmatism と Pluralism——その意味と可能性をめぐって——」，「ドイツ『秩序倫理』における企業倫理の展開——理論的発展とその実践的意義について——」の報告がなされました。経営学説研究は，個別の研究者のいかなる観点や経営学観に基づいて行われてきたのか。これについての省察により，経営学とその理論・思想はどのように問われてきたか。その姿勢は，個別の経営学説研究においてどのように具現化されているか。その有効性と課題を考えるのが，サブ・テーマⅡの課題でした。

　以上の報告と討論を通じて追究されたのは，「経営学とは何か，その思想と理論は何ものであるか」の問いであり，現実の経営の世界と現代の経営学に対する経営学史研究の貢献と課題を正面から論じることでした。

　今大会では，統一論題報告1名についての討論・質疑の時間を従来より長く設定し90分としました。これにより，統一論題及びサブ・テーマの問題提起に相応しい活発な議論が展開されたと存じます。また自由論題におきましても，例年より多い8名の会員から，統一論題につながる意義深い報告が行われました。各会場とも多数の方にご参加頂き，フロアより多くのご質問を頂きました。報告者はもとより，司会者・討論者・チェアパーソンをお務め頂きました先生方とともに，心よりお礼申し上げます。

　本学に所属する学会員は，経営学部・商学部に4名おり，非会員の応援も含め，大会の運営に当たらせて頂きました。しかし，準備期間中および大会当日には円滑でない部分もあり，皆様にご心配とご迷惑をおかけしました。とりわけ，大会予稿集を事前送付し，ご熟読の上，当日参加して頂くことが本学会の特色であるにも拘わらず，これに著しく遅延致しましたことは，ひとえに実行委員長の責任であります。深くお詫び申し上げます。

　このような中で大会当日を無事に終えることが出来ましたのは，経営学史学会第8期理事長の吉原正彦先生および学会運営委員会の先生方より，開催決定直後から大会準備・大会運営その他全般において，ご協力賜りましたおかげと感謝しております。また，経験豊かな多数の会員の皆様に多大のご協力とご助言・ご支援を頂きました。重ねてお礼申し上げます。

　2017年5月26・27・28日の日程で青森中央学院大学において開催されま

す経営学史学会第25回大会も，実り多き報告と討論を通じて，経営学と経営学史研究および本学会の発展と充実に寄与されますことを祈念し，第24回大会実行委員長のご挨拶とかえさせて頂きます。有難うございました。

第24回全国大会を振り返って

梶　脇　裕　二

　経営学史学会第24回全国大会は，2016年5月20日（金）から22日（日）にかけて九州産業大学で開催された。今大会は「経営学史研究の興亡」という統一論題が掲げられた。このテーマにより深く迫るため，「経営学史研究の意義と現状」と「経営学説の思想と理論」という2つのサブ・テーマが設けられた。

　21日（土）12時35分から大会実行委員長の池内秀己会員による開会の辞と「経営学史研究の興亡」と題する基調報告が行われた。そこでは歴史的・社会的コンテクストに基づいた経営学研究の重要性があらためて指摘され，経営学史研究の意義と課題が問い直された。

　基調報告終了後，サブ・テーマⅠ「経営学史研究の意義と現状」のもと，藤井一弘会員の「『歴史学的視点から見た経営学史』試考」，および海道ノブチカ会員の「経営学史研究の意義と方法」と題する報告がなされた。討論者である菊澤研宗会員と勝部伸夫会員からの新たな問題提起を軸にしながら，経営学史研究の現状に関する問題の所在，あるいは実証主義的手法の進む昨今の趨勢のなかで経営学史研究の向かう方向性について議論が深められた。

　翌22日（日）にはサブ・テーマⅡ「経営学説の思想と理論」のもと，松嶋登会員の「経営学における物質的転回の行方：社会構成主義の陥穽を超えて」，三井泉会員の「M. P. Follett思想におけるPragmatismとPluralism——その意味と可能性をめぐって——」，ならびに柴田明会員の「ドイツ『秩序倫理』における企業倫理の展開——理論的発展とその実践的意義について——」と題する報告がなされた。討論者である宇田川元一会員，河辺純会員，松田健会員からそれぞれの報告に関して学史研究上の意義と討論課題が示され，議論が深められた。

　統一論題「経営学史研究の興亡」をめぐる2日間にわたった議論は，どのようなアプローチをとれば，学史研究の充実につながるのか，あるいは対象

となる経営を一体どのように規定するのか，そのような問題について議論しあった。

　自由論題報告は 21 日（土）に 3 会場で各 2 報告ずつ，22 日（日）に 2 会場で各 1 報告ずつ，計 8 報告が行われた。各報告者の精緻な研究成果の発表にもとづきながら，両日ともに活発な議論が繰り広げられた。会員総会では 1 年間の活動報告と収支決算報告，および次年度の活動計画と収支予算案が審議・了承された。そして本年度の経営学史学会賞について審査委員長である片岡信之会員から審査報告がなされ，著書部門において松嶋登『現場の情報化―IT 利用実践の組織論的研究』に授与されることが発表された。次回 25 回大会については青森中央学院大学での開催が決定した。

　晴天に恵まれた今大会が円滑に進み，成功裏に終了したのは，なにより周到な準備と配慮をしていただいた池内秀己大会実行委員長，聞間理事務局長をはじめ，上西聡子・西村香織・脇夕希子大会実行委員，そして九州産業大学の多くの皆様方のおかげである。衷心より感謝申し上げたい。

　第 24 回大会のプログラムは次の通りである。

　　2016 年 5 月 21 日（土）
【自由論題】（報告 30 分，質疑応答 30 分）
A 会場（1 号館 6 階・N606 教室）
　9：30～10：30　報告者：島田善道（神戸大学大学院）
　　　　　　　　「グローバルリーダー研究の学史的位置づけの検討」
　　　　　　　　チェアパーソン：山口隆之（関西学院大学）
　10：35～11：35　報告者：石川伊吹（立命館大学）
　　　　　　　　「ダイナミック・ケイパビリティ論の企業家論的展開と課題」
　　　　　　　　チェアパーソン：山縣正幸（近畿大学）
B 会場（1 号館 6 階・N607 教室）
　9：30～10：30　報告者：山下　剛（北九州市立大学）
　　　　　　　　「マズロー自己実現論と経営学」
　　　　　　　　チェアパーソン：藤沼　司（青森公立大学）

10：35〜11：35　報告者：高橋哲也（東京富士大学）
　　　　　　　　「人的資源管理論における人間的側面の展開」
　　　　　　　　チェアパーソン：澤野雅彦（北海学園大学）
C会場（1号館6階・N608教室）
　9：30〜10：30　報告者：西村香織（九州産業大学）
　　　　　　　　「M. P. フォレットの創造的経験が問うもの——Creative Experience における理解を中心として——」
　　　　　　　　チェアパーソン：高橋公夫（関東学院大学）
　10：35〜11：35　報告者：杉田　博（石巻専修大学）
　　　　　　　　「M. P. フォレットの物語論的経営思想——アクチュアリティの世界観をめぐって——」
　　　　　　　　チェアパーソン：岩田　浩（龍谷大学）

【開会・基調報告】（1号館1階・N101教室）
　12：35〜13：15　開会の辞：第24回全国大会実行委員長　池内秀己（九州産業大学）
　　　　　　　　基調報告：池内秀己（九州産業大学）
　　　　　　　　論　題：「経営学史研究の興亡」
　　　　　　　　司会者：吉原正彦（青森中央学院大学・経営学史学会理事長）

【統一論題】（1号館1階・N101教室：報告30分, 討論15分, 質疑応答50分）
　13：25〜15：00　サブ・テーマⅠ：経営学史研究の意義と現状（第1報告）
　　　　　　　　報告者：藤井一弘（青森公立大学）
　　　　　　　　論　題：「『歴史学的視点から見た経営学史』試考」
　　　　　　　　討論者：菊澤研宗（慶應義塾大学）
　　　　　　　　司会者：風間信隆（明治大学）
　15：10〜16：45　サブ・テーマⅠ：経営学史研究の意義と現状（第2報告）
　　　　　　　　報告者：海道ノブチカ（関西学院大学）
　　　　　　　　論　題：「経営学史研究の意義と方法」
　　　　　　　　討論者：勝部伸夫（専修大学）
　　　　　　　　司会者：小笠原英司（明治大学）

【会員総会】(1号館1階・N101教室)
　17：00〜18：00
【懇親会】(中央会館1階・ARTERIA)
　18：10〜20：10

　　2016年5月22日（日）
【自由論題】(報告30分，質疑応答30分)
A会場（1号館6階・N606教室）
　9：15〜10：15　　報告者：渡辺泰宏（東京富士大学）
　　　　　　　　　　「C. I. バーナードの制度概念に関する考察――J. R. コモンズの制度経済学の視点から――」
　　　　　　　　　　チェアパーソン：福永文美夫（久留米大学）
B会場（1号館6階・N607教室）
　9：15〜10：15　　報告者：中村貴治（長崎県立大学）
　　　　　　　　　　「ステークホルダー理論におけるステーク概念の検討」
　　　　　　　　　　チェアパーソン：水村典弘（埼玉大学）
【統一論題】(1号館1階・N101教室：報告30分，討論15分，質疑応答50分)
　10：30〜12：05　　サブ・テーマⅡ：経営学説の思想と理論（第1報告）
　　　　　　　　　　報告者：松嶋　登（神戸大学）
　　　　　　　　　　論　題：「経営学における物質的転回の行方：社会構成主義の陥穽を超えて」
　　　　　　　　　　討論者：宇田川元一（埼玉大学）
　　　　　　　　　　司会者：岸田民樹（中部大学）
　13：05〜14：40　　サブ・テーマⅡ：経営学説の思想と理論（第2報告）
　　　　　　　　　　報告者：三井　泉（日本大学）
　　　　　　　　　　論　題：「M. P. Follett 思想における Pragmatism と Pluralism――その意味と可能性をめぐって――」
　　　　　　　　　　討論者：河辺　純（大阪商業大学）
　　　　　　　　　　司会者：中川誠士（福岡大学）

14：50～16：25　サブ・テーマⅡ：経営学説の思想と理論（第3報告）
　　　　　　　　報告者：柴田　明（香川大学）
　　　　　　　　論　題：「ドイツ『秩序倫理』における企業倫理の展開
　　　　　　　　　　　　――理論的発展とその実践的意義について――」
　　　　　　　　討論者：松田　健（駒澤大学）
　　　　　　　　司会者：上林憲雄（神戸大学）
【大会総括・閉会】（1号館1階・N101教室）
　16：25～16：35　大会総括：学会理事長　吉原正彦（青森中央学院大学）
　　　　　　　　閉会の辞：第24回全国大会実行委員長　池内秀己（九州産業大学）

執筆者紹介（執筆順，肩書には大会後の変化が反映されている）

池内　秀己（いけうち　ひでき）（九州産業大学経営学部教授）
　　　主著『企業論第3版』（共著）有斐閣，2011年
　　　　　『グローバル人材育てます』（監修・共著）学文社，2014年

藤井　一弘（ふじい　かずひろ）（青森公立大学教授）
　　　主著『バーナード（経営学史叢書第Ⅵ巻）』（編著）文眞堂，2011年
　　　主要論文「バーナードの The Executive Process 再考」『甲南会計研究』No. 9, 2015年

海道　ノブチカ（かいどう）（関西学院大学名誉教授）
　　　主著『現代ドイツ経営学』森山書店，2001年
　　　　　『ドイツのコーポレート・ガバナンス』中央経済社，2013年

松嶋　登（まつしま　のぼる）（神戸大学大学院経営学研究科教授）
　　　主著『現場の情報化：IT 利用実践の組織論的研究』有斐閣，2015年
　　　　　『経営と計算実践：経営学と会計学の邂逅』（國部克彦・澤邉紀夫と共編）有斐閣，2017年

三井　泉（みつい　いずみ）（日本大学経済学部教授）
　　　主著『社会的ネットワーキング論の源流——M. P. フォレットの思想——』文眞堂，2009年
　　　　　『アジア企業の経営理念——生成・伝播・継承のダイナミズム——』（編著）文眞堂，2013年

柴田　明（しばた　あきら）（香川大学経済学部准教授）
　　　主著『ドイツ・システム論的経営経済学の研究』中央経済社，2013年
　　　主要論文「経済学的倫理学の方法論的基礎づけの試み——「状況分析の方法」「合理性原理」の経済倫理・企業倫理における可能性と限界」慶應義塾大学商学会『三田商学研究』第58巻第2号，2015年

島田 善道（神戸大学大学院経営学研究科博士課程後期課程）
　　主要論文「グローバルリーダーのコンピテンシー探究とその研究課題」『六甲台論集 経営学編』第62巻第4号，2016年
　　　　　　「グローバルリーダーのコンピテンシー分類の試みと今後のグローバルリーダー研究の方向性」『六甲台論集 経営学編』第63巻第1号，2016年

石川 伊吹（立命館大学政策科学部）
　　主著論文「RBV研究の経済学的源流と内包する理論的課題」『政策科学』20巻1号，2012年
　　　　　　Nicolai Foss and Ibuki Ishikawa, "Towards a Dynamic Resource-Based View: Insights from Austrian Capital and Entrepreneurship Theory," *Organization Studies*, 28/05, 2007, pp. 749-772.

山下 剛（北九州市立大学経済学部准教授）
　　主要論文「マズローの思想と方法」経営学史学会編『経営学の思想と方法（経営学史学会年報　第19輯）』文眞堂，2012年
　　　　　　「マズロー自己実現論の経営学における意味――フロムの自由論の視点から――」『商経論集（北九州市立大学）』第50巻第1・2・3・4合併号，2015年

高橋 哲也（東京富士大学准教授）
　　主要論文「日本における「人的資源管理」認識に関する考察――英国におけるHRM認識を通じて――」『経済集志（日本大学経済学部）』第77巻第3号，2007年
　　　　　　「人的資源管理におけるアーキテクチャ」『経営哲学（経営哲学学会）』第13巻第1号，2016年

西村 香織（九州産業大学准教授）
　　主要論文「フォレットの経験論――価値の創造プロセスとしてのマネジメント思想――」経営学史学会監修／三井泉編著『フォレット（経営学史叢書第Ⅳ巻）』文眞堂，2012年
　　　　　　「M. P. フォレット経験論の管理論における意味」経営哲学学会編『経営哲学の論理的基礎――経営哲学論集第31集――（『経営哲学』第12巻第1号に含まれる）』2015年

杉田　博（石巻専修大学経営学部教授）
　　主要論文「M. P. フォレット管理思想の基礎――W. ジェームズとの関連を中心に――」
　　　　　経営学史学会編『ガバナンスと政策――経営学の理論と実践――（経営学史学会年報　第 12 輯）』文眞堂，2005 年
　　　　「フォレットの生涯とその時代」経営学史学会監修／三井泉編著『フォレット（経営学史叢書第Ⅳ巻）』文眞堂，2012 年

中村貴治（長崎県立大学講師）
　　主要論文「ステークホルダー理論の可能性」経営哲学学会編『経営哲学』第 12 巻第 1 号，2015 年
　　　　「ステークホルダー理論における二つの観点――経営戦略論的観点と CSR 論的観点――」日本経営学会編『経営学論集』第 86 集，2016 年

経営学史学会年報掲載論文（自由論題）審査規定

1 本審査規定は本学会の年次大会での自由論題報告を条件にした論文原稿を対象とする。
2 編集委員会による形式審査
　原稿が著しく規定に反している場合，編集委員会の責任において却下することができる。
3 査読委員の選定
　査読委員は，原稿の内容から判断して適当と思われる会員2名に地域的バランスも考慮して，編集委員会が委嘱する。なお，大会当日の当該報告のチェアパーソンには査読委員を委嘱しない。また会員に適切な査読委員を得られない場合，会員外に査読委員を委嘱することができる。なお，原稿執筆者と特別な関係にある者（たとえば指導教授，同門生，同僚）には，査読委員を委嘱できない。
　なお，査読委員は執筆者に対して匿名とし，執筆者との対応はすべて編集委員会が行う。
4 編集委員会への査読結果の報告
　査読委員は，論文入手後速やかに査読を行い，その結果を30日以内に所定の「査読結果報告書」に記入し，編集委員会に査読結果を報告しなければならない。なお，報告書における「論文掲載の適否」は，次のように区分する。
①**適**：掲載可とするもの。
②**条件付き適**：条件付きで掲載可とするもの。査読委員のコメントを執筆者に返送し，再検討および修正を要請する。再提出された原稿の修正確認は編集委員会が行う。
③**再査読**：再査読を要するもの。査読委員のコメントを執筆者に返送し，再検討および修正を要請する。再提出された原稿は査読委員が再査読し，判断する。
④**不適**：掲載不可とするもの。ただし，他の1名の評価が上記①〜③の場合，査読委員のコメントを執筆者に返送し，再検討および修正を要請する。再提出された原稿は査読委員が再査読し，判断する。
　なお，再査読後の評価は「適（条件付きの場合も含む）」と「不適」の2つ

とする．また，再査読後の評価が「不適」の場合，編集委員会の最終評価は，「掲載可」「掲載不可」の2つとするが，再査読論文に対して若干の修正を条件に「掲載可」とすることもある．その場合の最終判断は編集委員会が行う．

5 原稿の採否

編集委員会は，査読報告に基づいて，原稿の採否を以下のようなルールに従って決定する．

①査読委員が2名とも「適」の場合は，掲載を可とする．

②査読委員1名が「適」で，他の1名が「条件付き適」の場合は，修正原稿を編集委員会が確認した後，掲載を可とする．

③査読委員1名が「適」で，他の1名が「再査読」の場合は，後者に修正原稿を再査読するよう要請する．その結果が「適（条件付きの場合を含む）」の場合は，編集委員会が確認した後，掲載を可とする．「不適」の場合は，当該査読委員がそのコメントを編集委員会に提出し，編集委員会が最終判断を行う．

④査読委員が2名とも「条件付き適」の場合は，修正原稿を編集委員会が確認した後，掲載を可とする．

⑤査読委員1名が「条件付き適」で，他の1名が「再査読」の場合は，後者に修正原稿を再査読するよう要請する．その結果が「適（条件付きの場合を含む）」の場合は，編集委員会が前者の修正点を含め確認した後，掲載を可とする．「不適」の場合は，当該査読委員がそのコメントを編集委員会に提出し，編集委員会が最終判断を行う．

⑥査読委員が2名とも「再査読」の場合は，両者に修正原稿を再査読するよう要請する．その結果が2名とも「適（条件付きの場合を含む）」の場合は，編集委員会が確認した後，掲載を可とする．1名あるいは2名とも「不適」の場合は，当該査読委員がそのコメントを編集委員会に提出し，編集委員会が最終判断を行う．

⑦査読委員1名が「条件付き適」で，他の1名が「不適」の場合は，後者に修正原稿を再査読するよう要請する．その結果が「適（条件付きの場合を含む）」の場合は，編集委員会が前者の修正点を含め確認した後，掲載を可とする．「不適」の場合は，当該査読委員がそのコメントを編集委員会に提出し，編集委員会が最終判断を行う．

⑧査読委員1名が「再査読」で，他の1名が「不適」の場合は，両者に修正原稿を再査読するよう要請する．その結果が2名とも「適（条件付きの場合を含

む)」の場合は，編集委員会が確認した後，掲載を可とする。1名あるいは2名とも「不適」の場合は，当該査読委員がそのコメントを編集委員会に提出し，編集委員会が最終判断を行う。

⑨査読委員1名が「適」で，他の1名が「不適」の場合は，後者に修正原稿を再査読するよう要請する。その結果が「適（条件付きの場合を含む）」の場合は，編集委員会が確認した後，掲載を可とする。「不適」の場合は，当該査読委員がそのコメントを編集委員会に提出し，編集委員会が最終判断を行う。

⑩査読委員が2名とも「不適」の場合は，掲載を不可とする。

6　執筆者への採否の通知

　　編集委員会は，原稿の採否，掲載・不掲載の決定を，執筆者に文章で通知する。

経営学史学会

年報編集委員会

委員長　藤　井　一　弘（青森公立大学教授）
委　員　岩　田　　　浩（龍 谷 大 学 教 授）
委　員　小 笠 原 英 司（明 治 大 学 教 授）
委　員　風　間　信　隆（明 治 大 学 教 授）
委　員　髙　橋　公　夫（関東学院大学教授）
委　員　中　川　誠　士（福 岡 大 学 教 授）
委　員　山　口　隆　之（関西学院大学教授）
委　員　吉　原　正　彦（青森中央学院大学教授）
委　員　藤　沼　　　司（青森公立大学准教授）

編集後記

　本年報(第 24 輯)のタイトル『経営学史研究の興亡』は,言うまでもなく本学会第 24 回全国大会の統一論題に拠っている。同タイトルの「基調報告」の英文タイトルは執筆者にお任せすればよいのだが,年報全体のタイトルをどうするかという段になって,編集子として,いささか思案に暮れた次第である。結果は,英文目次の通りとなったが,そこには,諸々の経営学理論(学説)を研究者各自がそれぞれの学説の歴史的・社会的文脈にまで踏み込んで吟味するという経営学成立以来の営為が,経営学という 1 つの学問の歴史を少なからず成してきたという理解が,まずはある。しかし,現在,その営為については,研究者ごとでさまざまに解釈ないし評価が分かれていると言わざるをえない——歴史的・社会的研究は「科学」としての経営学には無用という声もあるだろう——。それは,今後,どのように展開していくのか,あるいはされていくべきか,このような問題関心を込めたのが,英文タイトルというわけである。

　さて,私事で恐縮であるが,本年報の編集をもって第 22 輯以来の年報編集責任者としての任期も満了である。第 21 輯以前に比して,充実した年報を送り出せてきたか,についてはいささか心許ないが,査読委員や編集委員をはじめとする会員諸氏の御指導と御協力,そして何よりも綿密な内校をはじめ一方ならぬお世話になっている文眞堂の皆様の御助力なくしては,一輯たりとも,世に送り出せなかった。この場を借りて,厚くお礼申し上げる次第です。

　なお,すでにお気づきのように第 24 輯から,カバー・デザインが変更になった。以前の重厚な色遣いは本学会の品格を表すものでもあったが,書籍の流通段階で傷みが目立ちやすいという難があり,第 25 回全国大会で配布されることも期して,藍色と白色の部分をほぼ反転させた新しいデザインとなったものである。大会に参加されて,いち早く,このデザインを御覧になった方々は,どのような感想をお持ちになっただろうか。第 25 輯以降の年報が,これまでにもまして充実した歴史を刻むことを願うばかりである。

(藤井一弘　記)

THE ANNUAL BULLETIN
of
The Society for the History of Management Theories

No. 24　　　　　　　　　　　　　　　　　　　　　　　　May, 2017

Studies in History of Management Theories: Their Past, Present and Future

Contents

Preface
　　　　　　　Masahiko YOSHIHARA (Aomori Chuo Gakuin University)

I **Meaning of the Theme**

II **Studies in History of Management Theories: Their Past, Present and Future**

　1　The Rise and Fall of the Historical Studies of Management Theories
　　　　　　　Hideki IKENOUCHI (Kyushu Sangyo University)

　2　An Essay: Thinking about 'History of Management Theories' from Historical Perspective
　　　　　　　Kazuhiro FUJII (Aomori Public University)

　3　The Current Situation and Significance of the Historical Studies of Management Theories
　　　　　　　Nobuchika KAIDO (Kwansei Gakuin University)

　4　Materiality in Information Management Theory: Transcending the Folklore of Social Constructivism
　　　　　　　Noboru MATSUSHIMA (Kobe University)

　5　Pragmatism and Pluralism on the Thought of M. P. Follett: Its

Meaning and Potentiality

Izumi MITSUI (Nihon University)

6 A Study on Business Ethics Theories in "Ordnungsethik" from Karl Homann's School: The Theoretical Development and Practical Significance

Akira SHIBATA (Kagawa University)

III Other Themes

7 Global Leader Research in History of Management Theories

Yoshimichi SHIMADA (Kobe University)

8 Rebuilding the Dynamic Capabilities: How Entreprenuor Senses an Economic Opportunity

Ibuki ISHIKAWA (Ritsumeikan University)

9 Maslow's Theory of Self-Actualization and Management

Tsuyoshi YAMASHITA (The University of Kitakyushu)

10 Developing a Human Side in a Theory of Human Resource Management

Tetsuya TAKAHASHI (Tokyo Fuji University)

11 The Meaning of M. P. Follett's Theory of Creative Experience: As a Viewpoint of the Understanding of Creative Experience

Kaori NISHIMURA (Kyushu Sangyo University)

12 The World View of M. P. Follett: Based on Narrative Philosophy

Hiroshi SUGITA (Ishinomaki Senshu University)

13 Considering the Concept of Stake in Stakeholder Theory

Takaharu NAKAMURA (University of Nagasaki)

IV Literatures

V Materials

Abstracts

The Rise and Fall of the Historical Studies of Management Theories

Hideki IKENOUCHI (Kyushu Sangyo University)

The general thema of the 23th National Convention of the Society for the History of Management Theories is "The Rise and Fall of the Historical Studies of Management Theories." We have two subthemes, (1) "Significance and present status of the Historical Studies of Management Theories," and (2) "Thoughts and Theories of Management." In modern study trend, there is a great difference between posture of the Society and present status of management studies. For modern researchers, the interest in historical and classical studies is getting weaker. We must inquire the significance and agenda of the history of management theories by confronting the study. This paper proposes four points. (1) Critical mind of the general subject in this convention. (2) Historical studies of management theories and historical social contexts. (3) Examining the substantial corporate strategy theories from historical perspective. (4) Historical social contexts of "the rise and fall of the historical studies of management theories."

An Essay: Thinking about 'History of Management Theories' from Historical Perspective

Kazuhiro FUJII (Aomori Public University)

Management studies in Japan greatly switched the direction of its management theory from historical or social based policy to empirical researches of management phenomenon. In this article, first, the meaning of 'history' in terms of 'historical research of management studies' will be come into question. The history of 'modern society' would be understood as a story of the formation of a 'nation-state.' The history of management theories was an enthusiastic subject when management study was identified as a discipline. However, historical science quit talking about meta-narrative (narrative of a nation-state) around 1960s then fragmented. Transformations of approaches to management studies will be comprehended as the same structure. On the contrary, the approach of historical science —it is trying to emphasize matters' uniqueness— will continue to give management studies suggestions. The reason is that management matters include uniqueness fundamentally and studying management from the historical or social viewpoints would promote dialogs among various positions.

The Current Situation and Significance of the Historical Studies of Management Theories

Nobuchika KAIDO (Kwansei Gakuin University)

This paper studies the current situation and significance of research on the historical sdudies of management theories. The main objective of the historical sdudies of management theories is to establish new concepts or new theories of management. Goethe said "The history of theories is the theory in itself." The historical studies of management theories give foundations for the fundamental principles of management. Empirical sudies of business administration, widely done in the field, sometimes lack rigorous arguments based on theoretical foundations. This paper shows the important role of the historical sdudies of management theories in guiding empirical studies through providing well-defined concepts and theories.

Materiality in Information Management Theory: Transcending the Folklore of Social Constructivism

Noboru MATSUSHIMA (Kobe University)

The bygone 20th century was an era of freedom from want and material civilization, and enterprises contributed to this civilization. However, discussions about the material aspect disappeared from the central stage after Woodward and her contemporaries. The mainstream in subsequent information management studies has sought social constructivism that could overcome critically labeled technological or organizational determinism. In order to do, they have been vigorously supported in the incorporation of meta-theories, including the structuration theory, actor network theory, and concept of entanglement of the quantum physicist.

Incidentally, this study does not confirm social construction but criticize limitations in the way of thinking of "constructivists" who refused realism while emphasizing subjective meaning and interpretation will be examined first. For this purpose, the appropriate epistemology of "constructionism" will be questioned, and the way of capturing the concept of technology, as well as the methodological significance of considering materiality in management studies, will be discussed.

Pragmatism and Pluralism on the Thought of M. P. Follett: Its Meaning and Potentiality

Izumi MITSUI (Nihon University)

The purpose of this paper is to investigate the meaning and potentiality of the thought of Mary P. Follett (1868-1933) on the viewpoint of 'pragmatism and pluralism'. We point out the importance of reconsideration of 'pragmatism and pluralism' on management thoughts in the context of today's global society. Especially we focus on the thought of M. Follett because of her innovative and creative perspective for management and society. At the beginning, we discuss about her historical and philosophical backgrounds, then, we argue her characteristics of pragmatism and pluralism based on the philosophy of William James. Finally, we point out the following important points for our global society suggested by M. Follett. (1) The perspective of 'society' as a 'dynamic process' (2) The perspective of 'individual' as 'depth and width of relationship between others' (3) The perspective of 'plural society' as 'interacting, unitizing, and emerging process of values' (4) The perspective of coordination as 'integrative process of values'.

A Study on Business Ethics Theories in "Ordnungsethik" from Karl Homann's School: The Theoretical Development and Practical Significance

Akira SHIBATA (Kagawa University)

The purpose of this paper is to consider the theories of Business Ethics in "Ordnungstethik" by Karl Homann's school from the perspective of research for history of business administration and to analyze the theoretical and practical significance of their theories. At first, we discuss our view about the principle of business administration and research methodology for history of business administration. In this article, we methodologically stand in support of the "Theory-based Business Administration," and adopt the K.R.Popper's philosophy of science as research methodology for history of Business Administration. Secondly, we consider the basic assumption of Homann's "Ordnungsethik" and theoretical development by Homann's collaborators. In this development, we have found the methodological change from economics-based theory to semantics-oriented theory. Thirdly, we examine practical significance of their new theories. In conclusion, we analyze critically this development from the perspective of research for the history of business administration and point out several critical points in their theories.

経営学史研究の興亡

経営学史学会年報　第24輯

2017年5月26日　第1版第1刷発行　　　　　　　検印省略

編　者　　経営学史学会

発行者　　前　野　　　隆

発行所　　株式会社　文　眞　堂
　　　　　東京都新宿区早稲田鶴巻町533
　　　　　電話　03(3202)8480
　　　　　FAX　03(3203)2638
　　　　　〒162-0041　振替00120-2-96437

印刷・平河工業社／製本・イマヰ製本所
© 2017
URL. http://keieigakusi.info/
　　http://www.bunshin-do.co.jp/
落丁・乱丁本はおとりかえいたします
定価はカバー裏に表示してあります
ISBN978-4-8309-4950-0　C3034

● 好評既刊

経営学の位相　第一輯
● 主要目次
I　課題
　一　経営学の本格化と経営学史研究の重要性　　　　　山本安次郎
　二　社会科学としての経営学　　　　　　　　　　　　三戸　　公
　三　管理思考の呪縛――そこからの解放　　　　　　　北野　利信
　四　バーナードとヘンダーソン　　　　　　　　　　　加藤　勝康
　五　経営経済学史と科学方法論　　　　　　　　　　　永田　　誠
　六　非合理主義的組織論の展開を巡って　　　　　　　稲村　　毅
　七　組織情報理論の構築へ向けて　　　　　　　　　　小林　敏男
II　人と業績
　八　村本福松先生と中西寅雄先生の回想　　　　　　　高田　　馨
　九　馬場敬治――その業績と人柄　　　　　　　　　　雲嶋　良雄
　十　北川宗藏教授の「経営経済学」　　　　　　　　　海道　　進
　十一　シュマーレンバッハ学説のわが国への導入　　　齊藤　隆夫
　十二　回想――経営学研究の歩み　　　　　　　　　　大島　國雄

経営学の巨人　第二輯
● 主要目次
I　経営学の巨人
　一　H・ニックリッシュ
　　1　現代ドイツの企業体制とニックリッシュ　　　　吉田　　修
　　2　ナチス期ニックリッシュの経営学　　　　　　　田中　照純
　　3　ニックリッシュの自由概念と経営思想　　　　　鈴木　辰治
　二　C・I・バーナード
　　4　バーナード理論と有機体の論理　　　　　　　　村田　晴夫
　　5　現代経営学とバーナードの復権　　　　　　　　庭本　佳和
　　6　バーナード理論と現代　　　　　　　　　　　　稲村　　毅
　三　K・マルクス
　　7　日本マルクス主義と批判的経営学　　　　　　　川端　久夫
　　8　旧ソ連型マルクス主義の崩壊と個別資本説の現段階　片岡　信之
　　9　マルクスと日本経営学　　　　　　　　　　　　篠原　三郎

II 経営学史論攷
1. アメリカ経営学史の方法論的考察 　　　　　三井　　泉
2. 組織の官僚制と代表民主制 　　　　　　　　奥田　幸助
3. ドイツ重商主義と商業経営論 　　　　　　　北村健之助
4. アメリカにみる「キャリア・マネジメント」理論の動向 　　西川　清之

III 人と業績
1. 藻利重隆先生の卒業論文 　　　　　　　　　三戸　　公
2. 日本の経営学研究の過去・現在・未来 　　　儀我壮一郎
3. 経営学生成への歴史的回顧 　　　　　　　　鈴木　和蔵

IV 文献

日本の経営学を築いた人びと 第三輯

● 主要目次

I 日本の経営学を築いた人びと
一　上田貞次郎──経営学への構想── 　　　　小松　　章
二　増地庸治郎経営理論の一考察 　　　　　　　河野　大機
三　平井泰太郎の個別経済学 　　　　　　　　　眞野　　脩
四　馬場敬治経営学の形成・発展の潮流とその現代的意義　　岡本　康雄
五　古林経営学──人と学説── 　　　　　　　　門脇　延行
六　古林教授の経営労務論と経営民主化論 　　　奥田　幸助
七　馬場克三──五段階説、個別資本説そして経営学── 　　三戸　　公
八　馬場克三・個別資本の意識性論の遺したもの 　　川端　久夫
　　──個別資本説と近代管理学の接点──
九　山本安次郎博士の「本格的経営学」の主張をめぐって 　　加藤　勝康
　　──Kuhnian Paradigmとしての「山本経営学」──
十　山本経営学の学史的意義とその発展の可能性 　　谷口　照三
十一　高宮　晋─経営組織の経営学的論究 　　　鎌田　伸一
十二　山城経営学の構図 　　　　　　　　　　　森本　三男
十三　市原季一博士の経営学説──ニックリッシュとともに── 　　増田　正勝
十四　占部経営学の学説史的特徴とバックボーン 　　金井　壽宏
十五　渡辺銕蔵論──経営学史の一面── 　　　高橋　俊夫
十六　生物学的経営学説の生成と展開 　　　　　裴　　富吉
　　──暉峻義等の労働科学：経営労務論の一源流──

II 文献

アメリカ経営学の潮流 第四輯

●主要目次

I アメリカ経営学の潮流
- 一 ポスト・コンティンジェンシー理論——回顧と展望—— 野中郁次郎
- 二 組織エコロジー論の軌跡 村上伸一
　　——一九八〇年代の第一世代の中核論理と効率に関する議論の検討を中心にして——
- 三 ドラッカー経営理論の体系化への試み 河野大機
- 四 H・A・サイモン——その思想と経営学—— 稲葉元吉
- 五 バーナード経営学の構想 眞野脩
- 六 プロセス・スクールからバーナード理論への接近 辻村宏和
- 七 人間関係論とバーナード理論の結節点 吉原正彦
　　——バーナードとキャボットの交流を中心として——
- 八 エルトン・メイヨーの管理思想再考 原田實
- 九 レスリスバーガーの基本的スタンス 杉山三七男
- 十 F・W・テイラーの管理思想 中川誠士
　　——ハーバード経営大学院における講義を中心として——
- 十一 経営の行政と統治 北野利信
- 十二 アメリカ経営学の一一〇年——社会性認識をめぐって—— 中村瑞穂

II 文献

経営学研究のフロンティア 第五輯

●主要目次

I 日本の経営者の経営思想
- 一 日本の経営者の経営思想 清水龍瑩
　　——情報化・グローバル化時代の経営者の考え方——
- 二 日本企業の経営理念にかんする断想 森川英正
- 三 日本型経営の変貌——経営者の思想の変遷—— 川上哲郎

II 欧米経営学研究のフロンティア
- 四 アメリカにおけるバーナード研究のフロンティア 高橋公夫
　　——William, G. Scott の所説を中心として——
- 五 フランスにおける商学・経営学教育の成立と展開 日高定昭
　　（一八一九年——一九五六年）
- 六 イギリス組織行動論の一断面 幸田浩文

　　　　──経験的調査研究の展開をめぐって──
　七　ニックリッシュ経営学変容の新解明　　　　　　　森　　哲　彦
　八　E・グーテンベルク経営経済学の現代的意義　　　髙　橋　由　明
　　　　──経営タイプ論とトップ・マネジメント論に焦点を合わせて──
　九　シュマーレンバッハ「共同経済的生産性」概念の再構築　永　田　　誠
　十　現代ドイツ企業体制論の展開　　　　　　　　　　海道ノブチカ
　　　　──R・-B・シュミットとシュミーレヴィッチを中心として──
Ⅲ　現代経営・組織研究のフロンティア
　十一　企業支配論の新視角を求めて　　　　　　　　　片　岡　　進
　　　　──内部昇進型経営者の再評価、資本と情報の同時追究、
　　　　　自己組織論の部分的導入──
　十二　自己組織化・オートポイエーシスと企業組織論　長　岡　克　行
　十三　自己組織化現象と新制度派経済学の組織論　　　丹　沢　安　治
Ⅳ　文　献

経営理論の変遷　第六輯
●主要目次
Ⅰ　経営学史研究の意義と課題
　一　経営学史研究の目的と意義　　　　　　　ウィリアム・G・スコット
　二　経営学史の構想における一つの試み　　　　　　加　藤　勝　康
　三　経営学の理論的再生運動　　　　　　　　　　　鈴　木　幸　毅
Ⅱ　経営理論の変遷と意義
　四　マネジメント・プロセス・スクールの変遷と意義　二　村　敏　子
　五　組織論の潮流と基本概念　　　　　　　　　　　岡　本　康　雄
　　　　──組織的意思決定論の成果をふまえて──
　六　経営戦略の意味　　　　　　　　　　　　　　　加護野　忠　男
　七　状況適合理論（Contingency Theory）　　　　　　岸　田　民　樹
Ⅲ　現代経営学の諸相
　八　アメリカ経営学とヴェブレニアン・インスティテュー
　　　ショナリズム　　　　　　　　　　　　　　　　今　井　清　文
　九　組織論と新制度派経済学　　　　　　　　　　　福　永　文美夫
　十　企業間関係理論の研究視点　　　　　　　　　　山　口　隆　之
　　　　──「取引費用」理論と「退出／発言」理論の比較を通じて──
　十一　ドラッカー社会思想の系譜　　　　　　　　　島　田　　恒
　　　　──「産業社会」の構想と挫折、「多元社会」への展開──

十二　バーナード理論のわが国への適用と限界　　　　　　大　平　義　隆
　十三　非合理主義的概念の有効性に関する一考察　　　　　前　田　東　岐
　　　　――ミンツバーグのマネジメント論を中心に――
　十四　オートポイエシス――経営学の展開におけるその意義――　藤　井　一　弘
　十五　組織文化の組織行動に及ぼす影響について　　　　　間　嶋　　　崇
　　　　――E・H・シャインの所論を中心に――
Ⅳ　文　献

経営学百年――鳥瞰と未来展望――　第七輯
●主要目次
Ⅰ　経営学百年――鳥瞰と未来展望――
　一　経営学の主流と本流――経営学百年、鳥瞰と課題――　三　戸　　　公
　二　経営学における学の世界性と経営学史研究の意味　　　村　田　晴　夫
　　　　――「経営学百年――鳥瞰と未来展望」に寄せて
　三　マネジメント史の新世紀　　　　　　　　　　　　ダニエル・A・レン
Ⅱ　経営学の諸問題――鳥瞰と未来展望――
　四　経営学の構想――経営学の研究対象・問題領域・考察方法――　万　仲　脩　一
　五　ドイツ経営学の方法論吟味　　　　　　　　　　　　　清　水　敏　允
　六　経営学における人間問題の理論的変遷と未来展望　　　村　田　和　彦
　七　経営学における技術問題の理論的変遷と未来展望　　　宗　像　正　幸
　八　経営学における情報問題の理論的変遷と未来展望　伊藤淳巳・下﨑千代子
　　　　――経営と情報――
　九　経営学における倫理・責任問題の理論的変遷と未来展望　西　岡　健　夫
　十　経営の国際化問題について　　　　　　　　　　　　　赤　羽　新太郎
　十一　日本的経営論の変遷と未来展望　　　　　　　　　　林　　　正　樹
　十二　管理者活動研究の理論的変遷と未来展望　　　　　　川　端　久　夫
Ⅲ　経営学の諸相
　十三　M・P・フォレット管理思想の基礎　　　　　　　　杉　田　　　博
　　　　――ドイツ観念論哲学における相互承認論との関連を中心に――
　十四　科学的管理思想の現代的意義　　　　　　　　　　　藤　沼　　　司
　　　　――知識社会におけるバーナード理論の可能性を求めて――
　十五　経営倫理学の拡充に向けて　　　　　　　　　　　　岩　田　　　浩
　　　　――デューイとバーナードが示唆する重要な視点――
　十六　H・A・サイモンの組織論と利他主義モデルを巡って　　髙　　　　巖
　　　　――企業倫理と社会選択メカニズムに関する提言――

十七　組織現象における複雑性　　　　　　　　　　　阿　辻　茂　夫
十八　企業支配論の一考察　　　　　　　　　　　　　坂　本　雅　則
　　　　──既存理論の統一的把握への試み──
Ⅳ　文　献

組織管理研究の百年　第八輯
●主要目次
Ⅰ　経営学百年──組織・管理研究の方法と課題──
　一　経営学研究における方法論的反省の必要性　　　佐々木　恒　男
　二　比較経営研究の方法と課題　　　　　　　　　　愼　　侑　　根
　　　　──東アジア的企業経営システムの構想を中心として──
　三　経営学の類別と展望──経験と科学をキーワードとして──　原　澤　芳太郎
　四　管理論・組織論における合理性と人間性　　　　池　内　秀　己
　五　アメリカ経営学における「プラグマティズム」と
　　　「論理実証主義」　　　　　　　　　　　　　　三　井　　　泉
　六　組織変革とポストモダン　　　　　　　　　　　今　田　高　俊
　七　複雑適応系──第三世代システム論──　　　　河　合　忠　彦
　八　システムと複雑性　　　　　　　　　　　　　　西　山　賢　一
Ⅱ　経営学の諸問題
　九　組織の専門化に関する組織論的考察　　　　　　吉　成　　　亮
　　　　──プロフェッショナルとクライアント──
　十　オーソリティ論における職能説　　　　　　　　高　見　精一郎
　　　　──高宮晋とM・P・フォレット──
　十一　組織文化論再考──解釈主義的文化論へ向けて──　四　本　雅　人
　十二　アメリカ企業社会とスピリチュアリティー　　村　山　元　理
　十三　自由競争を前提にした市場経済原理にもとづく
　　　　経営学の功罪──経営資源所有の視点から──　海老澤　栄　一
　十四　組織研究のあり方　　　　　　　　　　　　　大　月　博　司
　　　　──機能主義的分析と解釈主義的分析──
　十五　ドイツの戦略的管理論研究の特徴と意義　　　加　治　敏　雄
　十六　企業に対する社会的要請の変化　　　　　　　小　山　嚴　也
　　　　──社会的責任論の変遷を手がかりにして──
　十七　E・デュルケイムと現代経営学　　　　　　　齋　藤　貞　之
Ⅲ　文　献

IT革命と経営理論　第九輯

●主要目次

I　テイラーからITへ——経営理論の発展か、転換か——
　一　序説　テイラーからITへ——経営理論の発展か転換か——　　稲葉元吉
　二　科学的管理の内包と外延——IT革命の位置——　　三戸　公
　三　テイラーとIT——断絶か連続か——　　篠崎恒夫
　四　情報化と協働構造　　國領二郎
　五　経営情報システムの過去・現在・未来　　島田達巳
　　　　——情報技術革命がもたらすもの——
　六　情報技術革命と経営および経営学　　庭本佳和
　　　　——島田達巳「経営情報システムの過去・現在・未来」をめぐって——

II　論　攷
　七　クラウゼウィッツのマネジメント論における理論と実践　　鎌田伸一
　八　シュナイダー企業者職能論　　関野　賢
　九　バーナードにおける組織の定義について　　坂本光男
　　　　——飯野－加藤論争に関わらせて——
　十　バーナード理論と企業経営の発展　　高橋公夫
　　　　——原理論・類型論・段階論——
　十一　組織論における目的概念の変遷と展望　　西本直人
　　　　——ウェーバーからCMSまで——
　十二　ポストモダニズムと組織論　　高橋正泰
　十三　経営組織における正義　　宮本俊昭
　十四　企業統治における法的責任の研究　　境　新一
　　　　——経営と法律の複眼的視点から——
　十五　企業統治論における正当性問題　　渡辺英二

III　文　献

現代経営と経営学史の挑戦
—— グローバル化・地球環境・組織と個人 ——　第十輯

●主要目次

I　現代経営の課題と経営学史研究
　一　現代経営の課題と経営学史研究の役割―展望　　小笠原英司
　二　マネジメントのグローバルな移転　　岡田和秀
　　　　——マネジメント・学説・背景——

三　グローバリゼーションと文化　　　　　　　　　　　　　髙　橋　由　明
　　　　──経営管理方式国際移転の社会的意味──
　四　現代経営と地球環境問題──経営学史の視点から──　　庭　本　佳　和
　五　組織と個人の統合　　　　　　　　　　　　　　　　　　太　田　　肇
　　　　──ポスト新人間関係学派のモデルを求めて──
　六　日本的経営の一検討──その毀誉褒貶をたどる──　　　赤　岡　　功
Ⅱ　創立十周年記念講演
　七　経営学史の課題　　　　　　　　　　　　　　　　　　　阿　部　謹　也
　八　経営学教育における企業倫理の領域　　　　　　　Ｅ・Ｍ・エプスタイン
　　　　──過去・現在・未来
Ⅲ　論　攷
　九　バーナード組織概念の一詮議　　　　　　　　　　　　　川　端　久　夫
　十　道徳と能力のシステム──バーナードの人間観再考──　磯　村　和　人
　十一　バーナードにおける過程性と物語性　　　　　　　　　小　濱　　純
　　　　──人間観からの考察──
　十二　経営学における利害関係者研究の生成と発展　　　　　水　村　典　弘
　　　　──フリーマン学説の検討を中心として──
　十三　現代経営の底流と課題──組織知の創造を超えて──　藤　沼　　司
　十四　個人行為と組織文化の相互影響関係に関する一考察　　間　嶋　　崇
　　　　──Ａ・ギデンズの構造化論をベースとした組織論の考察をヒントに──
　十五　組織論における制度理論の展開　　　　　　　　　　　岩　橋　建　治
　十六　リーダーシップと組織変革　　　　　　　　　　　　　吉　村　泰　志
　十七　ブライヒャー統合的企業管理論の基本思考　　　　　　山　縣　正　幸
　十八　エーレンベルク私経済学の再検討　　　　　　　　　　梶　脇　裕　二
Ⅳ　文　献

経営学を創り上げた思想　第十一輯
●主要目次
Ⅰ　経営理論における思想的基盤
　一　経営学における実践原理・価値規準について　　　　　　仲　田　正　機
　　　　──アメリカ経営管理論を中心として──
　二　プラグマティズムと経営理論　　　　　　　　　　　　　岩　田　　浩
　　　　──チャールズ・Ｓ・パースの思想からの洞察──
　三　プロテスタンティズムと経営思想　　　　　　　　　　　三　井　　泉
　　　　──クウェーカー派を中心として──

四　シュマーレンバッハの思想的・実践的基盤　　　　　　　　　平　田　光　弘
　五　ドイツ経営経済学・経営社会学と社会的カトリシズム　　　　増　田　正　勝
　六　上野陽一の能率道　　　　　　　　　　　　　　　　　　　　齊　藤　毅　憲
　七　日本的経営の思想的基盤——経営史的な考究——　　　　　　由　井　常　彦
Ⅱ　特別講演
　八　私の経営理念　　　　　　　　　　　　　　　　　　　　　　辻　　　　　理
Ⅲ　論　攷
　九　ミッションに基づく経営——非営利組織の事業戦略基盤——　島　田　　　恒
　十　価値重視の経営哲学　　　　　　　　　　　　　　　　　　　村　山　元　理
　　　　——スピリチュアリティの探求を学史的に照射して——
　十一　企業統治における内部告発の意義と問題点　　　　　　　　境　　　新　一
　　　　——経営と法律の視点から——
　十二　プロセスとしてのコーポレート・ガバナンス　　　　　　　生　田　泰　亮
　　　　——ガバナンス研究に求められるもの——
　十三　「経営者の社会的責任」論とシュタインマンの企業倫理論　　高　見　直　樹
　十四　ヴェブレンとドラッカー——企業・マネジメント・社会——　春　日　　　賢
　十五　調整の概念の学史的研究と現代的課題　　　　　　　　　　松　田　昌　人
　十六　HRO研究の革新性と可能性　　　　　　　　　　　　　　　西　本　直　人
　十七　「ハリウッド・モデル」とギルド　　　　　　　　　　　　國　島　弘　行
Ⅳ　文　献

ガバナンスと政策——経営学の理論と実践——　第十二輯
● 主要目次
Ⅰ　ガバナンスと政策
　一　ガバナンスと政策　　　　　　　　　　　　　　　　　　　　片　岡　信　之
　二　アメリカにおける企業支配論と企業統治論　　　　　　　　　佐久間　信　夫
　三　フランス企業統治　　　　　　　　　　　　　　　　　　　　簗　場　保　行
　　　　——経営参加、取締役会改革と企業法改革——
　四　韓国のコーポレート・ガバナンス改革とその課題　　　　　　勝　部　伸　夫
　五　私の経営観　　　　　　　　　　　　　　　　　　　　　　　岩　宮　陽　子
　六　非営利組織における運営の公正さをどう保つのか　　　　　　荻　野　博　司
　　　　——日本コーポレート・ガバナンス・フォーラム十年の経験から——
　七　行政組織におけるガバナンスと政策　　　　　　　　　　　　石　阪　丈　一
Ⅱ　論　攷
　八　コーポレート・ガバナンス政策としての時価主義会計　　　　菊　澤　研　宗

　　　　──M・ジェンセンのエージェンシー理論とF・シュ
　　　　ミットのインフレ会計学説の応用──
　九　組織コントロールの変容とそのロジック　　　　　　　　大　月　博　司
　十　組織間関係の進化に関する研究の展開　　　　　　　　　小　橋　　　勉
　　　　──レベルとアプローチの視点から──
　十一　アクター・ネットワーク理論の組織論的可能性　　　　髙　木　俊　雄
　　　　──異種混交ネットワークのダイナミズム──
　十二　ドイツにおける企業統治と銀行の役割　　　　　　　　松　田　　　健
　十三　ドイツ企業におけるコントローリングの展開　　　　　小　澤　優　子
　十四　M・P・フォレット管理思想の基礎　　　　　　　　　杉　田　　　博
　　　　──W・ジェームズとの関連を中心に──
Ⅲ　文　献

企業モデルの多様化と経営理論　第十三輯
　　──二十一世紀を展望して──

● 主要目次
Ⅰ　企業モデルの多様化と経営理論
　一　経営学史研究の新展開　　　　　　　　　　　　　　　　佐々木　恒　男
　二　アメリカ経営学の展開と組織モデル　　　　　　　　　　岸　田　民　樹
　三　二十一世紀の企業モデルと経営理論──米国を中心に──　角　野　信　夫
　四　EU企業モデルと経営理論　　　　　　　　　　　　　　万　仲　脩　一
　五　EUにおける労働市場改革と労使関係　　　　　　　　　久　保　広　正
　六　アジア─中国企業モデルと経営理論　　　　　　　　　　金　山　　　権
　七　シャリーア・コンプライアンスと経営　　　　　　　　　櫻　井　秀　子
　　　　──イスラームにおける経営の原則──
Ⅱ　論　攷
　八　経営学と社会ダーウィニズム　　　　　　　　　　　　　福　永　文美夫
　　　　──テイラーとバーナードの思想的背景──
　九　個人と組織の不調和の克服を目指して　　　　　　　　　平　澤　　　哲
　　　　──アージリス前期学説の体系とその意義──
　十　経営戦略論の新展開における「レント」概念
　　　の意義について　　　　　　　　　　　　　　　　　　　石　川　伊　吹
　十一　経営における意思決定と議論合理性　　　　　　　　　宮　田　将　吾
　　　　──合理性測定のコンセプト──

十二　ステークホルダー型企業モデルの構造と機能　　　　水　村　典　弘
　　　　　――ステークホルダー論者の論法とその思想傾向――
十三　支援組織のマネジメント――信頼構築に向けて――　狩　俣　正　雄
Ⅲ　文　献

経営学の現在――ガバナンス論、組織論・戦略論――　第十四輯
●主要目次
Ⅰ　経営学の現在
　一　「経営学の現在」を問う　　　　　　　　　　　　　勝　部　伸　夫
　　　　――コーポレート・ガバナンス論と管理論・組織論――
　二　株式会社を問う――「団体」の概念――　　　　　　中　條　秀　治
　三　日本の経営システムとコーポレート・ガバナンス　　菊　池　敏　夫
　　　　――その課題、方向、および条件の検討――
　四　ストックホルダー・ガバナンス 対 ステイクホルダー・ガバナンス　菊　澤　研　宗
　　　　――状況依存的ステイクホルダー・ガバナンスへの収束――
　五　経営学の現在――自己組織・情報世界を問う――　　三　戸　　　公
　六　経営学史の研究方法　　　　　　　　　　　　　　　吉　原　正　彦
　　　　――「人間協働の科学」の形成を中心として――
　七　アメリカの経営戦略と日本企業の実証研究　　　　　沼　上　　　幹
　　　　――リソース・ベースト・ビューを巡る相互作用――
　八　経営戦略研究の新たな視座　　　　　　　　　　　　庭　本　佳　和
　　　　――沼上報告「アメリカの経営戦略論（ＲＢＶ）と日本企業
　　　　　の実証的研究」をめぐって――

Ⅱ　論　攷
　九　スイッチングによる二重性の克服　　　　　　　　　渡　辺　伊津子
　　　　――品質モデルをてがかりにして――
　十　組織認識論と資源依存モデルの関係　　　　　　　　佐々木　秀　徳
　　　　――環境概念、組織観を手掛かりとして――
　十一　組織学習論における統合の可能性　　　　　　　　伊　藤　なつこ
　　　　――マーチ＆オルセンの組織学習サイクルを中心に――
　十二　戦略論研究の展開と課題　　　　　　　　　　　　宇田川　元　一
　　　　――現代戦略論研究への学説史的考察から――
　十三　コーポレート・レピュテーションによる持続的競争優位　加賀田　和　弘
　　　　――資源ベースの経営戦略の観点から――
　十四　人間操縦と管理論　　　　　　　　　　　　　　　山　下　　　剛

十五	リーダーシップ研究の視点	薄羽哲哉
	——リーダー主体からフォロワー主体へ——	
十六	チャールズ・バベッジの経営思想	村田和博
十七	非営利事業体ガバナンスの意義と課題について	松本典子
	——ワーカーズ・コレクティブ調査を踏まえて——	
十八	EUと日本におけるコーポレート・ガバナンス・コデックスの比較	ラルフ・ビーブンロット

Ⅲ 文献

現代経営学の新潮流——方法、CSR・HRM・NPO——　第十五輯

● 主要目次

Ⅰ 経営学の方法と現代経営学の諸問題

一	経営学の方法と現代経営学の諸問題	小笠原英司
二	組織研究の方法と基本仮定——経営学との関連で——	坂下昭宣
三	経営研究の多様性とレレヴァンス問題	長岡克行
	——英語圏における議論の検討——	
四	経営学と経営者の育成	辻村宏和
五	わが国におけるCSRの動向と政策課題	谷本寛治
六	ワーク・ライフ・バランスとHRM研究の新パラダイム	渡辺峻
	——「社会化した自己実現人」と「社会化した人材マネジメント」——	
七	ドラッカー学説の軌跡とNPO経営学の可能性	島田恒

Ⅱ 論攷

八	バーナード組織概念の再詮議	川端久夫
九	高田保馬の勢力論と組織	林徹
十	組織論と批判的実在論	鎌田伸一
十一	組織間関係論における埋め込みアプローチの検討	小橋勉
	——その射程と課題——	
十二	実践重視の経営戦略論	吉成亮
十三	プロジェクトチームのリーダーシップ	平井信義
	——橋渡し機能を中心として——	
十四	医療における公益性とメディカル・ガバナンス	小島愛
十五	コーポレート・ガバナンス論におけるExit・Voice・Loyaltyモデルの可能性	石嶋芳臣
十六	企業戦略としてのCSR	矢口義教
	——イギリス石油産業の事例から——	

Ⅲ 文 献

経営理論と実践 第十六輯
● 主要目次
Ⅰ　趣旨説明──経営理論と実践　　　　　　　　　　　　　　　第五期運営委員会
Ⅱ　経営理論と実践
　　一　ドイツ経営学とアメリカ経営学における理論と実践　　　高　橋　由　明
　　二　経営理論の実践性とプラグマティズム　　　　　　　　　岩　田　　　浩
　　　　　──ジョン・デューイの思想を通して──
　　三　ドイツの経営理論で、世界で共通に使えるもの　　　　　小　山　明　宏
　　四　現代CSRの基本的性格と批判経営学研究の課題・方法　　百　田　義　治
　　五　経営"共育"への道　　　　　　　　　　　　　　　　　齊　藤　毅　憲
　　　　　──ゼミナール活動の軌跡から──
　　六　経営学の研究者になるということ　　　　　　　　　　　上　林　憲　雄
　　　　　──経営学研究者養成の現状と課題──
　　七　日本におけるビジネススクールの展開と二十一世紀への展望　高　橋　文　郎
　　　　　　　　　　　　　　　　　　　　　　　　　　　　　　中　西　正　雄
　　　　　　　　　　　　　　　　　　　　　　　　　　　　　　高　橋　宏　幸
　　　　　　　　　　　　　　　　　　　　　　　　　　　　　　丹　沢　安　治
Ⅲ　論　攷
　　八　チーム医療の必要性に関する試論　　　　　　　　　　　渡　邉　弥　生
　　　　　──「実践コミュニティ論」の視点をもとにして──
　　九　OD（組織開発）の歴史的整理と展望　　　　　　　　　　西　川　耕　平
　　十　片岡説と構造的支配－権力パラダイムとの接点　　　　　坂　本　雅　則
Ⅳ　文　献

経営学の展開と組織概念 第十七輯
● 主要目次
Ⅰ　趣旨説明──経営理論と組織概念　　　　　　　　　　　　　第六期運営委員会
Ⅱ　経営理論と組織概念
　　一　経営理論における組織概念の生成と展開　　　　　　　　庭　本　佳　和
　　二　ドイツ経営組織論の潮流と二つの組織概念　　　　　　　丹　沢　安　治
　　三　ヴェーバー官僚制論再考　　　　　　　　　　　　　　　小　阪　隆　秀
　　　　　──ポスト官僚制組織概念と組織人の自由──

四　組織の概念——アメリカにおける学史的変遷——　　　　　　　　中　條　秀　治
　五　実証的戦略研究の組織観　　　　　　　　　　　　　　　　　　沼　上　　　幹
　　　　——日本企業の実証研究を中心として——
　六　ステークホルダー論の組織観　　　　　　　　　　　　　　　　藤　井　一　弘
　七　組織学習論の組織観の変遷と展望　　　　　　　　　　　　　　安　藤　史　江
Ⅲ　論　攷
　八　「組織と組織成員の関係」概念の変遷と課題　　　　　　　　　　間　　　理
　九　制度的企業家のディスコース　　　　　　　　　　　　　　　　松　嶋　　　登
　十　キャリア開発における動機づけの有効性　　　　　　　　　　　チン・トウイ・フン
　　　　——デシの内発的動機づけ理論の検討を中心に——
　十一　一九九〇年代以降のドイツ経営経済学の新たな展開　　　　　清　水　一　之
　　　　——ピコーの所説に依拠して——
　十二　ドイツ経営管理論におけるシステム・アプローチの展開　　　柴　田　　　明
　　　　——ザンクト・ガレン学派とミュンヘン学派の議論から——
　十三　フランス中小企業研究の潮流　　　　　　　　　　　　　　　山　口　隆　之
　　　　——管理学的中小企業研究の発展——
Ⅳ　文　献

危機の時代の経営と経営学　第十八輯

●主要目次
Ⅰ　趣旨説明——危機の時代の経営および経営学　　　　　　　　　　第六期運営委員会
Ⅱ　危機の時代の経営と経営学
　一　危機の時代の経営と経営学　　　　　　　　　　　　　　　　　高　橋　由　明
　　　　——経済・産業政策と経営学史から学ぶ
　二　両大戦間の危機とドイツ経営学　　　　　　　　　　　　　　　海道ノブチカ
　三　世界恐慌とアメリカ経営学　　　　　　　　　　　　　　　　　丸　山　祐　一
　四　社会的市場経済体制とドイツ経営経済学の展開　　　　　　　　風　間　信　隆
　　　　——市場性・経済性志向と社会性・人間性志向との間の揺らぎ——
　五　戦後日本企業の競争力と日本の経営学　　　　　　　　　　　　林　　　正　樹
　六　グローバル時代における経営学批判原理の複合　　　　　　　　高　橋　公　夫
　　　　——「断絶の時代」を超えて——
　七　危機の時代と経営学の再展開——現代経営学の課題——　　　　片　岡　信　之
Ⅲ　論　攷
　八　行動理論的経営学から神経科学的経営学へ　　　　　　　　　　梶　脇　裕　二
　　　　——シャンツ理論の新たな展開——

九　経営税務論と企業者職能――投資決定に関する考察――　　　　　関　野　　　賢
　十　ドイツ経営経済学の発展と企業倫理の展開　　　　　　　　　　山　口　尚　美
　　　　――シュタインマン学派の企業倫理学を中心として――
Ⅳ　文　献

経営学の思想と方法　第十九輯
●主要目次
Ⅰ　趣旨説明――経営学の思想と方法　　　　　　　　　　　　　　　第6期運営委員会
Ⅱ　経営学の思想と方法
　1　経営学の思想と方法　　　　　　　　　　　　　　　　　　　　吉　原　正　彦
　2　経営学が構築してきた経営の世界　　　　　　　　　　　　　　上　林　憲　雄
　　　　――社会科学としての経営学とその危機――
　3　現代経営学の思想的諸相　　　　　　　　　　　　　　　　　　稲　村　　　毅
　　　　――モダンとポストモダンの視点から――
　4　科学と哲学の綜合学としての経営学　　　　　　　　　　　　　菊　澤　研　宗
　5　行為哲学としての経営学の方法　　　　　　　　　　　　　　　庭　本　佳　和
Ⅲ　論　攷
　6　日本における経営学の思想と方法　　　　　　　　　　　　　　三　戸　　　公
　7　組織の自律性と秩序形成の原理　　　　　　　　　　　　　　　髙　木　孝　紀
　8　HRM研究における研究成果の有用性を巡る一考察　　　　　　　櫻　井　雅　充
　　　　――プラグマティズムの真理観を手掛かりにして――
　9　起業を成功させるための起業環境分析　　　　　　　　　　　　大久保　康　彦
　　　　――モデルの構築と事例研究――
　10　「実践の科学」としての経営学　　　　　　　　　　　　　　　桑　田　耕太郎
　　　　――バーナードとサイモンの対比を通じて――
　11　アクション・サイエンスの発展とその意義　　　　　　　　　　平　澤　　　哲
　　　　――経営現象の予測・解釈・批判を超えて――
　12　マズローの思想と方法　　　　　　　　　　　　　　　　　　　山　下　　　剛
Ⅳ　文　献

経営学の貢献と反省――二十一世紀を見据えて――　第二十輯
●主要目次
Ⅰ　趣旨説明――経営学の貢献と反省――21世紀を見据えて　　　　第7期運営委員会
Ⅱ　経営学の貢献と反省――21世紀を見据えて

	1	日本における経営学の貢献と反省――21世紀を見据えて――	三 戸　　　公
	2	企業理論の発展と21世紀の経営学	勝 部 伸 夫
	3	企業の責任化の動向と文明社会の行方	岩 田　　　浩
	4	産業経営論議の百年――貢献，限界と課題――	宗 像 正 幸
	5	東京電力・福島第一原発事故と経営学・経営史学の課題	橘 川 武 郎
	6	マネジメント思想における「個人と組織」の物語り ――「個人と組織」の20世紀から「関係性」の21世紀へ――	三 井　　　泉
	7	経営学史における組織と時間 ――組織の発展と個人の満足――	村 田 晴 夫

Ⅲ　論　攷
	8	現代企業史とチャンドラー学説 ――その今日的意義と限界――	澤 田 浩 二
	9	v. ヴェルダーの管理組織論 ――組織理論的な観点と法的な観点からの考察――	岡 本 丈 彦
	10	組織社会化研究の新展開 ――組織における自己の記述形式を巡って――	福 本 俊 樹

Ⅳ　文　献

経営学の再生――経営学に何ができるか――　　第二十一輯

●主要目次
Ⅰ　**趣旨説明――経営学の再生――経営学に何ができるか**　第7期運営委員会
Ⅱ　**経営学の再生――経営学に何ができるか**

	1	経営学に何ができるか――経営学の再生――	藤 井 一 弘
	2	経営維持から企業発展へ ――ドイツ経営経済学におけるステイクホルダー思考とWertschöpfung――	山 縣 正 幸
	3	「協働の学としての経営学」再考 ――「経営の発展」の意味を問う――	藤 沼　　　司
	4	経済学を超える経営学――経営学構想力の可能性――	高 橋 公 夫
	5	経営学における新制度派経済学の展開とその方法論的含意	丹 沢 安 治
	6	経営学と経済学における人間観・企業観・社会観	三 戸　　　浩

Ⅲ　論　攷
	7	組織均衡論をめぐる論争の再考 ――希求水準への一考察――	林　　　　　徹
	8	高信頼性組織研究の展開 ――ノーマル・アクシデント理論と高信頼性理論の対立と協調――	藤 川 なつこ

9　人的資源管理と戦略概念　　　　　　　　　　　　森　谷　周　一
　10　組織能力におけるHRMの役割　　　　　　　　　庭　本　佳　子
　　　　――「調整」と「協働水準」に注目して――
　11　組織行動論におけるミクロ-マクロ問題の再検討　　貴　島　耕　平
　　　　――社会技術システム論の学際的アプローチを手がかりに――
Ⅳ　文　献

現代経営学の潮流と限界——これからの経営学—— 第二十二輯
●主要目次
Ⅰ　趣旨説明——現代経営学の潮流と限界——これからの経営学　第7期運営委員会
Ⅱ　現代経営学の潮流と限界——これからの経営学
　1　現代経営学の潮流と限界——これからの経営学——　　高　橋　公　夫
　2　新制度派経済学研究の停滞とその脱却　　　　　　　　菊　澤　研　宗
　3　経営戦略論の理論的多元性と実践的含意　　　　　　　大　月　博　司
　4　状況適合理論から組織化の進化論へ　　　　　　　　　岸　田　民　樹
　5　人的資源管理パラダイムの展開　　　　　　　　　　　上　林　憲　雄
　　　　――意義・限界・超克可能性――
Ⅲ　論　攷
　6　イギリスにおける分業論の展開　　　　　　　　　　　村　田　和　博
　　　　――アダム・スミスからJ.S.ミルまで――
　7　制度の象徴性と物質性に関する学説史的検討　　　　　早　坂　　　啓
　　　　――超越論的認識論における二律背反概念を通じて――
　8　地域社会レベルからみる企業の社会的責任　　　　　　津久井　稲　緒
　9　米国における通報研究の展開　　　　　　　　　　　　吉　成　　　亮
　　　　――通報者の立場にもとづく悪事の通報過程――
　10　ダイナミック・ケイパビリティ論における知識の問題　赤　尾　充　哉
Ⅳ　文　献

経営学の批判力と構想力　第二十三輯
●主要目次
Ⅰ　趣旨説明——経営学の批判力と構想力　　　　　　　　第8期運営委員会
Ⅱ　経営学の批判力と構想力
　1　経営学の批判力と構想力　　　　　　　　　　　　　　河　辺　　　純
　2　経営における正しい選択とビジネス倫理の視座　　　　水　村　典　弘

3　経営管理論形成期における H. S. デニスンの「長期連帯主義」思想
　　　　　　　　　　　　　　　　　　　　　　　　　　　　　　　中　川　誠　士
4　制度化された経営学の批判的検討　　　　　　　　　桑　田　耕太郎
　　──『制度的企業家』からのチャレンジ──
5　管理論・企業論・企業中心社会論　　　　　　　　　渡　辺　敏　雄
　　──企業社会論の展開に向かって──

Ⅲ　論　攷

6　コントローリングの導入と普及　　　　　　　　　　小　澤　優　子
7　「トランス・サイエンス」への経営学からの照射　　藤　沼　　　司
　　──「科学の体制化」過程への経営学の応答を中心に──
8　新制度経済学の思想的基盤と新自由主義　　　　　　高　橋　由　明
9　組織能力の形成プロセス──現場からの環境適応──　庭　本　佳　子
10　組織不祥事研究のポリティカル・リサーチャビリティ　中　原　　　翔
　　──社会問題の追認から生成に向けて──

Ⅳ　文　献